절대군주를 위한 궤변

공손룡에 대한 정치론적 이해

정단비 저

절대
군주를
위한
궤변

공손룡에 대한
정치론적 이해

정단비 저

도서출판 수류화개

이 책은 필자가 2020년 2월 취득한 서울대학교 철학과 박사 학위논문
《공손룡의 정명론: 제자백가와의 비교를 중심으로》를 수정한 것이다.
끊임없는 도움을 주신 장원태 선생님과 오랜 시간 기다려준 가족에게 감사를 드린다.

들어가는 말

　이 책은 "흰 말은 말이 아니다"라는 주장으로 대표되는 공손룡의 사상을 당대의 철학적, 사회적인 맥락 안에서 이해하려는 시도이다. 공손룡은 혈통이나 도덕성보다 강한 정치적인 권력을 지닌 자가 군주가 되는 당대의 사회적 상황을 정당화하기 위해, 순자나 후기묵가 등의 정명론正名論을 비판하며 새로운 명실론名實論을 제시하였다.

　공손룡은 전국시대 조나라 사람으로 알려져 있다. 전국시대는 진시황이 중국을 통일하기 이전까지 말 그대로 여러 나라가 서로 전쟁을 하던 시대로, 기원전 403년에서 기원전 221년까지를 일컫는다. 당시 활동한 학자를 여러 철학 학파라는 뜻의 가家와 여러 선생이라는 뜻의 자子를 합쳐 제자백가諸子百家라고 한다. 제자백가에는 우리에게 친숙한 유가의 공자와 맹자, 도가의 노자와 장자 등을 위시하여 법가, 묵가, 잡가, 음양가, 농가 등 여러 사상가가 있고, 그

중 공손룡은 명가名家에 해당한다. 공손룡은 "흰 말은 말이 아니다", "닭의 다리는 셋이다" 등의 궤변으로 이름을 알렸다.[1] 《한서漢書》〈예문지藝文志〉에는 《공손룡자公孫龍子》가 총 14편이라고 기록되어 있지만, 그중 8편이 소실되어 현재 남은 것은 6편 뿐이다. 그중에서도 후대에 공손룡의 언행을 기록하여 《공손룡자》의 서문 역할을 하는 〈적부跡府〉를 제외하면 그의 생각을 직접적으로 들여다볼 수 있는 것으로는 〈백마론白馬論〉, 〈지물론指物論〉, 〈통변론通變論〉, 〈견백론堅白論〉, 〈명실론名實論〉 다섯 편으로 약 2,000여 자에 불과하다.

《공손룡자》를 어떻게 이해할 것인가에 대해서는 아직까지 학자들 간에 합의된 것이 거의 없다. 심지어 〈지물론〉에 대해서는 역대 고대 중국철학의 문헌 중 가장 다양한 해석이 있다는 말이 있을 정도로 의견이 분분하다.[2] 《공손룡자》에 대해 이렇게 다양한 해석이 있는 것은 무엇보다 형식상 궤변의 형태로 되어있어서 공손룡이 실제로 하려는 주장이 무엇인지 파악하기가 쉽지 않기 때문이다. 그러나 같은 명가의 학자인 혜시의 궤변이나 《도덕경道德經》, 《장자莊子》 등 지극히 철학적인 내용을 담고 있는 책들도 학계에서 어느 정도 합의에는 도달했다는 점을 감안하면 《공손룡자》에 대한 학계의 다양한 접근법은 흥미로운 것이 사실이다.

문제는 《공손룡자》에 내용상 서양철학의 보편자 혹은 플라톤의 이데아 개념과 유사한 문장이 발견된다는 점이다. 공손룡을 처음 서구에 소개한 풍우란馮友蘭(1895-1990)은 공손룡을 플라톤의 보편자 개념을 이용해 이해했다. 반면 중국철학을 깊이 연구한 서구의 A.C.

그레이엄Graham(1919-1991)은 풍우란의 이해에 강경하게 반대했다.[3] 그 이후로 한 동안 이어진 공손룡에 관련한 연구는 "중국에는 보편자론이 있을 수 없다"고 주장하는 서구 영미학자들과, "공손룡이 주장한 것이 보편자론이 맞다"는 아시아계 학자들의 반박에서 크게 벗어나지 않았다.

그런데 그레이엄이나 한센 등 영미학자들의 주장은 공손룡의 사상이 보편자론과 다르다는 해석이 아니라 애초에 중국에서 이런 철학으로 전개될 가능성이 없으므로 확인하지 않아도 그것은 보편자론일 수 없다는 주장에 가깝다. 또한 이러한 전제 하에 풍우란이 보편자를 설명한 것으로 본 〈견백론〉을 아예 위작으로 간주하여 해석에서 제외하고 있기도 하다.

한편 한국의 철학자들은 풍우란이나 방박龐樸(1928-2015) 등의 해석에 영향을 받아 공손룡을 버클리와 유사한 극단적인 경험론자로 보는 견해가 지배적이다. 그러나 전국시대 중국에서 활동한 공손룡의 사상이 고대 그리스 혹은 17-18세기 유럽 철학자의 사상과 정확하게 일치한다고 주장하는 것도 무리가 있다. 왜냐하면 공손룡이 어떻게 자신과는 동떨어진 시공간의 보편자라는 개념을 중국철학 내에서 떠올리게 되었는가 뿐만 아니라, 자신이 속한 시공간의 담론과는 왜 전혀 분리되어 있는가 하는 두 가지 해결하기 힘든 의문이 생기기 때문이다. 첫 번째 의문만큼이나 두 번째 의문도 중요하다.

다시 말하지만 《공손룡자》가 궤변의 형식을 띠고 있다는 것이 문제가 되는데, 상식에 어긋나는 자극적인 명제로 글을 시작하는 공손룡의 화법은 읽는 이들의 흥미를 자극한다. 그러나 다른 한편으로는 이점 때문에 내용을 쉽게 파악할 수 없어서 공손룡의 사상에 접근이 어려우며, 최선을 다해 내용을 분석해낸 이후에도 자신과 다른 해석을 내린 타인을 설득하거나 둘 사이에 합의를 이루기가 어렵다는 단점이 있다. 또한 내용상 서양철학과의 유사성이 발견된다는 점에서 공손룡이 고대중국의 사상가 중 유일하게 보편자의 개념을 파악한 독보적인 사상가라는 견해로 이어지기도 하나, 이에 반대하는 입장에서는 유사한 개념이 발견될 가능성을 아예 배제하며 일부를 위작 취급하거나 철학적인 논의보다는 지적인 유희를 위한 것이라는 주장을 낳기도 한다.[4]

한마디로 기존 연구는 보편자론에 입각한 이해와 보편자 개념을 배제한 언어철학이나 논리학적 접근으로 양분되어 있다고 해도 과언이 아니다. 그러나 보편자론으로 이해하든 언어철학 차원에서 접근하든, 기존 연구는 당대에 활발하게 논의되던 본성론이나 정치론의 담론 일부로 공손룡을 이해하지 않는다는 점에서 공통점을 갖는다. 보편자론을 따를 경우 플라톤이나 버클리와, 언어철학적으로 접근할 경우에는 《묵경》과 비교하여 연구하고 있을 뿐이다. 〈백마론〉에서 〈명실론〉까지 다섯 편의 논변 내에서 그가 사용하는 어휘들이 어떤 맥락에서 어떤 논리구조를 가지고 전개되고 있는지 각 편들 간의 논리를 비교하는 연구도 거의 없을뿐더러, 그러한 논리가 당대 제자백가의 전반적 담론 내에서 어떤 의미를 가지고 있는지에 대한 연구 또한 찾아보기 어렵다.

이 책은 몇 가지 질문에서 출발한다. 보편자는 중국에는 없고 서구에는 있다고 하지만, 《공손룡자》는 그와 매우 유사한 것을 언급하고 있다. 공손룡은 무엇을 설명하려고 한 것인가? 중국인은 보편자라고 이해했고 서구인들은 보편자가 아니라고 주장한 그 무엇은 대체 어떤 성격을 가지고 있는가?

또, 제자백가에는 여러 학파가 있지만 그들은 대부분 그 시대의 현실, 즉 끊임없이 전쟁이 벌어져 지도층은 전략을 짜는 데 지치고 백성은 가난과 폭정에 지쳐가고 있다는 점을 극복할 수 있는 방안을 내놓았다. 공손룡은 과연 당대의 현실과 완전히 단절된 채로 형이상학적인 담론이거나 아니면 단순한 말장난에 불과할지도 모를 이야기만을 하고 있었다는 것인가?

이 책을 통해서 누군가는 보편자와 유사한 것이라고 생각한 공손룡 특유의 개념은 당대 중국의 현실을 반영한 본성론적이나 정치론적인 주장을 담고 있는 지극히 중국적이면서도 동시에 보편자와 유사한 성질을 가진 개념임을 밝히려고 한다.

기존 연구의 한계와 대안

필자는 이러한 질문을 토대로, 이 책에서 공손룡 궤변의 정치철학적인 함의를 찾으려는 시도를 해보려고 한다. 공손룡 또한 당대 제자백가의 다른 학파들처럼 인간의 마음은 어떤 모습인지, 외부 자극에 어떻게 반응하는지에 대한 의문을 가지고 있었을 것이며, 그러므로 당대 학자들의 문제의식을 반드시 어느 정도 반영하고 있으리라는 전제 하에 《공손룡자》의 원문을 다시 해석하고, 순자荀子, 후기묵가後期墨家, 장자莊子 등 동시대 학자 및 한비자韓非子와 같은 후대의 사상가와 서로 비교하는 것으로 공손룡의 주장을 조금 더 구체적으로 밝혀보려고 한다. 공손룡 본인이 사용한 어휘를 중심으로 《공손룡자》 여섯 편을 관통하는 일관적인 논리를 발견하고, 공손룡 특유의 개념 및 논리가 당대의 다른 학파들과 어떤 사상적 교류를 바탕으로 생성되었는지를 되짚어보는 것으로 공손룡이 전달하려한 것이 무엇이었는지 접근해볼 것이다.

공손룡에게서 정치-처세술적인 주장을 찾을 수 있다고 보는 것은 우선 그 또한 제자백가의 일원이며, 필연적으로 당대의 담론에 영향을 받았을 것이기 때문이다. 그와 유사한 시기에 활동한 순자, 후기묵가, 장자 등은 모두 인간이란 어떤 존재이며 어떤 사회를 이루어야 하는가를 두고 논의했고, 그들의 수양론이나 이상적인 사회관은 각각 특유의 명실론·정명론과 상호영향을 미치면서 형성되었다. 공손룡과 같이 '궤변론자' 혹은 '명가'로 분류되는 혜시나 송견의 명제들도 특유의 세계관이나 처세술을 반영하고 있다. 공손룡 또한 명실론을 중요하게 다루고 있으며, 〈통변론〉에서는 군신관계의 올바름을 언급하는 점을 미루어 겉으로 잘 드러나지는 않더라도 공손룡 또한 인간적, 사회적 올바름에 대한 특유의 관점을 내포하고 있으리라 추측해볼 수 있다.

그러나 공손룡은 어떠한 인간관 혹은 사회관을 가지고 있었으며 그 현상과 이상에 대한 견해가 어떤 식으로 그의 주장에 반영되고 있는지에 대해서는 국내에서건 국외에서건 선행된 연구를 거의 찾을 수 없다.

서구의 경우, 근래의 공손룡 연구는 그레이엄의 주장을 받아들여 〈백마론〉과 〈지물론〉을 제외한 나머지 편들을 위작으로 보아 연구에서 제외하고, 이 두 편을 《묵경》의 몇 구절과 연결하여 명名과 실實에 관련한 언어철학적인 주장을 담고 있는 것으로 해석한다.[5] 정재현 또한 공손룡 해석을 위해서는 존재론, 인식론적인 해석에서 벗어나 명-실 관계에 초점을 맞추어야 한다고 보고 있다.[6] 그러나 제자백가에서 명-실 관계가 언어의 정확성 그 자체에 대한 이론에서 멈추는 경우는 거의 없다. 명-실 관계에 대한 주장은 인간과 사회에 대한 관점의 연장선상에 있는 것이기 때문이다.

이와 같은 맥락에서 오상무는 《공손룡자》 〈적부〉의 일화에서 백마론의 "심각한 정치적 함의"를 읽을 수 있는 가능성을 발견하였다.[7] 인재를 정의해놓고 그 정의의 조건과는 다른 용감한 인재를 특별하게 여기는 왕의 모습을 지적하는 점에서, "흰 말은 말과 다르다[白馬非馬]"는 주장을 해석할 실마리를 찾은 것이다. 만약 "흰 말은 말이 아니다"라는 명제가 "군주는 권력을 잃은 군주와는 다르다", "아버지는 돈이 많은 아버지와 다르다", 혹은 "아들은 공부를 못 하는 아들과는 다르다" 등등의 다양한 형태로 확대 적용될 수 있고, 공손룡이 이를 염두에 두고 백마론을 주장했다는 결론을 낼 수 있다면 백마론은 그저 명-실의 일치에 대한 언어철학적인 의미가 아니라 폭넓은 실천적 함의를 가질 수 있다.

이렇듯 오상무는 《공손룡자》에 대한 더욱 폭넓은 해석의 가능성을 제시하였지만 〈적부〉의 일부와 백마론을 비교하는 데서 실마리를 찾았을 뿐이다. 오상무가 제시한 백마론의 정치적인 함의, 그리고 인간관계에 대한 알레고리로서의 해석 가능성을 확인하기 위해서는 〈적부〉의 다른 일화들을 포함, 《공손룡자》의 다른 편에서도 일관성 있게 마馬-백마白馬, 사士-용사勇士와 유사한 형태의 쌍을 비교하고 있는지, 그리고 실천적 함의를 갖는다고 해석할 수 있는 주장들을 담고 있는지를 확인해야 할 것이다. 그와 동시에 당대의 사회적, 사상적 전개과정 속에서 이러한 정치-처세술적인 함의가 유의미하게 확인되는지, 또 그 방향이 서로 일치하는지 알아보는 과정도 필요하다.

  이를 위해 필자는 다음과 같은 방법을 사용하려고 한다. 첫째로는 당시의 정치적인 상황과 정세에 대해 살펴보고 그 안에서 공손룡은 어떤 역할을 하고 있는지, 또 공손룡과 비슷한 시기에 활동한 제자백가의 학파들이 가장 활발하게 논의한 개념들이 어떻게 전개되고 있는지 등 역사적, 철학적 배경을 살펴볼 것이다. 둘째로는 《공손룡자》 여섯 편을 관통하는 공손룡 특유의 어휘와 논리 전개 방식을 분석하여 이를 위에서 알아본 배경과 비교하며 의의를 확인하려고 한다. 셋째로는 다른 제자백가들과의 비교를 통해 공손룡과 가장 유사한 주장을 담고 있는 제자백가를 찾고, 이를 통해 《공손룡자》가 담고 있는 정치적인 함의를 더 확대하여 해석해볼 것이다.

방법론

《공손룡자》의 텍스트를 분석하는 데 있어서 반드시 인간이란 무엇인가, 이상적인 군주란 무엇인가, 또 국가란 무엇인가 등 당시 제자백가의 담론 위에서 논의를 전개해야 하고, 또 반드시 이를 통해 《공손룡자》 안의 어휘 사용과 논리를 정리해야 하는 이유는 크게 세 가지로 볼 수 있다. 첫째로는 공손룡이 자신의 주장을 궤변 뒤에 숨기고 있다는 점, 그리고 둘째로는 그마저도 당시 본성론의 주요 개념어인 심心, 성性, 지知 등을 사용하지 않은 채 주장을 전개하고 있다는 점이다. 공손룡의 이러한 장치 덕에 백마 혹은 지물에 대해 전개하는 논의들이 본성론이나 정치처세술과 어떤 식으로든 연관이 있음을 첫눈에 알아보기는 쉽지 않다. 셋째로는 공손룡뿐 아니라 지금과는 너무나 다른 문화적, 언어적 환경에서 집필된 글이라면 그 진의를 파악하기 위해서는 명시적으로 드러난 내용 이외에도 각 문장과 문장을 연결하는, 동시대인들끼리 공유하는 문화적 배경에서 암묵적으로 합의된 내용을 읽어낼 수 있어야 한다는 점이다. 우리와는 시대적으로도 공간적으로도 문화적으로도 거리가 있는 공손룡이 사용하는 어휘나 논리를 문장 그대로 분석하는 것으로는 한계가 있을 수밖에 없다. 공손룡이 사용한 어휘 그 자체보다 그 어휘를 사용하는 방식과 내부적인 논리를 따라가며 당대의 다른 문헌들과 비교하는 것으로 제자백가의 담론과 공통점을 발견할 수 있을 것이며, 두 이야기를 서로 연결할 수 있는 고리를 찾을 수 있을 것이다.

 어떤 사상이든 당대의 영향력 있는 학자들이 서로 적극적으로 공유하고 상호 비판한 담론에서 벗어나 독립적으로 독단적으로 개별적으로 생성될 수는 없다. 왜냐하면 그 시대의 언어, 사상과 시대적인 요구에서 어떤 식으로든 영향을 받을 수밖에 없기 때문이다. 그러므로 비록 공손룡이 그 시대의 사상가들과 동일한 단어를 사용하지 않더라도 특정 어휘가 사용되는 용법, 또는 패턴이나 함의에서 상당한 유사성이 발견될 수 있다. 이러한 경우 공손룡이 당대 새로 생겨나는 개념들을 참고하여 발전시킨 것이거나, 아니면 무의식적으로 받아들여 반영한 것이거나, 혹은 비판의 대상으로 삼아 논변을 발전시킨 것 등, 어떤 식으로든 상호 관계가 있는 것으로 볼 수 있을 것이다.

《공손룡자》의 내용을 재해석하는 글이지만, 이 책에서는 각 편별로 첫 문장부터 마지막 문장까지 순서대로 해석하며 분석하는 방식을 사용하지 않는다. 우선 원문에 대한 번역 및 주석을 싣고, 그 후에는 설명하고자 하는 주제에 따라 여러 편을 넘나들면서 근거를 제시할 것이다. 공손룡에 대한 기존 연구들은 대부분 다른 사상가들에 대한 글과는 달리, 대부분 《공손룡자》를 각 편별로 나누어 그 편의 처음부터 끝까지 모두 해석하는 방식을 택한다. 매우 짧은 글이기 때문이 가능한 일이기도 하지만, 또한 내용이 복잡하기 때문에 필요한 방식이기도 하다.

그러나 《공손룡자》의 경우 문답으로 이루어져 있으므로 공손룡 본인이 아닌 질문자의 의견이 많이 섞여 있다. 또한 판본이 확정되지 않아 여러 가지 해석의 가능성이 있기도 하다. 이러한 여러 가지 어려움이 있는 텍스트를 순서대로 모두 해석해나가는 방식은 모든 편을 관통하는 공손룡 특유의 사고방식을 발견하기 힘들고, 또한 일부 문제되는 문장들에 의해 전체의 의미가 흐려지기도 한다. 이런 문제들을 극복하기 위해 이 책에서는 공손룡의 논변 다섯 편에서 사용하는 어휘들과 논리전개 방식을 분석하여 일관성이 있음을 밝힌 이후, 여러 편을 넘나들며 필요한 문장들을 분석하여 글 전체의 저변에 깔려있는 공손룡의 사고 패턴을 밝히려고 노력할 것이다. 이 경우, 기존에는 개별적인 궤변으로 취급되는 일이 잦았던 《공손룡자》의 각 편들이 서로 유기적으로 연결되어 있으며, 동일한 논리를 반복하여 펼치며 서로 뒷받침하는 구조임을 알 수 있을 것이다.

이 책에서 다룰 내용

이 책은 크게 세 부분으로 나눌 수 있다. 공손룡 및 같은 시기에 활동한 제자백가에 대한 기존 연구를 통해 찾을 수 있는 《공손룡자》의 정치론적 해석 가능성에 대해 논의하는 1부, 《공손룡자》를 번역, 해석 및 분석하여 정치론적인 해석의 근거를 제시하는 2부, 그리고 당대 제자백가들과의 비교대조를 통해서 이 가능성을 구체화하는 3부다.

《공손룡자》는 총 여섯 편으로 이루어져 있고, 그 제목과 내용은 다음과 같다.

1) 〈적부跡府〉 - 후대에 공손룡의 언행을 기록한 서문에 해당하는 편[8]
2) 〈백마론白馬論〉 - "흰 말은 말이 아니다[白馬非馬]"라는 명제로 시작하는, 공손룡의 대표적인 논변을 담은 편

3) 〈지물론指物論〉 - 외부사물을 가리키는 인간의 기능과 외부사물의 관계, 그리고 그 둘 모두를 지칭하는 데 쓰일 수 있는 단어 '지指'에 대해 논의한 편
4) 〈통변론通變論〉 - 글자와 획, 동물, 색상, 군신관계 등에서 전체와 부분, 그리고 결합을 통한 변화 전반에 대해 논의한 편
5) 〈견백론堅白論〉 - "단단하고 흰 돌"은 촉각으로는 힘을 지각할 수 없고, 시각으로는 단단함을 지각할 수 없음을 논의한 편
6) 〈명실론名實論〉 - 이름과 실재가 어떤 식으로 연결되어야 하는가에 대한 주장을 통해 공손룡 특유의 정명론을 펼친 편

〈적부〉를 제외한 나머지 다섯 편은 서로 소재도 주제도 다른 개별적인 논변으로 구성된 것으로 보인다. 그러나 공손룡이 이 여러 편을 통해 반복적으로 사용하는 어휘와 논리구조의 분석을 통해 〈백마론〉에서 〈견백론〉까지의 네 편은 모두 결합을 통한 변화, 그리고 변화 이전과 이후를 동일한 이름으로 지칭하는 것의 문제점을 드러내는 동일한 패턴을 가지고 있음을 알아볼 수 있다. 그러나 이는 단순히 이름과 이에 상응하는 실재에 대한 주장을 담고 있는 것이 아니라, 중국 고대 철학의 여느 명실론과 마찬가지로 이상적인 군주의 모습과 인간의 수양론에 대한 공손룡의 사상을 담고 있다.

"흰 말은 말이 아니"며, 즉 아무런 특징이 명시되지 않은 말 그 자체만이 말일 수 있다는 주장은 곧 특정한 성질을 드러내지 않는 신비주의의 군주가 권력을 잡을 수 있다는 한비자의 사상과 흡사해 보인다. 한비자는 공손룡보다 후대 사람이지만, 노자에게서 사

상의 근원을 찾고 있기 때문에 그와 유사한 사상의 흐름은 그 전부터 있었다고 할 수 있다. 지위에 걸맞은 구체적인 덕목을 갖춘 자만이 그 지위를 누릴 수 있다는 유가식의 주장과는 반대로, 지위에 맞는 힘을 얻은 자는 어떤 덕목이나 특성을 드러내지 않는 것으로 그 힘을 유지할 수 있다는 논리를 명가 특유의 궤변을 앞세워 공손룡만의 정명론으로 정리해낸 것이다. 이러한 공손룡 특유의 정명론은 네 편의 논변을 통해 일관성 있게 드러나고, 〈명실론〉에서 명시적으로 정리되어 있으며, 〈적부〉의 내용에 드러나는 실례를 통해서 뒷받침할 수 있다.

공손룡이 네 편에 걸쳐 논변하는 변화는 ㉠돌, 말 따위의 사물과 희다, 단단하다 등의 성질, ㉡지각이나 시각, 촉각 등 인간 내면의 기능과 지각의 대상이 되는 사물, ㉢글자, 획, 동물, 색상, 인간 등의 개체들이라는 세 가지 종류의 분리와 결합 영역에서 드러나고 있음을 밝힐 것이다.

더욱 흥미로운 것은, 이 세 가지 영역 모두에서 함께하다[與], 다르다/아니다[非], 고유성[自], 올바르다[正]라는 네 가지 동일한 키워드가 반복되고 있으며, 동일한 논리의 패턴을 만들어간다는 점이다. 이러한 통일성을 증명하는 것으로 《공손룡자》 전체가 일관성을 가지고 있고 또 철학적 함의가 있음을 밝히며, 당대 철학의 흐름 또한 반영하고 있음을 밝힐 수 있을 것이다.

동일 키워드를 반복하며 드러내는 패턴은 다음과 같다.

1) 여與 – 언어 관습상 하나의 명칭은 대상 그 자체를 지칭할 수

도 있고, 그 대상이 다른 것과 함께 있는 상태를 지칭하는 것일 수도 있다. 이 경우 함께 한다는 것은 경우에 따라 다른 의미를 갖게 되므로, 자세한 설명은 뒤에 곧 이어진다.
2) 비非 – 같은 이름으로 불리더라도 함께할 때와 함께하지 않을 때의 상태는 서로 완전히 동일할 수는 없다.
3) 자自 – 그 명칭에 해당하는 대상은 다른 어떤 외부 요소에 의지하지 않고서도 자체적으로, 결합 이전부터 그 명칭에 해당하는 성질을 가지고 있다.
4) 정正 – 다른 것과 함께하지 않은 분리되어 있는 상태만이 그 명칭에 걸맞은 올바른 상태라는 것이다.

이 패턴에서 유추할 수 있는 공손룡의 주장은 다음 세 가지로 정리해볼 수 있다.

㉮ 하나의 이름으로 불리더라도 외부사물과 함께하기 전과 후가 다르다는 점에서 [사물이나 인간의] 내면을 외부사물의 자극에 반응하며 변하는 것으로 보았다는 것
㉯ 함께하지 않은 상태가 우선적이며 올바르다는 점에서 내면의 변화를 부정적으로 판단하고 있다는 것
㉰ 〈통변론〉의 청백, 군신관계에 대한 주장과 정명론을 종합했을 때 외부 영향에도 변하지 않는 올바른 의미의 층위[位]를 유지하는 것을 이름에 맞는 덕목을 유지하거나 실질을 추구하는 것보다 중요하게 여겼다는 것

위의 세 가지 내용이 ㉠사물 – 성질, ㉡인간 – 사물, ㉢개체 – 개체(인간 – 인간)의 세 가지 관계에서 어떤 실천적 함의를 갖는지 살펴보면 다음과 같다.

사물 – 성질의 관계에서 보면 일반적인 언어 관습상 "말[馬]"이라는 이름은 아무런 성질이 함께하지 않은[未與] 말 일반을 지칭하는 데 쓰이기도 하지만, 흰 말과 같이 특정 성질과 함께하는[與] 말을 지칭할 때 쓰이기도 한다. 그러나 비록 똑같이 말이라고 불릴 때가 있다고 하더라도 흰 말은 특정 성질에 한정되어 대상의 범주가 좁아졌다는 점에서 말 그 자체와는 다르다. "말"은 한정된 대상을 지칭하는 것이 아니므로 오직 말이라는 종 전체를 지칭할 때 사용해야만 옳다. 사물 – 성질 관계에 있어서 올바름이란, "말"이라는 명칭으로는 말 그 자체만을 지칭해야 한다는 의미와 함께 특정 성질에 의해 한정된 사물은 사물 일반보다 열등하다는 함의를 갖는다.

인간 – 사물 관계에서 인간의 내면 혹은 기능[指]은 외부사물에 반응할 때[物指]와 반응하지 않을 때 모두 가리킴이라고 불리지만, 이 두 상태는 서로 완전히 다른 것이며, 그중 외부사물에 반응하지 않는 내면이 시간적 논리적으로 우선되는 것이고, 또한 그 상태가 올바르다는 의미가 된다. 이 경우, 인간은 외부사물에 의해 흔들리지 않는 내면을 갖추기 위해 노력해야 하는데, 공손룡의 주장대로라면 때로는 도덕에 어긋나는 행동을 하더라도 흔들리지 않는 것 자체가 올바름의 판단 기준이 된다.

동일한 내용을 인간 – 인간 관계에 적용했을 때, 군주는 신하와 함께하지 않은[未與], 곧 견해를 조율하거나 권력을 나누는 등 서로 영향력을 주고받지 않은 군주 그 자체의 상태일 때가 가장 올바르다[正]. 이 경우, 군주는 피통치자들의 요구사항에 귀 기울이거나 정책 판단의 역할을 나누어주어서는 안 되며, 때로는 군주로서의 명분이나 덕목을 잃게 되더라도 군주로서의 권력을 최대한 유지하는 것이 곧 올바름이다.

공손룡은 "흰 말은 말이 아니다"라는 궤변을 앞세워 실제로는 춘추전국시대의 격변하는 정치적 현실에 따라 명분이나 덕목이 아닌 권력과 군사력을 갖춘 군주야말로 나라에 평화를 가져오는 진정한 왕이 될 수 있음을 주장하는 새로운 정명론을 주장한 것이다.

위와 같은 공손룡의 사상은 유사한 시기에 활동한 순자, 후기묵가, 장자 그리고 한비자를 통해 조금 더 구체적으로 확인할 수 있다. 같은 문화적 시대적 배경을 지닌 이들이 공손룡을 어떻게 공격하고 비판했는지를 통해 어디까지가 그가 활동한 시기의 산물이고 어디까지가 그의 고유한 특성인지를 짚어낼 수 있을 것이다.

순자, 후기묵가, 장자는 공손룡과 마찬가지로 지각[知], 본성[性] 등의 기본 개념들을 이중적으로 파악했다. 이는 외부 자극에 의한 내면의 반응에 대한 관심을 말한다. 그러나 순자는 변화를 부정적으로 바라보는 공손룡과는 달리 교육을 통한 인간의 변화 가능성을 주장했다. 그에게 변화하기 전의 인간과 변화한 이후의 인간은 비록 다르지만 하나의 동일한 개체다. 그러므로 순자와 공손룡은 변화, 그리고 개체에 대한 이해가 달라질 수밖에 없다.

후기묵가 또한 변화를 긍정적으로 본다. 그들은 공손룡과 같이 정해진 정명이 있다는 이론에 반대하면서 백마론白馬論을 비판하지만, 묵가의 진리만은 영원히 변하지 않으리라는 불변에 관한 주장을 펼 때는 공손룡과 동일한 논리를 사용하기도 한다.

장자야말로 고정되고 경직된 정명론에 가장 극단적으로 반대한 사람으로, 공손룡을 직간접적으로 언급하며 여러 가지로 비판한다. "우물 안 개구리", "조삼모사朝三暮四" 등 우리에게 익숙한 속담이나 사자성어가 곧 장자가 공손룡을 비판하는 데 쓴 표현들이다.

마지막으로 한비자에게서 우리는 공손룡과 아주 유사한 수양론 및 군주론을 찾을 수 있다. 다른 개체와 영향력을 주고받거나 자신의 호오 및 관심사를 조금이라도 드러내서는 안 되는 군주의 모습은 곧 희다는 성질을 갖지 않은 말, 특정 사물을 인지하고 있는 인간 내면, 다른 획이 더해진 一자 등 공손룡의 논변에 등장하는 "분리되어 있는 것"과 여러 유사성을 보인다. 권력을 얻기 위해서는 철저하게 고립되고 철저하게 개성을 감추어야 하는 군주는 곧 "홀로 있으며 올바르다"는 점에서 공손룡의 사상과 일치한다.

이렇듯 이 책에서는 공손룡을 당대의 정치적인 상황 내에서, 또 당대 제자백가의 틀 내에서 이해하려고 시도하였으며, 이를 통해 그의 논변이 궤변이 아니며, 시대와 동떨어진 보편자에 대한 주장인 것도 사상과 분리된 언어 이론인 것도 아님을 밝힌다. 그는 고유의 정명론을 통해 새 시대에 맞는 강한 군주의 정당성을 주장했으며, 이를 통해 자신의 성질을 드러내지 않는 수양론 및 군주론을 확립하였다.

들어가는 말 … 5

I
《공손룡자》 정치론적 해석의 배경

1. 기존 《공손룡자》 연구와 새로운 해석의 가능성 … 28
   - 공손룡의 정치처세술적인 해석

   기존 연구의 흐름
   정치론적 해석의 가능성

2. 공손룡의 활동 시기와 시대적 배경 … 36
   - 왕도정치 이상의 몰락과 천하통일의 도래

3. 사상적인 배경 … 44
   - 순자와 후기묵가, 장자의 본성론 발달과 주요 개념의 이중적 정의

   내외 구분과 상호 영향
   순자와 후기묵가의 지각 이해

II
공손룡의 주장
보편적인 것의 우월성

1. 《공손룡자》의 내용 … 64
   〈백마론〉
   〈지물론〉
   〈통변론〉
   〈견백론〉
   〈명실론〉

2. 함께하는 것과 분리된 것의 차이 ... 86
《공손룡자》 전반부에서 발견되는 패턴

궤변을 통한 도입
비非 – "아니다"라고 쓰고 "다르다"라고 읽는다
    백마비마白馬非馬 – 흰 말은 말과 다르다
    변비불변變非不變 – 변한 것은 변하지 않은 것과 다르다
    지비지指非指 – 가리킴 그 자체는 사물에 대한 가리킴과 다르다

여與 – "함께하다"의 다양한 의미
    우유여右有與 – 다른 획이 더해진 ㄱ
    마여백馬與白 – 특정 색으로 한정된 말
    지여물指與物 – 사물에 대한 가리킴

3. 함께하지 않는 것의 올바름 ... 124
《공손룡자》 후반부

자自 – 고유의 것 그 자체
    미여未與 · 리離
        – 다른 요소가 더해지기 전 그 자체가 곧 고유의 상태다
    신神 – 감각 그 자체, 그리고 그 자체에 대한 감각

정正 – 아무 것도 섞이지 않은 것의 올바름
    정색正色 – 아무 것도 섞이지 않은 색의 올바름
    정거正舉 – 각자의 자리를 지키는 군주와 신하의 올바름
    정명正名 – 이름에 해당하는 실재의 올바른 층위[位]

4. 함께하지 않는 군주의 올바름 ... 165

《공손룡자》에서 발견되는 패턴 정리
군주 그 자체 고유의 모습
〈적부〉에서 뒷받침되는 분리된 인간의 올바름

III 제자백가와 공손룡

1. 맹자와 공손룡 비교 … 188
– 흰 말의 흼과 흰 돌의 흼은 같은가 다른가

맹자와 고자의 논변, 그리고 본성의 비유로 흼[白]의 사용
명名 중심의 유가 정명론

2. 순자의 공손룡 비판 … 201
– 변화 이전과 이후의 개체는 하나인가 둘인가

순자의 백마비마 비판–개체의 개수에 대한 오해
본성과 변화에 대한 견해 차이–인간은 변해야만 하는가

3. 후기묵가의 공손룡 비판 … 217
– 도둑은 사람인가 아닌가

명실 관계에 대한 견해 차이
　　　–하나의 이름은 하나의 실재만을 지칭하는가
묵가의 백마비마 비판–항상 참인 것은 묵자의 가르침 뿐이다

4. 장자의 공손룡 비판 … 232
– 자만에 빠진 우물 안 개구리

무쓸모의 쓸모를 추구하는 장자
장자의 공손룡 비판

IV 한비자와 분리된 군주의 우월함

1. 노자와 공손룡 … 250
   – 제도에 한정되지 않는 인간에 대한 칭송

2. 한비자와 공손룡 … 256
   – 베일에 가린 군주의 절대 권력

   한비자의 정명론
   군주는 신하와 의논하지 않는다
   군주는 호오를 드러내지 않는다
   군주는 역할이 한정되지 않는다

나가는 말 … 280
주석 … 291

부록

부록 1. 《공손룡자》 역주 … 320
부록 2. 참고문헌 … 367
부록 3. 찾아보기 … 371

I

《공손룡자》 정치론적 해석의 배경

공손룡은 "흰 말은 말이 아니다", "단단하고 흰 돌은 두 가지 요소로 이루어져 있다" 와 같은 충격적인 궤변으로 잘 알려진 제자백가다. 이 책에서는 그의 주장이 단순한 궤변이 아니라 노자나 한비자와 유사한 신비주의 절대군주를 옹호하는 내용을 암시하고 있음을 밝히려고 한다.

제자백가는 인간의 변화, 그리고 이를 통한 사회의 변화 가능성에 항상 관심을 가졌다. 제자백가의 명실론이나 정명론은 언어에 대한 이론에서 그치는 법이 없다. 공자나 맹자의 정명론은 물론이고, 공손룡 연구에 흔히 비교대상으로 쓰이는 후기묵가나 순자의 경우도 마찬가지다. 또한 공손룡이나 혜시 등 명가가 그들의 탁월한 언변을 통해 외교적인 역할을 수행했음을 유추할 수 있을만한 역사 기록들이 남아 있다. 비록 논리상으로는 허점이 있더라도 상대방의 말을 막히게 할 만한 비유와 궤변을 통해 국가와 군주의 이익을 추구하는 것이 그들이 맡은 일이다. 궤변의 형태를 하고 있더라도 그 이면에는 인간이나 사회, 혹은 이해관계에 대한 주장이 담겨있을 가능성이 높다.

공손룡의 활동 시기는 제후국들이 왕이라는 칭호를 스스로 택하며, 힘 있는 자가 천하를 차지할 수 있으리라는 기대가 더욱 고조하던 시기였다. 주나라를 숭앙하겠다는 공자나 패자보다 왕자가 되어야 한다는 맹자의 주장은 점점 힘을 잃고, 절대 권력의 무

지막지한 힘을 통해 천하를 잠시나마 통일한 한비자의 법가사상에 가까워지는 때다. 그렇게 왕을 참칭하는 제후들로서는 자신들의 권력을 정당화해줄 사상이 필요했다. 그러나 정통성이나 도덕성은 다 필요 없고 힘을 가진 자가 곧 군주가 되어야 한다는 과격한 주장을 전면에 내세우기에는 아직 이른 때였다. 그러므로 공손룡은 시대를 반영한, 누구의 영향도 받지 않을 힘을 가진 자가 곧 정당한 군주가 될 수 있다는 위험한 이론을 세우면서도 그 내용을 명시적으로 드러내지는 않는 방법을 선택한 것으로 보인다.

철학사적으로는 순자, 후기묵가, 장자 등이 인간의 내면과 외부사물의 상호 영향에 대해 관심을 갖고 지知, 능能, 성性, 위僞 등 인간 능력이나 본성론 관련 어휘들에 대해 자극 이전과 자극 이후라는 이중적인 정의를 시작하는 때였다. 공손룡은 이러한 제자백가의 논의에 자신의 주장을 더해 말[馬]은 색에 구애받지 않는 말 전반일 수도, 흰 말 같은 특정 색의 말을 지칭할 수도 있음에 착안하여 궤변을 생성한 듯 보인다. 그러나 그중 색에 구애받지 않는 말만이 진정한 말이라는 것은 곧 외부 영향에 휘둘리지 않는 군주만이 진정한 군주라는, 힘 있는 절대 군주를 옹호하는 비유로 사용한다.

1. 기존 《공손룡자》 연구와 새로운 해석의 가능성

공손룡의 정치처세술적인 해석

기존 연구의 흐름

이 책에서는 기존 연구의 틀을 뛰어넘어 《공손룡자》를 제자백가의 본성론과 정치처세술적인 담론 내에서 이해하려고 시도한다. 기존의 연구는 대체로 언어와 논리철학 측면에서 《공손룡자》를 해석하여 당대의 철학적 흐름과는 분리된 인물로 이해했다.

　중국철학을 처음 서양에 소개한 풍우란은 공손룡의 사상을 서양철학의 보편자, 그중에서도 플라톤의 이데아를 사용해 설명한다. 풍우란의 《중국철학사》의 영어 번역본인 *History of Chinese Philosophy*에서 공손룡을 설명하는 장의 제목은 "보편자 이론(A Theory of Universals)"으로, 공손룡의 이론에 대해서는 "우주의 개별자들은 영원히 불변하며 서로 분리되어 있는 무한한 수의 '보편자'로 이루어져 있다(particular things in the universe are made up of an infinite number of 'universals' ... which remain ever unchanging and distinct from one another)"고 설명하고 있다.⁹

이에 반해 미국의 저명한 중국학자인 그레이엄Graham은 보편자와 같은 추상적인 개념이 완전히 동떨어진 다른 문화권에서 완전히 동일하게 나타날 확률은 지극히 낮다고 지적한다.¹⁰ 또한《공손룡자》에서 보편자의 성격에 대한 설명을 담고 있는 것으로 해석되는 〈견백론〉 및 〈명실론〉과 〈통변론〉이 "진지한 사상"이라고 할 만한 것이 부족하다며 위작으로 평가, 아예 연구 대상으로 삼지 않는 것으로 보편자에 대한 이론을 논의에서 배제하였다.¹¹ 한센Hansen은 중국에서는 추상적인 개념에 대한 역사적인 배경이 없고, 서양철학을 접한 이후에야《공손룡자》를 보편자론으로 이해하는 해석방법이 생겼다는 점 등을 근거로 들어, 고대 중국철학의 유명론적 성격을 기반으로 공손룡을 이해해야 한다고 보고 언어이론으로 해석하였다.¹²

크게 보았을 때, 대부분의 서구 학자들은 그레이엄의 해석을 따르고, 중국과 한국의 학자들은 풍우란과 견해를 같이 한다. 중국계 학자인 성중영에 의하면 공손룡은 고대 중국이라는 배경에서 보편자 개념을 발달시켰다는 점에서 독보적이고 훌륭한 철학자다. 〈지물론〉에 대한 새로운 해석으로《공손룡자》전체에 대한 설득력 있는 번역 및 풀이를 해낸 방박龐樸 또한 보편자론을 지지하며, 그의 번역은 한국 학계에도 큰 영향을 미쳤다.

이와 같은 맥락에서 국내학자 강지연은 한센과 그레이엄 논리의 내부적인 결함을 밝혀내어 그 한계를 지적하는 방식으로 풍우란의 보편자 이론이 여전히 유의미함을 강조한다.[13] 한편 김철신은 〈지물론〉을 중심으로 《공손룡자》 여섯 편 전체를 일관성 있게 해석해냈다는 점에서 큰 획을 그었다고 할 수 있다. 그는 "부정자不定者"라는 개념을 사용하여, 인간의 사유를 통해서만 보편자들이 결합하여 개별자로 현현되는 것이 가능하며, 그러므로 공손룡의 이론은 인간의 사유가 없이는 사물이 존재할 수 없다는 뜻이라고 설명한다.[14] 손영식 또한 공손룡은 "것", 즉 사물을 부정하고 속성만이 보편자로 존재할 수 있다고 여겼다고 해석하였다.[15]

그러나 "중국에는 보편자 개념이 있을 수 없다"는 전제 하에 보편자 이론을 진지하게 탐구하지 않는 서구의 학자들이나, 서구의 보편자 개념과 정확하게 어떤 점이 유사하고 어떤 점이 다른가, 그리고 고대 중국의 사회에서 어떻게 보편자와 유사한 개념이 생성될 수 있었는가에 대한 깊은 탐구 없이 유사성에 초점을 맞추는 중국과 한국 학계의 연구 흐름은 각각의 한계를 가지고 있다. 그리고 둘 모두 《공손룡자》를 당대의 문화적, 사상적, 역사적 배경에서 분리하여 해석하려고 한다는 치명적인 단점을 가지고 있다.

이러한 기존 연구의 한계에서 벗어나 공손룡의 시대배경 안에서 그의 사상을 이해하려는 시도로는 〈적부〉에 기록된 공손룡의 언행을 기반으로 정치적인 태도를 유추해낸 오상무의 연구가 있다. 오상무는 〈적부〉의 한 일화를 들어 공손룡의 "백마비마" 궤변은 실제로는 "심각한 정치적 함의"를 지닐 수도 있다고 주장하면서, 이 궤변이 곧 모든 계층이나 신분에도 적용될 수 있는 알레고리로 해석할 수 있는 가능성을 제안하였다.[16] 예를 들어, "흰 말은 말이 아니다"라는 논리를 끌고 나가서 "키 큰 군주는 군주가 아니다"라고 주장한다고 해보자. 이러한 유사한 주장을 어디까지 끌고 갈 수 있을 것인가?

오상무의 해석을 따르자면 공손룡 또한 당대 다른 제자백가들과 마찬가지로 아버지, 아들, 스승 등 사회 안에서 특정 역할을 맡는다는 것은 어떤 것인지, 또 통치자와 피통치자의 관계는 어떤 것인지에 관심을 가졌으며, 이에 대한 자신의 견해를 백마비마라는 궤변의 형태를 빌어 표현한 것이다.

오상무의 해석은 《공손룡자》에 대한 더욱 폭넓은 해석의 가능성을 제시한다. 모든 사상가들은 어떤 식으로든 자신이 몸담고 있는 시대의 산물이라는 점을 감안하였을 때, 공손룡 또한 당대의 사상적 흐름의 일부로서 인간이란 무엇이며 어떻게 살아가야 하고 전국시대라는 정치적 혼란을 어떻게 헤쳐 나가야 할 것인지에 대한 자신의 견해를 어떤 식으로든 포함하고 있다고 보는 것이 더 일리 있을 것이다. 다만 오상무의 연구는 〈적부〉의 일화 중 하나, 그리고 〈백마론〉을 연결하여 실마리를 제시하는 데서 그치고 있다. 이 실마리를 따라가 주장을 확대하기 위해서는 백마비마가 정치적 함의 및 인간관계의 알레고리를 담고 있다는 주장이 특히 〈명실론〉을 비롯한 《공손룡자》의 다른 편들과 공손룡에 대한 〈적부〉의 다른 기록에도 일관성 있게 적용될 수 있는지 확인하고, 당대 제자백가의 담론 안에서 그 의미를 비교대조하는 과정을 필요로 할 것이다.

정치론적 해석의 가능성

공손룡의 사상에서 정치론적 함의를 찾을 수 있으리라고 여기는 근거는 다음과 같다. 첫째, 후대에까지 이름을 남긴 제자백가의 학파들은 예외 없이 인간이란 어떻게 행동해야 하며, 어떤 정치형태가 사회의 안정을 가져올 것인가에 대한 관심을 보였다. 전국시대는 그 이름에서 알 수 있듯이 나라간의 전쟁이 끊이지 않은 시기였으며, 한편으로는 백성을 이러한 비참한 삶에서 구제하기 위해, 또 다른 한편으로는 궁극의 권력을 잡기 위해 다양한 학파의 사상가들이 각 나라를 돌아다니며 자신의 정책을 택한다면 천하를 통일할 수 있을 것이라고 홍보하며 돌아다녔다. 이를 '유세'라고 부른다.

공손룡과 유사한 시기에 활동한 제자백가로는 순자와 장자, 그리고 후기묵가가 있다. 순자는 성악설을 바탕으로 강한 예치禮治 사회를 주장하였으며, 후기묵가들 또한 논리, 과학, 언어철학에 대한 관심을 보이면서도 그 이면에는 겸애兼愛나 상동尙同, 절용節用 등 묵자의 교리를 철저하게 옹호하였다. 장자는 이들처럼 사회의 규율에 복종하는 인간보다 반대로 복잡한 사회망과 요구에서 벗어나 내면의 모습을 그대로 드러낼 수 있는 인간을 이상적으로 묘사하였다. 서로 다른 견해를 펴면서도 주된 관심사는 인간의 본래 상태는 무엇인지, 이상적인 인간은 어떤 것이며 그들이 모여서 어떤 사회를 이루어야 하는지에 있다는 점에서 모두 공통점을 갖는다.

공손룡이 속한 학파는 명가名家인데, 기존 연구자들은 명가를 논리학이나 언어학을 탐구한 학파로 이해하여 인간의 내면을 탐구하려는 다른 학파들과는 다르다고 주장할 수도 있을 것이다. 그러나 공손룡이 명실관계와 언어유희에만 관심을 보인 것은 명가의 특성이라고 하기에 부족함이 있다. 예컨대 같은 명가로 분류되는 혜시의 주장에도 인간과 세계에 대한 특유의 관점이 반영되어 있기 때문이다. 혜시의 기록은 하나의 문헌으로 남아있지는 않지만 이른바 "같은 것과 다른 것을 합한다[合同異]"라는 문구로 표현되는데, 시공간적인 평가의 유연성을 추구하는 그의 궤변은 만물일체와 같이 자연과 사회를 바라보는 상대성의 관점을 담고 있는 것이라고 해석된다.[17] 명가로 분류되지는 않더라도 '인간의 욕구는 원래 적다', '치욕을 당하는 것은 모욕이 아니다' 등의 궤변을 내세운 송견 또한 욕심이나 자존심을 내세우지 않고 혼란의 사회에서 살아남을 수 있는 처세법을 논한 것이다.[18]

둘째, 〈명실론〉이 《공손룡자》의 한 편을 차지하고 있을 만큼 공손룡에게 명-실의 관계, 그리고 정명은 아주 중요한 주제인데, 제자백가에서 정명론·명실론이 언어의 정확성에 대한 주장에서 그치는 일은 없기 때문이다. 공손룡은 〈명실론〉 외에 〈통변론〉에서 여러 비유의 일환으로 군-신의 올바른 관계에 대해 언급하기도 하는데, 그럼에도 불구하고 공손룡의 다양한 궤변이 이상적인 군신관계에 대한 주장을 담고 있는지에 대해서는 거의 연구된 것이 없다.

기존 연구에서는 대체로, 위에서 언급한 《순자》와 후기묵가 문헌 중 논리학이나 언어철학이라고 분류될 수 있는 일부분을 《공손룡자》와 비교대조하는 것으로 연구가 진행되었다. 그러나 전체 문헌에서 한 두 개의 장을 분리하여 고대 중국에도 순수논리학이라고 할 수 있는 것이 존재했으며, 그러므로《공손룡자》도 그렇게 이해할 수 있다고 주장하는 것은 문제가 있다.《순자》〈정명〉에서 본성론의 기본 단어들을 정의하는 것은 본성[性]보다 인위[僞]를 중시하는 순자 특유의 본성론으로 연결되는 길을 닦기 위한 것이며,《묵경》에서 어휘를 정의하고 이해하는 것도 궁극적으로는《묵자》라는 책 전체의 구도 내에서 묵자의 교리를 뒷받침하기 위한 일환으로 사용되었음을 잊어서는 안 되기 때문이다. 고대 중국철학에서 언어나 논리에 대한 논의가 순수하게 언어나 논리 그 자체에 대한 관심에서 멈추는 일은 없었으며, 이는 모두 인간이란 어떻게 행동해야 하며 어떤 사회를 이루어야 하는지에 대한 주장의 일환으로 기능하거나, 적어도 일관성 있는 전체의 일부로서 연결되어 있다. 유독 공손룡만은 인간과 사회를 대하는 태도와 완전히 분리되어 언어와 논리에 대한 관점에 대해서만 기록을 남겼다고 본다면 이는 당대의 학술적인 분위기와 완전히 대조되는 것이다.

이 책에서는《공손룡자》에도 본성론적인 또 정치론적인 사상을 발견할 수 있으며, 이를 통해 제자백가사상의 흐름 내에서 공손룡의 위치를 확인할 수 있고 그의 짧은 저술을 더욱 깊이 이해할 수 있게 해주리라는 전제 하에 다음과 같은 세 가지 방법을 사용하려고 한다. 첫째로 순자, 장자, 후기묵가 등 비슷한 시기에 활동한 제자백가들이 인간과 사회의 변화를 어떻게 이해하고 있으며 이를 설명하기 위해 어떤 식으로 어휘와 논리를 사용하는지를 살펴보고, 둘째로《공손룡자》여섯 편의 내부적 논리와 어휘 사용을 분석하여 전체를 관통하는 공손룡 특유의 논리 전개 방식이 있음을 확인하고, 이를 위에서 분석한 당대 제자백가의 담론과 비교함으로써 그 의미를 해석하는 것이다. 셋째로 인간과 사회에 대한 이해가 공손룡과 가장 유사한 제자백가의 학파를 찾아 이를 토대로 공손룡의 정치-처세술을 조금 더 상세하게 추론해보는 것이다.

이러한 과정이 필요한 이유는 비록 공손룡이 본성[性], 마음[心], 지각[知] 등 제자백가 본성론의 중심 어휘들을 사용하거나 이상적인 인간이나 정치에 대한 이론을 직접적으로 설명하고 있지는 않지만, 당대의 사상적 흐름에 영향을 받아 어휘를 다루는 방법이나 논리를 전개하는 방식에서 제자백가 담론의 발전을 어느 정도 반영하고 있을 것이며, 그러므로 겉으로 드러나지는 않더라도 내부 논리의 흐름 속에서 상호 유사성을 발견할 수 있으리라고 생각하기 때문이다.

공손룡의 사상을 들여다보기 전에 먼저 공손룡의 활동 시기와 당대의 정치적, 사상적 배경에 대해 먼저 알아보도록 하자.

2. 공손룡의 활동 시기와 시대적 배경

왕도정치 이상의 몰락과 천하통일의 도래

 공손룡은 제자백가 중 비교적 후대의 인물로, 공자나 맹자와 같이 옛 법도를 따르는 왕도정치로 되돌아갈 것을 요구하기엔 너무 늦어 버린 시대에 활동을 시작했다. 그 시대의 군주들은 혈통이나 법도보다는 군사력과 재력을 바탕으로 자신을 더 이상 제후가 아닌 왕이라고 칭하며 천하통일을 노렸다. 공손룡은 상대방을 혼란에 빠뜨리는 화려한 말주변을 사용해 전쟁과 외교를 도운 인물인 듯 보인다. 백마비마 등 그의 궤변 역시, 정통성을 바탕으로 하지 않고도 강한 군주가 권력을 잡는 것을 정당화하기 위한 도구인 것으로 보인다.

 공손룡의 생몰연대에 대해 학계는 《여씨춘추呂氏春秋》나 《전국책戰國策》 등 역사기록을 기반으로 BC 320 – BC 250년 정도로 추정하고 있다. 그러나 공손룡에 대한 기록이 그리 많지 않다는 점과 정확한 기록을 확보하기 어려운 시대적 한계를 감안하면 이 추정연도를 절대적이라고 보기는 어렵다.

역사서의 기록을 보면 공손룡은 조나라의 평원군과 교류했고, 또 재위기간이 BC 313 - BC 279년인 연나라 소양왕에게 유세했다고 한다.[19] 평원군은 조나라 혜문왕의 형제인데 혜문왕의 재위기간은 BC 298 - BC 266년 정도이고, 《여씨춘추》 등에서는 공손룡이 평원군을 통해 혜문왕의 외교방식에도 영향을 미친 기록을 찾을 수 있다. 평원군은 BC 250년 경 사망한 것으로 추정된다.

연나라 소양왕에게 유세할 때, 공손룡은 소왕에게 제나라를 공격하고 싶어 하는 의지를 너무 드러내면 소왕과 같은 생각을 가진 신하들만이 조정에 모여들지도 모르니 의도를 숨기라고 충고하는데, 실제로 연나라가 제나라를 공격하기 시작한 것은 BC 284년 경이다.[20] 공손룡이 태어난 연도를 BC 320년 경으로 본다면 연나라 소왕에게 유세했을 때 공손룡은 많아야 36세가 된다. 공손룡의 충고 내용에 따르면 전쟁에 대한 소왕의 의지가 완전히 공표되어 본격적인 전쟁 준비가 시작된 단계는 아닌 때로 보인다. 이미 공개적으로 드러났다면 의도를 숨기라는 충고는 이미 늦기 때문이다. 그러므로 아직 전쟁을 시작하기 수년 전일 가능성이 높으니, 이 계산대로라면 공손룡이 아직 이십대 후반, 삼십대 초반이었을 시기이다. 또 혜문왕을 만났을 당시 혜문왕은 병사를 줄이려고 노력한지 10여년이 되었다고 하는데, 혜문왕은 BC 310년 생으로, 그가 성인이 되어 20여세부터 반전정책을 썼다고 한다면 공손룡을 만난 것은 BC 280여 년 경이 된다. 역시 BC 320년에 공손룡이 태어난 것으로 계산했을 때 공손룡의 나이는 40세 전후가 된다.

역사적 인물들과의 교류를 기반으로 판단한다면 공손룡의 출생연도를 BC 320년으로 계산했을 때 공손룡의 주된 활동시기는 20-30대가 되는데, 이는 일반적이라고 보기에는 어려운 젊은 나이다. 그러나 그를 칭송하거나 비판하는 어느 기록에도 그가 젊은 나이부터 활동을 시작했다는 언급은 없다. 대신 공손룡의 활동 시기를 40-50대로 설정한다면 출생연도는 BC 330-BC 340년 정도로 더 거슬러 올라가는데, 이렇게 보아도 문제는 없다. 《장자》의 공손룡 언급 등을 미뤄 보면 장자와 공손룡이 유사한 시기에 활동한 것으로 보는 것이 더 자연스러울 듯하다. 이 책에서는 공손룡의 생년을 BC 340년 정도로 설정하여 장자와 활동시기가 겹치는 것으로 보도록 하겠다.

생몰연도와는 별개로 공손룡의 활동시기가 BC 290-BC 250여 년 경인 것은 《여씨춘추》나 《전국책》의 기록을 통해 확실히 알 수 있다. 공손룡이 활동을 시작한 BC 290년은 전국시대 말기로, 위나라가 처음 스스로 왕이라는 칭호를 사용하기 시작한 BC 344년의 서주상왕徐州相王 이후 50여 년이 흐른 시점이다.[21] 왕이라는 칭호를 그제서야 사용하기 시작했다는 것은 그들이 정확하게는 왕이 아니라 제후이기 때문이다. 진시황 이전까지는 주나라와 같이 천하를 다스리는 국가의 군주는 왕으로, 나머지 제후국의 군주는 군으로 불렀다. 그리고 공자는 자신이 가진 정당한 지위를 넘어 더 높은 지위의 칭호, 의복, 의식 따위를 사용하는 귀족을 호되게 비판하곤 하였다.

왕보다 더 많은 재산과 군대를 축적한 제후가 왕 노릇 하려고 드는 것이 비판의 대상이 되는 것은, 왕은 도덕성과 정당성을 갖춘 지도자지만 제후는 그저 힘만으로도 지배할 수 있다는 이해 때문이다. 현대로 따지자면 재벌이 돈과 권력을 믿고 이미 합의된 제도인 법을 어기거나 입시비리를 저지르고도 처벌받지 않는 것에 해당하는 일이다. 돈과 힘으로 기존의 평화와 제도를 무너뜨리는 태도에 대한 비판인 것이다. 그러나 공자가 숭상한 주나라는 공손룡의 시대가 되어서는 이미 작은 제후국으로 몰락하여, 공손룡이 노인이 되었을 무렵인 BC 256년에는 아예 사라져버린다. 그 이후로 40여 년이 더 흐른 BC 220년에는 진나라가 천하통일을 이루고, 약 20년 후에는 한나라가 천하를 다스리게 된다.

공손룡이 사망할 때가 되어서는, 조만간 천하가 통일될지도 모르겠다, 그것도 정통성보다는 힘이 강한 자에 의해 통일이 이루어질지도 모르겠다는 긴장감이 감돌기 시작할 시기였을 것이다. 왕과 제후의 예禮를 명확하게 해야 한다는 공자의 주장은 서서히 설 자리를 잃고, 새로운 나라를 세우기 위해서는 민심을 기반으로 천명을 얻어야 한다는 맹자의 믿음도 약해질 수밖에 없는 시기였다. 다시 말해, 더 이상 혈통이나 도덕성이 아니라 힘을 얻은 자가 곧 왕이 되고, 새로운 세력이 천하를 통일할 가능성이 구체화되는 때가 된 것이다.

공손룡이 유세한 연나라 소양왕은 연나라에서 왕의 칭호를 다시 사용하기 시작한 첫 왕이었으며, 그가 도움을 준 조나라 혜문왕 또한 그렇다. 제후국들은 너도나도 왕이라는 칭호를 사용하기 시작하였으나 아직 그 힘에 맞는 정통성을 얻지 못한 시기이고, 그러므로

Ⅰ. 《공손룡자》 정치론적 해석의 배경

권력을 잡은 자가 곧 왕이 될 수 있다는 정당성을 뒷받침할 수 있는 이론가를 기다리고 있었을 법하다.

　이러한 역사적 상황에서 명가는 부도덕하다는 비난을 받을 수도 있을만한 일을 정치적으로 포장해 말장난처럼 표현하여 상대방을 압도하는 기술자였던 것으로 추정된다. 또 다른 명가의 학자인 혜시는 위나라 혜왕의 재상으로 장의의 연횡책에 맞서서 합종책을 주장하는 등 외교적인 역할을 수행했다. 공손룡 또한 연나라 소양왕이나 조나라 혜문왕, 그리고 그의 형제인 평원군을 위해 외교적인 조언을 하였다. 다음은 조나라가 진나라와 맺은 맹약 때문에 어려움을 겪을 때 공손룡이 평원군을 통해 혜문왕에게 도움을 주는 대목이다.

　　공웅에서 진나라와 조나라가 맹약을 맺었다. 맹약은 '지금부터 진나라가 하고 싶은 일에는 조나라가 도움을 주고, 조나라가 하고 싶은 일에는 진나라가 도움을 준다'는 내용이었다.
　　아무런 기미가 없었는데도 진나라가 군사를 일으켜 위나라를 침공하자, 조나라가 [위나라를] 구원하려고 하였다. 진나라 왕이 불만스러워하면서 조나라 왕에게 사람을 보내어 말하였다. "맹약에서 '진나라가 하고 싶은 일에는 조나라가 도움을 주고, 조나라가 하고 싶은 일에는 진나라가 도움을 준다'고 했는데, 진나라가 위나라를 공격하려고 했더니 조나라가 이로 인해 [위나라를] 구원하려고 하는 것은 맹약의 내용과 다르다."
　　조나라 왕이 이 내용을 평원군에게 말하였고, 평원군이 그대로 공손룡에게 말하자 공손룡이 말하였다. "사신을 보내어 진나라 왕에게 다음과 같이 말씀하셔도 되겠습니다. '조나라가 [위나라를] 구원하려고 하는데, 진나라 왕이 조나라를 돕지 않으려고 하니 이것은 맹약과 다르다.'"[22]

 진나라는 위나라를 침공하고 싶었으나 조나라는 이를 막고 싶었다. 맹약에 의하면 조나라는 진나라를 도와야 하지만, 그랬다가는 진나라가 너무 강해질 것을 걱정하였는지, 조나라는 도리어 위나라를 도우려고 하였다. 진나라가 왜 서로 돕겠다는 맹약을 어기느냐고 묻자, 공손룡이 그렇다면 왜 진나라는 위나라를 도우려는 조나라를 돕지 않느냐, 그것도 맹약을 어기는 것이 아니냐고 대답했다는 것이다. 따져보면 이미 조나라가 진나라와의 맹약을 어긴 것에 대해 진나라 왕이 불만을 표현한 것이므로 공손룡의 주장은 앞뒤가 맞지 않는다. 서로 견해가 다를 때마다 내가 너를 돕지 않는 것이 아니라 네가 나와 생각이 다르다는 점에서 나를 돕지 않은 것이라고 따지고 든다면 어떤 경우에도 두 나라는 서로를 도울 수 없을 것이다.
 그러므로 공손룡이 논리학자로서 자신의 역할을 다했느냐고 묻는다면 그렇지 않다고 할 수 있다. 그러나 공손룡은 궤변을 던지는 것으로 맹약을 어기고도 책임을 피하며 오히려 진나라에 화살을 돌리는 데 성공하였다. 이를 통해 공손룡의 논변이 논리학 이상의 의미를 갖는다는 것을 유추해 볼 수 있다. 오히려 논리에 어긋나더라도 정치적인 실익을 추구하는 것이 목표인 듯 보이기 때문이다.

외교라는 것이 국익을 위해서 때로는 상대를 속이기도 해야 하고 거짓말을 하면서도 거짓이 아닌 듯 포장하는 기술이 중요하다. 그러다 보니 상징성 있는 언어를 사용해 진의를 숨기고 넌지시 제안을 건네거나 위와 같이 논리적으로 격파하기 힘든 패러독스를 만들어내어 이미 맺은 맹약에서 빠져나갈 구멍을 만들어내기도 한 것이다.

이와 관련하여 《국어國語》〈진어晉語〉에는 타국에서 손님들이 오면 조정에 대부들이 모여 함께 수수께끼를 풀었다는 기록이 보이는데, 당대의 외교 관습이었을 가능성이 있다.[23] 춘추시대의 기록으로 공손룡의 활동기와는 시간적 거리가 있지만, 춘추전국시대 외국 사신을 맞이하는 풍습을 엿볼 수 있다. 언제 서로 적이 될지 모르지만 언제 또 서로 목숨을 맡겨야 할지 알 수 없는 당시 제후국 간의 관계를 생각했을 때, 적의가 있더라도 드러낼 수 없고 무턱대고 서로를 믿을 수도 없으므로 수수께끼를 이용해 서로의 지력을 시험하고 의도를 묻는 관행이 있었을 것으로 보인다. 이런 모임의 수수께끼는 단순히 유희를 위한 것이었다기 보다는 각 나라의 의도와 외교 목적을 암시적으로 전달하고 확인하기 위한 방도로 쓰였을 것이다. 이런 점에서 명가들이 제후국들 사이의 의견 조율을 담당하거나, 실리를 추구하면서 도덕적인 대의명분을 어겼다는 것을 숨길 수 있는 방법을 마련하는 데 적격이었을 것이다.

위에서 살펴본 연나라 소양왕과의 이야기에서도 마찬가지다. 제나라를 공격하여 전쟁을 일으키려는 의도를 숨겨야 한다는 것은 연나라와 제나라의 관계, 혹은 연나라나 제나라를 공격할 의도를 가지고 있는 다른 나라와의 관계, 그리고 공손룡이 직접적으로 지적한 대로, 소양왕 신하들과의 관계에서 왕의 의도를 감추는 것이 더 유리하기 때문이었다.

이러한 근거를 기반으로 명가들은 외교관의 무리가 아니었을까 추측을 해볼 수 있다. 외교관이라는 직책을 명시적으로 맡은 것이 아니었다고 하더라도 국가의 이익을 추구하거나 신하와의 관계에서 왕의 이익을 보호하거나 아니면 타국과의 맹약 등에서 상대방을 당황시키고 자신을 보호하는 계략을 알려주는 역할을 하였음을 확인할 수 있다.

이렇게 보았을 때, 공손룡의 궤변 또한 단순한 말장난에서 그치는 것이 아니라 정치적인 의도를 담고 있는 것으로 해석할 수 있는 여지가 짙어진다. 진나라와 조나라의 맹약에 대한 패러독스가 그저 언어유희에 그치는 것이 아니라 실제 외교적인 실리가 걸려있는 것임을 감안하면 명가에게 있어서 중요한 것은 자신의 주장이 상식적으로 받아들여질 수 있는가가 아니라, 상대를 혼란에 빠뜨림으로써 자신의 실리를 얻을 수 있는 가능성이 있는가에 달려있음을 볼 수 있기 때문이다.

3. 사상적인 배경

순자와 후기묵가, 장자의 본성론 발달과 주요 개념의 이중적 정의

이 책에서는 "흰 말은 말이 아니다"라는 주장이 "용감한 신하는 신하가 아니다" 혹은 "사냥을 좋아하는 군주는 군주가 아니다"라는 식의 정치적 함의를 담은 알레고리로 해석한다. 이는 곧 자신의 개성과 특성을 감추고 가장 보편적인 모습만을 보이는 자가 권력을 유지할 수 있다는 한비자의 주장으로 연결될 수 있으며, 그 뿌리를 거슬러 올라가면 노자의 사상과도 맥을 같이 한다. "보편 vs 개별", "영원불변 vs 순간"이라는 테마를 반영하고 있다는 점에서는 서구의 보편자나 이데아 논리와 유사해보일 수도 있지만, 분명 중국 고대사상의 유구한 역사의 흐름에 뿌리를 두고 있는 중국철학 고유의 과제 중 하나다.

다른 한편으로 공손룡이 이러한 주장을 하기 위해 사용하는 논리는 유사한 시대를 산 학자들의 본성론 이해와 외부 자극을 통한 인간의 변화 가능성에 대한 연구에 기반을 두고 있다. 인간은 선한

가 악한가? 내면이 원래부터 선하다면 변화는 나쁜 것인가? 내면이 원래부터 악하다면 외부 자극에 의해 변화를 이끌어내야 하는가? 본성과 교육, 변화에 대한 탐구 또한 중국 고대철학의 고유한 테마 중 하나다.

공손룡과 비슷한 시기에 활동한 제자백가로는 순자, 후기묵가 그리고 장자를 꼽는다. 그들은 각각 유가, 묵가 그리고 도가라는 전혀 다른 학파의 학자들이지만, 시대적인 유사성에 의해 마음[心], 본성[性], 지각[知] 등 당대 담론의 주요 개념들에 대한 유사한 이해를 보인다.

장원태는 학위 논문 〈전국시대 인성론의 형성과 전개에 관한 연구〉에서 "전국시대 문헌, 특히 인성론과 관련된 문헌들의 주요한 특징 중 하나는 한 개인을 중심으로 안과 밖을 엄격히 구분하고 이를 대립시킨다는 것"이라고 지적한다.[24] 인간의 내면, 즉 마음[心]은 외부사물의 자극에 반응하면서 변화한다. 외부사물이 자극하기 이전의 마음 상태와 외부사물의 자극을 받은 이후의 마음은 서로 다르다는 것이다.

초콜릿을 좋아하는 사람이 있다고 치자. 초콜릿이 눈에 들어오기 이전의 고요한 마음이 있고, 초콜릿을 목격하고 그 향을 맡고 맛을 상상한 이후의 요동하는 마음이 있을 것이다. 이 경우 마음은 초콜릿이라는 자극이 다가오기 이전의 마음, 그리고 자극이 다가온 이후의 마음으로 나뉜다.

心 vs 心 + 초콜릿

그렇지만 초콜릿에 자극을 받은 이후의 마음도 '마음'이라는 같은 이름으로 불린다. 그러므로 초콜릿 이전의 마음과 초콜릿 이후의 마음은 서로 달라졌지만 같은 이름을 갖게 된다.

$$心 = 心1$$
$$心 + 초콜릿 = 心2$$

지각[知] 혹은 본성[性]에 대해서도 비슷한 그림을 그릴 수 있을 것이다. 장원태는 순자나 후기묵가가 본성론에 연관된 주요 개념들을 이중적으로 정의하는 것이 곧 외부 자극을 통해 변화를 겪게 되는 성악설 계열 사상의 특징이라고 설명한다.[25] 이 책에서는 장원태의 이론 중 내·외의 구분과 이 중 내면을 대변할 수 있는 마음, 지각, 본성과 같은 어휘의 이중적 정의라는 틀을 참고로 하여 제자백가 담론의 발전 과정에서 공손룡은 어디쯤 위치하고 있는지를 짚어나가려고 한다.[26]

인간의 내면은 외부의 자극에 반응하여 감정, 호오나 욕구가 생기고, 변화를 일으키게 된다. 욕구가 생기기 이전의 인간과 욕구가 생긴 이후 인간의 대조는, 외부 자극을 만나기 이전 인간의 내면이 원래의 상태 그대로 있을 때와 그러한 내면에 외부 자극이 더해진 이후의 차이로 그려진다. 외부사물과 만나서 반응하는 인간 내면의 기능에 아무런 자극도 더해지지 않아 고요한 상태로 변하지 않았을 때와, 여기에 외부 자극이 더해지고 그에 반응하면서 내면이 변한 이후가 서로 대조되는 것이다. 위의 초콜릿의 예시에서도 볼 수 있듯이, 내內와 외外의 대조라기보다는 내內 그리고 내內 + 외外의 대조라고 볼 수 있다. 다시 말하면 마음과 초콜릿의 싸움이 아니다. 초콜릿 이전의 마음과 초콜릿 이후의 마음의 동일성 혹은 차별성을 논하고자 하는 것이다.

이러한 현상을 논하기 위해서는 외부사물에 반응할 수 있는 인간의 기능과, 그리고 외부사물의 자극에 대한 인간의 반응이 연구의 대상이 되어야 한다. 인간 내면이 외부사물의 자극을 만나 반응하고 달라지는 과정에 관심을 보이고, 이러한 변화가 긍정적인 것인지 부정적인 것인지를 논하며 자신의 사상을 전개하는 것은 순자, 장자, 후기묵가 등 공손룡과 활동 시기를 같이 한 학파들 대부분이 보이는 공통점이다. 《공손룡자》의 내용을 분석하기 전에 그들이 인간의 변화를 논하는 방식을 살펴보도록 하자.

내외 구분과 상호 영향

다음 인용문들은 공손룡과 유사한 시기에 활동한 제자백가의 사상가들인 순자와 장자가 각각 외부 자극을 통해 인간의 마음이 어떻게 움직이는지에 대해 설명한 문구들이다.

> 그러므로 인간의 마음은 비유하면 쟁반의 물과 같다. 가라앉아서 움직이지 않으면 흐린 것들은 바닥에 가라앉고 밝고 맑은 것은 위에 있게 되니, 눈썹을 찌푸리는 것을 보면서 주름까지 살필

수 있다. 그러나 작은 바람이라도 불면, 아래에서는 가라앉은 탁한 것이 흔들리고, 맑고 밝은 것도 위에서 뒤섞이니, 큰 형태의 모습도 알아볼 수 없다. 마음 또한 이와 같다.[27] 《순자》〈해폐〉

기쁨과 분노, 슬픔과 즐거움, 고민과 탄식, 변덕과 고집, 꾸밈과 게으름 등이 몸의 움직임으로 이어지는 것은 곧 음악이 빈 공간에서 나오는 것과 같고 증기가 뭉쳐 버섯이 되는 것과도 같다. 밤낮으로 온갖 감정이 번갈아가며 나타나지만 어디에서 싹튼 것인지 알 수가 없다.[28] 《장자》〈제물론〉

순자에게 있어서 마음은 거울처럼 자신을 비춰보기 위해 쟁반에 담아놓은 물과도 같다. 가만히 두면 세세한 것도 비춰볼 수 있을 정도로 고요하고 맑아지는 것과 같이, 외부에서 자극이 주어지지 않은 상태의 마음은 흔들리거나 혼란스럽지 않다. 그러나 바람이 불면 곧 탁한 것들이 뒤섞여 비추인 형상을 알아볼 수 없게 되는 것과 같이, 외부에서 자극이 들어오면 곧 마음은 이에 반응하여 흐트러진다는 것이다. 순자의 성악설에서 중요한 것은 마음이 외부 자극을 있는 그대로 반영하기 때문에 자극이 없을 때는 도덕적 기준도 혼란스러운 욕망도 없는 고요한 상태라고 여겼다는 점이다. 이런 텅 빈 마음은 외부 자극에 쉽게 반응하며 어느 곳으로나 끌려갈 수 있다.[29]

장자는 마음에 희로애락과 온갖 다른 감정들이 일어나는 것을 곧 바람이 불어 악기에서 소리가 나는 것에 비유했다. 위의 인용문은 남곽자기가 안성자유와 함께 사람의 소리, 땅의 소리, 자연의 소리를 설명하는 대목에 나온다. 퉁소가 내면에 비어있는 곳에 숨을 불어넣으면 소리가 나고, 자연의 온갖 빈 공간에 바람이 불어 소리를 내는 것처럼, 사람의 마음 또한 여러 자극이 스치고 가면서 온갖 감정들이 일어난다. 퉁소의 내면은 그저 비어있을 따름이다. 바람이 불지 않았는데 퉁소가 스스로 소리를 낼 수는 없는 것이다.

비록 순자와 장자는 마음을 움직이는 자극을 어떤 식으로 통제해야 하는지, 그 결과 어떤 이상적인 인간과 사회의 모습을 도출할 수 있는지에 대한 생각은 달랐지만, 공통적으로 외부 자극을 통해 내면의 마음이 움직이고 또 행동이 달라질 수 있음을 인지하고 있었고, 마음에 대한 이러한 이해를 기반으로 각자의 사상을 전개해 나갔다. 그리고 그들의 사상이란 모두 당대 인간의 모습을 어떻게 새롭게 변화시킬 수 있을 것인가에 초점이 맞추어져 있다. 혼란의 시기를 산 제자백가들은 당대의 시대 상황에 불만을 가지고 있었으며 변화를 추구했다. 인간의 행위를 변화시켜 사회를 안정시키고자 인간의 내면을 들여다본 것이다.

인간의 내면을 건드리고 결과적으로 행위를 변화시키는 과정에 대한 당대의 이해 방식은 《예기》〈악기〉에서 조금 더 직설적으로 설명되어 있다.[30]

사람 마음이 움직이는 것은 사물이 그렇게 만든 것이다.[31]

사람이 태어났을 때는 고요한 것이 하늘이 내린 본성이고, 사물에 감응하여 움직이는 것은 본성의 욕구다. 사물이 와 닿으면 지각이 지각하고[知知], 그 이후에 좋아하거나 싫어하는 감정이 생긴다.[32]

〈악기〉에 의하면, 사물과 만나기 이전의 인간 내면은 고요하다. 모든 움직임은 외부사물의 자극에 의한 것이다. 아무런 움직임도, 기호도 형성되지 않은 채 그저 평온한 인간의 내면은 외부의 자극을 받으면서 반응하고, 그 자극에 대한 좋다 싫다의 감정을 느끼게 된다.

사물은 지각에 와 닿는다. 그리고 지각은 지각한다. 그 결과로는 좋아하거나 싫어하는 감정이 생성된다. 이 경우 지각은 두 가지 다른 의미를 갖는다. 위에서 마음을 예로 들어 설명했듯이, 외부사물이 닿기 이전의 지각과 외부사물이 더해진 지각이 모두 지각이라는 하나의 이름으로 불린 것이다.

$$知 = 知1$$
$$知 + 物 = 知2$$

지각이라는 이름은 한편 사물이 건드리는 인간 내면의 무언가이기도 하고, 그 사물과 결합하여 드러나는 좋아하거나 싫어하는 반응이기도 하다. 이 문장에서 지각[知]은 두 가지 의미로 두 번 반복되고 있다. 그리고 지각이 지각하는 것은 곧 외부의 사물이 고요한 인간의 내면을 건드려 좋아하거나 싫어하는 움직임을 만들어내는 과정이다. 그러나 이것만으로는 아직 명확하게 알 수 있는 것이 별로 없다.

순자와 후기묵가, 그리고 장자의 문헌을 살피는 것으로 "지각이 지각하는" 과정에 대해 조금 더 자세하게 들여다보도록 하자.

순자와 후기묵가의 지각 이해

위에서 살펴보았듯이 순자, 장자, 후기묵가 등이 공손룡과 비슷한 시기에 활동한 제자백가이며, 이들은 모두 외부의 자극에 의해 내면이 겪는 변화에 대해 관심을 보였다. 그중 순자와 묵가는 외부 자극을 통해 인간의 행위를 통제하여 사회의 안정을 불러올 수 있다고 여겼다.

〈악기〉의 인용문에서 다룬 "지각이 지각한다[知知]"와도 같은 문장은 공손룡과 유사한 시기의 기록인 후기묵가의《묵경》과《순자》〈정명〉에서 조금 더 상세하게 설명된다.《묵경》을 먼저 살펴보도록 하자.

《묵경》A3

경 지각은 자질이다.

설 지각은 지각할 수 있는 자질이고, 지각의 결과를 반드시 보장하지는 않는다.[33] '눈 밝음'과 같다.[34]

《묵경》A5

경 지각은 접촉이다.[35]

설 지각은 지각의 자질이 사물과 스쳐서 그 모습을 파악할 수 있는 것이다. '보다'와 같다.[36]

보다시피 A3와 A5는 하나의 단어인 지각에 대한 설명이지만 둘의 정의는 다르다. A3에서 지각은 재목이나 바탕, 즉 인간이 가지고 태어나는 자질을 말한다. 자질로서의 지각은 실제 지각의 행위가 벌어지지 않는 순간에도, 혹은 아직 어떤 지각 경험을 하기 이전에도 인간에게 갖추어져 있다. 이러한 자질을 시각 경험에 빗대어 설명했을 때, 이는 사물을 볼 수 있는 시력, 즉 "눈 밝음"과 같다.

행위가 없다고 해서 자질이 없어지는 것은 아닌 것과 마찬가지로 자질, 능력 혹은 잠재력은 감각의 행위와 직접적으로 연결되지 않기 때문에 행위의 결과 또한 보장되지 않는다. 그러므로 "반드시 지각한다고 할 수는 없다[不必知]"고 설명한 것이다. 빛이 하나도 들어오지 않는 방에 갇혀있는 사람을 설정해보면, 그는 시각의 자질을 갖추고 있고 그 시력이 손상된 것이 아니지만 그럼에도 시각적인 지각경험을 할 수 없다. 이렇듯 자질로서의 지각은 그 자체로는 아무 것과도 접촉하고 있지 않으며 아무 것도 경험하고 있는 것은 아니지만, 또한 이 자질이 없이는 아무 것도 알 수 없기도 하다. 자질로서의 지각은 외부사물 중 그 무엇과도 결합이 가능하며 그 어떤 외부사물에도 한정되지 않는다. 이 첫 번째 지각에 번호를 매겨 知1이라고 부르자.

이에 반해, A5는 A3의 지각, 즉 인간 내면의 앎의 자질인 知1이 외부의 무언가와 접촉하여 사물을 파악하는 순간의 활동이다. 知1과 외부사물이 접촉하는 활동 및 경험을 知2라고 이름 붙여 구분해보자. 이 순간의 知2는 어떤 가능성이나 능력이 아니라 내면의 능력과 외부사물의 접촉이기 때문에 행위가 곧 결과를 보장한다. "접촉"이라는 정의상 이미 닿아있는 것을 말하기 때문이다.

이는 "눈 밝음"과 같은 내재적 능력과는 다른 "보다"라는 행위로, 시력이 외부사물을 실제로 시신경에 받아들이는 것을 말하므로 시각과의 비유에서 접촉의 지각은 곧 "보다[見]"라는 동사와 같다고 한다. "보다"는 《묵경》 A1에서 필요충분조건을 정의하면서 "필요충분조건이란 있으면 반드시 그러하고 없으면 절대로 성립하지 않는 것이다. '보는 행위'가 곧 '보는 결과'를 성립하는 것과 같다[大故. 有之必然. 無之必不然. 若見之成見也]"와 같이 예시로 언급될 정도로, 행위와 결과가 동일한 대표적인 경우다.

접촉으로서의 지각을 知2라고 불러보자. 知2는 내면의 자질과 외부의 사물이 이미 접촉하고 있는 상태를 말하므로, 특정한 외부사물을 전제로 하고 있다고 할 수 있다. 이미 지각의 자질은 활성화되었고, 어떠한 사물을 지각하는 행위이자 결과를 말한다.

장원태는 이렇듯 인간 내면과 연관된 어휘에서 하나의 글자를 두 가지 다른 의미로 설명하는 모습은 《순자》 〈정명〉에서도 반복되는 패턴임을 밝혔다.[37] 〈정명〉은 〈성악〉의 바로 이전에 나오는 편으로, 성악설로 이어지기 위한 논리적 발판을 마련하고 있는데, 그 일환으로 본성론과 연관된 어휘들을 정의한다.

지각[知]의 자질이 인간에 내재되어 있는 것을 지각[知]이라고 하고, 지각[知]에 더해지는 것이 있는 것을 지혜[智]라고 한다. 능력[能]의 자질이 인간에 내재되어 있는 것을 능력[能]이라고 하고, 능력[能]에 더해지는 것이 있는 것을 능력[能]이라고 한다.[38]

《순자》〈정명〉의 경우 위에서 인용한 지각[知]-지혜[智]와 능력[能]뿐 아니라, 인위[僞], 본성[性] 등 아예 동일한 단어가 두 번 반복해서 나열되어 있거나 같은 단어로 쓰일 수 있는 글자가 함께 쓰이면서 짝을 이루어 정의되고 있다. 지각의 경우, "알 수 있는 자질"이라는 첫 번째 정의는 인간 내면과 외부사물이 만나서 지각 작용이 벌어지기 이전부터 내재된 인간이 갖고 태어나는 바탕이다. 글자가 조금 다르지만 파생의 형태인 지혜[智]의 두 번째 정의에서 이러한 자질이 '더해지는[合]' 대상이 있다는 것은 외부사물을 만나 접촉하고, 자극을 받고, 이를 인지하는 과정을 표현하는 것이다.

〈정명〉은 첫 번째 지각을 '지각의 자질'이라고 설명하고 있는데, 《묵경》에서는 또 재질[材]이라고, 〈정명〉에서는 '인간에게 있는 것'이라고 표현하는 것으로 보아 지각이라는 경험을 가능하게 하는 인간이 가진 기능으로서 지각의 자질을 말한다고 할 수 있다. 《묵경》에서는 두 번째 지각이 곧 접촉이자, 사물을 스쳐지나가면서 생기는 것임을 밝히고 있기 때문에, 《묵경》이 말하는 두 번째 지각은 곧 인간의 지각 기능이 사물과 접촉하여 생기는 지각 경험을 말하는 것이 확실하다. 〈정명〉은 두 번째의 지각을 그저 '더해지는 것이 있다'라고만 표현하지만, 이미 첫 번째 지각의 정의에서 사용한 지각, 즉 '알 수 있는'이라는 표현에서의 '알다'가 사물을 지각하는 경험을 표현하고 있는 것이기 때문에, 순자 또한 지각 기능이 사물이 더해지는 지각 경험을 지각의 두 번째 의미로 설정하였음을 유추 가능하다. 만약 그렇지 않다면 지각을 세 가지 의미로 사용하고 있는 꼴이 되기 때문이다.

사물과 만나기 이전 잠재 상태의 지각 기능을 知1, 그 잠재 상태인 지각 기능이 사물을 만나는 지각 경험을 知2라고 했을 때, 《묵경》에서 A3와 A5의 경설 부분은 서로가 서로를 설명하는 특성을 보인다.

《묵경》 A3
설 자질로서의 지각[知1]은 지각활동[知2]할 수 있는 자질이다.

《묵경》 A5
설 지각활동[知2]은 자질로서의 지각[知1]이 사물과 스쳐서 모습을 파악할 수 있는 것이다.

위의 설명을 단순화하자면 知2는 知1의 활동이고, 知1은 知2의 자질이라고, 하나를 설명할 때 다른 하나의 개념이 사용되고 있다. 숫자를 매겨가면서 두 개의 다른 의미가 쓰였음을 인식하지 못한 채 읽자면, 이는 일종의 모순이나 궤변처럼 읽히기도 한다. 그러나 《묵경》의 경우 知의 이중적 정의가 명시적이기 때문에, 知1과 知2가 서로를 정의하고 있음이 확연하게 드러난다. 이렇게 두 개의 의

미가 번갈아가면서 서로를 정의하고 있는 것은 위에서 본《순자》의
〈정명〉에서도 마찬가지다.

> **知1** 智(知2)의 자질이 사람에게 있는 것을 知1이라고 한다.
> **智(知2)** 知1이 결합하는 대상이 있는 것을 智(知2)라고 한다.[39]

《순자》〈정명〉에서 또한 첫 번째 知를 정의하기 위한 문장에서 사용한 知는 결합의 의미, 두 번째 知를 정의하는 문장에서 사용한 知는 자질의 의미를 갖고 있기도 하다. 그러므로 자질과 결합이라는 두 가지 의미로 정의되는 것은 물론, "知1은 知2의 자질, 知2는 知1의 결합"이라는 형식으로 서로가 서로를 설명하고 있다는 점에서 다시《묵경》의 지각 정의와 유사성을 보인다.

이렇듯 지각의 중의성을 설명하는 글에서도 지각의 두 가지 의미는 혼돈을 빚는다. 이러한 혼란은《묵경》의 다음 항목에서도 드러난다. 지각에 두 가지 다른 의미가 있음을 감안하여, 그 두 의미를 명확하게 구분하면서 읽어야만《묵경》의 다음 문장들이 서로 모순되지 않게 해석이 가능해지는 것이다.

《묵경》A22
살아있음은 몸이 지각과 같이 있는 것이다.[40]

《묵경》A23
잠은 지각에 지각이 없는 것이다.[41]

위의 두 인용문은 서로 모순관계가 있기도 하고, 또 A23의 경우 그 문장이 패러독스 형태이기도 하다. 살아있으면 몸에 지각이 같이 있다. 그렇다면 몸에 지각이 같이 있지 않다면 그것은 죽은 것이다. 그러나 잠은 지각에 지각이 없는 것이라고 했다. 그렇다면 잠은 죽은 것인가? 그리고 "지각에 지각이 없다[知無知]"라고 했는데, 도대체 지각에 어떻게 지각이 없을 수 있다는 말인가? 궤변 혹은 패러독스처럼 보이는 이 문장은 앞으로 다루게 될 공손룡의 "가리킴은 가리킴이 아니다[指非指]"라는 논변과 놀라울 정도로 유사한 형태를 띠고 있으며, 공손룡 해석의 실마리를 제공한다.

궤변이나 모순처럼 보이는 위와 같은 문장은 지각에 대한 이중 정의를 사용하여 해결이 가능하다. 살아있다는 것은 외부사물의 자극을 느끼고 받아들이고 반응하는 것이기 때문에 A22에서 말하는 지각은 곧, 잠재 상태라고 하더라도 지각의 기능이 몸에 있는 것을 말한다. 인간은 살아있는 동안 지각이라는 기능을 항상 가지고 있다. 그러나 살아있다고 해서 항상 지각 경험이 계속되고 있는 것은 아니다. 잠을 자고 있을 때도 있고, 기절해 있을 때도 있고, 일시적으로 몸이 마비되는 경우도 있기 때문이다. 그러나 자질이나 능력은 발휘되지 않는 상태라고 해서 사라지는 것은 아니므로, 잠을 자거나 명상을 하는 등 깊은 고요에 빠져있을 때도, 살아있는 동안에는 기능으로서의 지각이 몸에 갖춰져 있다.

깜깜한 방 안에 아무 것도 보지도 듣지도 못한 채 갇혀 있는 사람은 아무런 지각 경험을 하고 있지 않지만 지각 경험으로 이어질 수 있는 바탕은 잠재태의 상태지만 사라지지 않고 그대로인 것이다. 그러나 잠을 자고 있을 때에는 비록 잠재태로서의 기능은 몸에 남아있다고 하더라도 지각 경험이 항상 깨어있는 것은 아니기 때문에 지무지知無知, 즉 지각 기능에 지각 경험이 없는 상태가 되는 것이다.

《장자》〈경상초〉에도 유사한 문구가 나오는데, "지각은 접촉이다. 지각은 꾀함이다. 꾀함이 [대상과] 접촉하지 못하는 것은 [대상이 잘 보이지 않아서] 눈을 가늘게 뜨고 보는 것과 같다[知者, 接也; 知者, 謨也. 知者之所不知, 猶睨也]"고 했다. 장자의 문장은 첫 번째 지각을 사물과의 접촉으로 정의한 것, 지각이 지각하지 않을 가능성을 설정한 것, 그리고 시각 경험으로 예시를 들어 표현한 것 등이 《묵경》의 문장과 매우 유사하다. 그러나 두 번째 지각을 "꾀함[謨]"이라고 정의하고, 꾀하지만 결과를 얻지 못하는 것을 '가늘게 뜨는' 것과 유사하다고 보는 것은 위에서 인용한 《묵경》 A3, A5가 아닌 A4와 A5의 조합으로 만든 것처럼 보인다. 《묵경》의 A4는 지각이 아닌 고민[慮]에 대한 정의인데, 〈경〉은 "고민은 구하는 것이다[慮. 求也]", 〈설〉은 "고민이라는 것은 지각 기능이 구하는 것이 있는 것이다. 반드시 얻을 수 있는 것은 아니다. 눈을 가늘게 뜨고 보는 것과 같다[慮也者. 以其知有求也. 而不必得之. 若睨]"라고 적혀있다. 다시 말해, 장자의 경우 두 번째 지각에 대해서는 대상을 파악하기 위해 노력하는 과정인 '꾀함'을 넣었기 때문에, 아직 그 꾀하는 자가 대상을 완전히 인지하지는 못한 상황에 대해 눈을 가늘게 뜨고 잘 보려고 노력하는 것과 유사하다고 설명한 것이다.

지금까지 살펴본 순자와 후기묵가 본성론의 공통점은 인간을 내·외로 구분하고, 다시 내면 그 자체인 것과 내면에 외부 자극이 더해진 것을 구분한다는 점이다. 완전히 일치하지는 않더라도 장자 또한 유사한 패턴을 보인다. 그러나 그들은 지각[知] 혹은 본성[性] 등 인간 내면에 관련된 용어들은 내면 그 자체, 혹은 내면에 외부 자극이 더해진 것이라는 두 가지 의미 모두로 사용될 수 있다는 점을 비판 없이 받아들이는 듯 보인다.

그러나 누군가는 다음과 같은 의문을 가질 것이다. 어떻게 내면 그 자체와, 외부 자극이 더해진 내면이 하나의 단어로 지칭될 수 있는가? 그 둘은 분명 다른 것이라고 말하지 않았는가? 이름이 지칭하는 실재가 달라졌다면 이름 또한 달라져야 하는 것이 아닌가? 이 책에서는 공손룡이 가진 문제의식이 곧 이러한 의문에서 시작됐음을 보이려 한다.[42] 그 과정에서 공손룡과의 비교를 통해 순자나 묵가는 두 개의 확연히 다른 대상을 하나의 어휘로 지칭할 수 있었던 이유가 무엇인가에 대해서도 답을 찾아볼 것이다.

공손룡은 그와 유사한 시기를 산 당대 철학자들의 사상이 어떻게 발전하는지 지켜보았고, 그들과 비슷한 형태의 궤변을 던지고 있기도 하다. 그러나 모순과도 같은 상황을 그대로 받아들인 이들과, 이에 반대하는 주장을 편 이들은 비슷한 논리 전개 속에서도 서로 반대의 주장을 펼치고 있는 것이다. 공손룡에게 있어서 知1과 知2, 心1과 心2는 서로 같지 않다. 그러므로 같은 知 혹은 心이라는 이름으로 불러서는 안 되는 것이다. 이러한 정명론을 가진 이의 주장은 知1과 知2를 모두 知라고 부르는 데에 반대하지 않는 이와는 완전히 다른 형태일 수밖에 없으며, 서로 다른 정명론에서 서로 다른 본성론이나 정치처세술이 나오는 것 또한 이상할 일이 없다.

다음 장에서는 《공손룡자》를 해석하고 분석하여 〈백마론〉뿐 아니라 논변 다섯 편들이 모두 일관된 주장을 담고 있으며, 이는 공손룡의 본성론에 기반하여 정치처세술적인 메시지까지 함의하고 있음을 보일 것이다.

II

공손룡의 주장

보편적인 것의 우월성

현재 남아있는 《공손룡자》 여섯 편 중 후반부에 대해서는 위작 논의가 있으나 이 책에서는 《공손룡자》 전반부와 후반부 사이의 어휘와 논리 전개 및 내용에 일관성이 있음을 밝히고, 후반부에서 전반부의 철학적인 논의가 확대되고 있음을 보이려고 한다. 전반부와 후반부를 관통하는 논리의 일관성을 밝히는 것이 위작 논란에 대한 가장 큰 반론이 될 수 있을 것이다. 후대의 기록인 〈적부跡府〉는 번역에 포함하지는 않았으나 연구에는 반영하였다.

이 책에서는 먼저 〈백마론白馬論〉부터 〈명실론名實論〉까지 다섯 편의 번역을 싣고, 《공손룡자》 여섯 편 전체를 통해 공손룡이 사용하는 개념의 의미를 파악하는 것으로 그의 주장을 따라간다. 비교적 논변의 내용을 파악하기 쉬운 《공손룡자》 전반부(〈백마론〉과 〈지물론〉, 〈통변론〉 전반부)를 먼저 살펴 여러 편에 걸쳐 반복적으로 사용되는 용어의 의미를 분석하여 이를 통해 논리전개의 패턴을 찾아내고, 용어와 논리의 동일한 패턴이 후반부에서도 그대로 드러난다는 점을 밝힐 것이다. 《공손룡자》는 서로 연관이 없어 보이는 복잡한 논변의 나열인 듯 보이지만, 사실은 한정된 세 개의 관계 내에서 몇 개의 키워드를 사용한 동일한 논리가 반복된다. 이러한 반복된 패턴을 통해 공손룡은 전편을 통해 하나의 주장을 전달하려고 했다. 곧 처세술적으로 '외부 자극에 한정되지 않으며, 반응하지 않고, 변화하지도 않는 것이 곧 이상적인 상태'임을 주장하려고 한 것이다.

〈백마론〉에서는 희다는 성질과 말이라는 개체의 관계, 〈지물론〉에서는 인간의 능력인 지指와 외부사물과의 관계, 〈통변론〉의 전반부는 一과 二의 관계에 대해 논한다. 후반부에서는 이 구도가 조금 더 복잡해진다. 〈통변론〉의 후반부는 색과 색, 동물과 동물, 숫자와 숫자 등 여러 종류의 성질 및 개체들의 관계에 대해 이야기하면서 인간과 인간이 만나는 군신관계에 대한 논의도 소개한다. 〈견백론〉은 단단하다, 희다는 두 개의 성질과 돌이라는 하나의 개체의 결합에 대해 논변하면서 사물이 다른 무엇과도 결합하지 않고 분리되어 있을 수 있는지에 대한 질문을 던진다. 그리고 마지막으로 〈명실론〉을 통해 희지 않은 말 그 자체, 글자의 한 획이 아닌 一자 그 자체, 군신관계의 일부가 아닌 군주 그 자체 등 분리되어 있는 것만이 정명을 이룰 수 있다는 특유의 정명론을 제시한다. 이 궤변을 통해 그가 주장하고자 한 것은 곧 다른 무엇에도 영향을 받지 않는 군주 그 자체의 힘에 대한 정명론이었던 것이다.

1. 《공손룡자》의 내용

《공손룡자》는 길지 않은 글이므로 우선 〈적부〉를 제외한 다섯 편의 원문을 모두 소개하려 한다. 짧은 설명과 함께, 내용에 따라 알파벳을 붙인 몇 개의 문단으로 나누어 대화체로 번역하였다. 한문 원문, 학술적인 번역 및 상세한 주석은 책의 후반에 부록으로 실었다.

〈백마론〉

공손룡은 흰 말은 말이 아니라는 백마비마白馬非馬 궤변을 앞세워서, 일상적인 언어에서는 흰 말이 있을 때 '말이 있다'고 할 수 있는 것처럼 특정 성질이 지정되지 않은 '말'이라는 단어로 특정 성질로 제한된 말을 지칭할 때도 있지만, '말'과 '흰 말'은 분명 지칭하는 대상이 다르며, 그러므로 용법을 구분해야 함을 주장하고 있다.

A – 색을 부르는 것은 형체를 부르는 것과 다르다

질문자 "흰 말은 말이 아니다"라는데, 터무니 없지 않습니까?
공손룡 그렇지 않다.
질문자 어째서입니까?
공손룡 "말"이라는 단어는 모양을 부르는 데 쓰이는 단어고, "희다"는 것은 색을 부르는 데 쓰이는 단어다. 색을 [같이] 부르는 것은 모양[만]을 부르는 것과 다르다. 그러므로 "흰 말은 말이 아니다"라고 하는 것이다.[43]

B – 흰 말과 말을 구했을 때 올 수 있는 것은 서로 다르다

질문자 흰 말이 있다고 칩시다. 이걸 두고 "말이 없다"고 할 수는 없습니다. 말이 없다고 할 수 없다고 한다면, 이는 흰 말이 말이기 때문이지 않겠습니까? 흰 말이 있을 때는 "말이 있다"고 여기면서, 어떻게 흰 말은 말이 아니라고 할 수 있습니까?
공손룡 말을 한 마리 얻으려 한다고 해보자. 이럴 때는 노란 말이나 검은 말이 모두 올 수 있다. 그렇지만 흰 말을 한 마리 얻으려 한다고 해보자. 그 경우에는 노랗거나 검은 말은 올 수 없다. 흰 말과 말이 같다고 한다면, 흰 말 달라고 하는 것이나 말 달라고 하는 것이나 얻으려는 대상이 동일한 것이니, 그렇다면 흰 것은 말과 다르지 않아야 한다. 얻으려는 바가 똑같다면 어째서 하나의 경우에는 노랗거나 검은 말이 올 수 있고 또 다른 경우에는 안 된다는 것인가? 되는 것과 되지 않는 것은 서로 다름이 분명하다. 노랗거나 검은 말은 하나같이 말이 있다고는 답할 수 있고 흰 말이 있다고는 답할 수 없다. 이로 흰 말이 말이 아니라는 것을 살필 수 있다.

C - 흰 말은 말과 흼이 함께한 것이므로 말과 다르다

질문자 색이 있는 말은 말이 아니라고 주장하는 것이라면, 세상에는 색이 없는 말이란 없으니 세상에는 말이 한 마리도 없게 됩니다. 이건 얼토당토않습니다.

공손룡 말에는 분명 색이 있지. 그러니까 흰 말도 있는 것 아니겠느냐. 말에 색이 없다고 한다면 "말 그 자체"만 있는 것이니, 어찌 그중 흰 말만을 고르겠는가? 흰 말이라는 것은 말에 흼이 함께하는 것이다. 말에 흼이 함께하는 것이 말인가? 그러므로 흰 말은 말이 아니라는 것이다.

질문자 말이 흼과 함께하기 이전을 말이라고 하고, 흼이 말과 함께하기 이전은 흼이라고 하고, 말과 흼이 함께한 것은 복명으로 흰 말이라고 하면, 이는 서로 함께하지 않은 흼과 말로써 서로 함께하는 것의 이름을 만든 것이니 논리적으로 성립하지 않습니다. 그러므로 '흰 말은 말이 아니다'라는 명제는 터무니없다는 것입니다.

D - 노란 말을 사용하여 흰 말과 말의 차이를 증명하기

공손룡 "흰 말이 있을 때, '말이 있다'고 한다"는 명제는 그렇다고

치자. 그렇다면 흰 말이 있는데 '노란 말이 있다'고 하면 그것은 성립이 되는가?

질문자 안 됩니다.

공손룡 [흰 말이 있는 상태를 두고 "말이 있다"고는 할 수 있지만 "노란 말이 있다"고는 할 수 없다는 위의 얘기는, 말이 있는 것과 노란 말이 있는 것을 다르게 여기기 때문이다.] "말이 있는 것은 노란 말이 있는 것과 다르다"고 한다면 노란 말과 말을 다르게 여기는 것이지. 노란 말과 말이 다르다면 이는 노란 말은 말이 아니라는 것이다. 노란 말은 말이 아니라면서 흰 말을 두고는 말이 있다고 한다면 이는 날아올라서 연못에서 헤엄치고 관과 곽을 다른 곳에 묻는 것처럼 천하에 어그러진 주장이다.

E – 장소가 고정된 힘과 고정되지 않은 힘, 거르는 색이 있는 말과 없는 말은 서로 다르다

"흰 말이 있는 것을 두고 '말이 없다'고 할 수 없다"는 주장은 힘을 분리시키고 말했기 때문이다. [힘을] 분리시키지 않으면 흰 말이 있는 것을 두고 '말이 있다'고 할 수 없다. 그러므로 말이 있다고 할 수 있는 근거는 말이 있는 것만을 말이 있다고 할 수 있고 흰 말이 있으면 말이 있다고 할 수 없다. 그러므로 [말의 개별적인 성질을 분리하고 말하기 때문에 여러 마리의 말도 "말"이라는 한 단어로 표현할 수 있고,] 말이 있는 것을 [각각 한 마리의 말이 늘어날 때마다 "말, 말, 말"이라고 한 마리씩 불러서] "말말"이라고 할 수는

없는 것이다.[44]

"힘이라는 것은 정해진 장소가 없는 힘이다"에 대해서는 당연한 것이니 따지지 않고 넘어가도 된다. "흰 말"에서 말하는 힘은 장소가 고정된 힘을 말한다. 힘에 장소가 고정된 것은 힘[이라는 성질 그 자체]가 아니다. 말이라는 것은 [색을 지정하지 않았으니] 색에 있어서 거르고 고르는 것이 없는 것이라서 노란색이나 흰색이 모두 대응할 수 있다. 흰 말이라는 것은 색에 있어서 거르고 고르는 것이 있다. [흰 말이라고 했을 때] 노란 말과 검은 말은 모두 색을 기준으로 걸러내지는 것이라서 오직 흰 말만이 대응할 수 있다. 거르는 바가 없는 것과 있는 것은 다르다. 그러므로 "흰 말은 말이 아니다"라는 것이다.

〈지물론〉

말과 흰 말이 같지 않은 것처럼 아무런 대상도 가리키고 있지 않은 가리킴 기능 그 자체와 특정 대상을 가리키고 있는 한정된 가리킴은 서로 같지 않다고 주장한다. 공손룡의 주장이 궤변처럼 보이는 이유는 가리킴 그 자체, 그리고 특정 사물에 대한 가리킴을 모두 지指라는 하나의 한자로 표현하고 있기 때문이다.[45] 〈지물론〉의 경우 번역만으로는 의미를 이해할 수 없으므로, 단락 별로 해석을 첨부한다.

A－공손룡과 질문자의 견해 차이:
가리킴이란 세상에 있는 것인가 없는 것인가

공손룡 사물 중에는 가리킴이 아닌 것이 없지만 가리킴은 가리킴이 아니다. 세상에 가리킴이 없다면 사물도 사물이라고 할 수 없을 것이다.

[질문자] 가리킴 아닌 것이 세상이라면 사물을 가리킴이라고 할 수 있겠습니까? 가리킴이라는 것은 세상에 없고 사물이 세상에 있는 것입니다. 세상에 있는 것을 두고 세상에 없는 것이라고 할 수 없습니다.

• 해석 •

공손룡 세상 모든 사물은 곧 사물에 대한 가리킴이라고 할 수 있는데, 인간은 가리킴 기능을 통해서 사물을 받아들이기 때문이다. 그러나 사물에 대한 가리킴이 곧 가리킴 능력 그 자체와 동일한 것은 아니다. 세상에 가리킴 능력이 없다면 사물을 사물로 인지하거나 부를 수도 없다.

질문자 [세상 모든 사물은 곧 가리킴이라고 하고, 가리킴은 가리킴이 아니라고 한다면 결국 세상 모든 사물이 가리킴이 아니게 된다.] 가리킴 아닌 것이 세상을 이루고 있는 것이라면 세상을 이루고 있는 사물들도 가리킴이라고 할 수 없을 것입니다. 가리킴은 세상에 없는 것이고 사물이 세상에 있는 것입니다. 세상에 있는 것을 두고 세상에 없는 것이라고 할 수는 없습니다. [사물과 가리킴은 서

로 다르니, 그러므로 사물이 모두 가리킴이라는 선생님의 주장은 잘못되었습니다.]

B – 공손룡 논변의 부연:
세상 모든 사물은 가리킴이다

공손룡 세상에 가리킴이 없다면 사물을 가리킴이라고 할 수 없을 것이다. [사물을] 가리킴이라고 할 수 없다면 가리킴이 아닌 것이다. [사물이] 가리킴이 아니라면 사물은 가리킴 아님이 없을 것이다.

"세상에 가리킴이 없다면 사물은 가리킴이라고 할 수 없"는 것은 가리킴 아닌 것이 있는 것이 아니기 때문이다. 가리킴 아닌 것이 있는 것이 아니라는 것은, 사물은 가리킴 아님이 없기 때문이다. 사물이 가리킴 아님이 없다는 것은 가리킴이 가리킴이 아니기 때문이다.

• 해석 •

공손룡 지指는 가리킴 능력 그 자체라는 의미로 사용될 수 있다. 세상에는 가리킴이라는 능력이 있기 때문에 그 가리킴 능력을 통해서만 사물을 인지하며, 그러므로 사물은 가리킴과 뗄 수 없는 사이가 되므로 "사물은 곧 가리킴"이라고 할 수 있는 것이다. "사물을 가리킴이라고 할 수 없다"는 말은 "사물은 가리킴이 아니다"라는 뜻인데, 그렇다면 사물은 모두 가리킴(기능 그 자체)이 아닌 가리킴(사물에 대한 가리킴)이 된다.

"세상에 가리킴이 없다면 사물은 가리킴이라고 할 수 없다"는 것은 "가리킴 아님"이 따로 있는 것이 아니라, 곧 사물에 대한 가리킴을 두고 가리킴 기능과 같은 것은 아니라고 했던 것이기 때문이다. "가리킴 아님(사물에 대한 가리킴)"이 따로 있는 것은 아니라는 말은 결국 사물이란 모두 가리킴을 통해서 보는 것이고 또한 사물에 대한 가리킴으로서 인지되는 것이기 때문이다. 그러므로 사물은 모두 가리킴이라는 말은 곧 가리킴(사물에 대한 가리킴)은 가리킴(가리킴 기능 그 자체)이 아니라는 말이다.

C – 질문자의 입장 부연:
사물은 이름을 가지고 있을 뿐, 가리킴이 아니다

질문자 "세상에 가리킴이 없다"는 주장은 사물은 각자의 이름을 가지고 있는 것이고 가리킴이 아니라는 데에 인한 것입니다. 가리킴이 아닌데도 가리킴이라고 이르는 것은 [가리킴은 곧 가리킴이고 가리킴 아닌 것도 가리킴이라고 하니 곧 세상 모든 것이 다 가리킴이 되는 셈이라] 가리킴 아님이 없는 것입니다. 가리킴 아닌 것들이 있는데도 "세상 모든 사물은 다 가리킴이고 가리킴 아닌 것은 없다"고 한다면 논리에 맞지 않습니다.

• 해석 •

질문자 사물은 각각 이름을 가지고 있어서 그 이름을 부르는 것이지 사물이 곧 가리킴인 것은 아니기 때문에, 세상에는 가리킴이란 없다고 하는 것입니다. 가리킴이 아닌 것까지도 가리킴이라고 부르면 원래 가리킴인 것과 가리킴이 아닌데도 가리킴이라고 부르는 것까지 합쳐져서 세상 모든 것이 가리킴이 됩니다. 세상에 어떤 것은 가리킴 아닌 부분이 있을 텐데도 그런 것 없이 세상 모든 것이 가리킴이라고 말한다면 논리적으로 성립하지 않습니다.

D-가리킴은 세상 모든 것을 겸한다

공손룡 가리킴이란 세상 모두에 적용될 수 있다. "세상에 가리킴이 없다"고 주장하면 사물을 두고 "가리킴이 없다"고 할 수 없게 된다. "가리킴이 없다고 할 수 없는 것은 가리킴 아닌 것이 [별도로] 있는 것이 아니기 때문이다. 가리킴 아닌 것이 있지 않다는 것은 사물에 대한 가리킴 아님이 없는 것이다.

• 해석 •

가리킴의 기능은 세상 어느 것을 가리킬 수도 있는 것이므로 천하를 겸한다. 그런데도 "세상에 기능으로서의 가리킴이란 없다"고 주장한다면 기능으로서의 가리킴을 부정하는 것은 곧 사물에 대한 가리킴이 되므로 사물은 곧 사물에 대한 가리킴이 아니라고도 말할 수 없다. 가리킴이 아니라고 말할 수 없는 이유는 '가리킴 아님'이라고 불리는 사물에 대한 가리킴이 기능으로서의 가리킴과 따로 존재하는 것이 아니기 때문이다. 가리킴 아님이 따로 존재하지 않는다는 것은 곧 세상 모든 것이 가리킴이라는 것이다.

E – 공손룡의 결론:
사물과 함께하기 이전의 가리킴이 진짜 가리킴이다

가리킴은 가리킴이 아니라는 것이 아니라 가리킴이 사물과 함께한 것이 가리킴이 아니라고 한 것이다.

  세상에 사물에 대한 가리킴이 없다고 한다면 누가 성급하게 가리킴이 아니라고 하겠는가? 세상에 사물이 없다면 누가 성급하게 가리킴이라고 하겠는가? 세상에 가리킴이 있고 사물에 대한 가리킴은 없다면 누가 성급하게 가리킴이 아니라고 하고, 성급하게 모든 사물은 가리킴이라고 하겠는가? 또한 가리킴이 본래 자체로 가리킴이 아니라면, 어찌 사물을 기다려 함께해야만 비로소 가리킴이 되겠는가?

• 해석 •

가리킴 그 자체를 두고 "가리킴이 아니다"라고 말하려는 것이 아니라 가리킴과 사물이 함께한 것에 대해 "가리킴이 아니다"라고 한 것이다. 사물에 대한 가리킴이 있기 때문에 그것을 두고 "가리킴이 아니다(가리킴이라는 기능이 아니다)"라고 한 것이다. 세상에 사물이 있기 때문에, 사물이란 가리킴을 통해서 인지되므로 이를 두고 "가리킴"이라고 한 것이다. 세상에는 가리킴도 있고 사물에 대한 가리킴도 있는 상황이기 때문에, 그것을 두고 가리킴이 아니라는 논변도 만들고 모든 사물은 가리킴이라는 주장도 한 것이다. 또한 가리킴이란 아무런 사물에 한정되지 않은 기능 그 자체도 가리킴이라서 다른 사물과 함께하기를 기다리지 않아도 가리킴이 되는 것이다.

〈통변론〉

〈통변론〉은 힘과 말, 가리킴과 사물과도 같이 두 가지의 요소가 서로 더해져서 변해버린 모든 것들은 변하기 이전과 서로 달라졌으며, 그러므로 변한 이후의 전체에서는 변하기 이전의 요소들을 더 이상 찾을 수 없음을 주장한다. 〈통변론〉은 획과 글자, 색상과 색상, 동물과 동물, 군주와 신하 등 다양한 요소들의 합을 다루고 있지만, 그 모든 변화에 있어서 결합 이전과 이후는 다르다는 원칙만은 변함없다고 한다. 그러므로 군주·신하와 같은 인간관계에서도 결합하거나 변화하지 않은 것이 중요하다는 내용을 함의하고 있다.

〈통변론〉에서 二와 一이라는 글자는 一이라는 글자 두 개가 더해져서 二를 만드는 특수한 관계를 맺고 있다. 그러므로 하나, 둘, 1, 2 등의 번역어로 대체하지 않고 한자 그대로 사용하도록 하겠다. 하나의 글자로서 독립된 개체인 一이 二라는 글자 안에서는 전체의 부분인 하나의 획이 되어, 이름도 그대로이고 모습도 그대로지만 성질이 변해버린다는 점이 잘 드러난다.

A - 二에는 一이 없다

질문자 二에는 一이 있습니까?
공손룡 二에는 一이 없다.
질문자 二에는 위 획이 있습니까?

공손룡 二에는 위 획이 없다

질문자 二에는 아래 획은 있습니까?

공손룡 二에는 아래 획도 없다.

B - 각 부분은 전체가 아니지만 부분의 합은 전체다

질문자 위 획을 二라고 할 수 있습니까?

공손룡 할 수 없다.

질문자 아래 획을 二라고 할 수 있습니까?

공손룡 할 수 없다.

질문자 위 획과 아래 획이 함께한 것을 二라고 할 수 있습니까?

공손룡 할 수 있다.

C - 변한 것은 변하지 않은 것과 다르므로 같은 이름으로 불릴 수 없다

질문자 변한 것을 두고 변하지 않은 것이 아니라고 하면 말이 되겠습니까?

공손룡 그렇다.

질문자 위 획에 함께 하는 것이 더해지면 변했다고 할 수 있겠습니까?

공손룡 할 수 있다.

질문자 무엇을 변하게 한 것입니까?

공손룡 위 획이다.

질문자 위 획이 진정 변했다면 위 획이 변했다고 할 수 있겠습니까? 사실은 변하지 않았다면, 또 어찌 변했다고 할 수 있겠습니까?
공손룡 二에는 진정 아래 획도 없고 위 획도 없는데, 二는 아래 획과 위 획이 함께 하여 [이루어진다는] 것은 어째서인가?

D-소와 양이 합치면 말도 아니고 닭도 아니다

공손룡 양과 소가 합쳐지면 말이 아니고, 소와 양이 합쳐지면 닭이 아니다.
질문자 어째서입니까?
공손룡 양과 소는 다른데, 양은 [윗]니가 있고 소는 [윗]니가 없다. 그렇다고 소는 양과 다르고 양은 소와 다르다고 하면 안 된다. 다 갖춘 것은 아니지만 일부 유사한 것도 있기 때문이다. 양도 뿔이 있고 소도 뿔이 있으나, 소는 양이고 양은 소라고 하면 안 된다. [이 조건을] 둘 다 갖추긴 했으나 같은 류는 아니기 때문이다.

  양과 소는 뿔이 있지만 말은 뿔이 없고, 말은 [풍성한] 꼬리가 있지만 양과 소는 그렇지 않다. 그러므로 양과 소를 합치면 말이 아니라고 하는 것이다. 말이 아니라는 것은 말이 없다는 것이다. 말이 없으니 양도 둘이 아니고 소도 둘이 아니지만 양과 소는 둘이다. 그러므로 양과 소가 함께하면 말이 아니라고 하는 것은 논리에 맞는다.

  이런 것을 예증으로 삼은 것은 류가 서로 다르기 때문이다. 위에서 말한 아래 획·위 획의 경우가 이런 예증과 유사하다.

E−소와 양이 함께할 때는 닭이 되는 것보다는 말이 되는 것이 낫다

공손룡 소와 양은 털이 있고, 닭은 깃털이 있다. 닭다리라고 부르는 것이 하나, 다리를 세면 둘이니 둘과 하나를 더하면 셋이다. 소나 양의 다리라고 부르는 것이 하나, 다리를 세면 넷이니 넷과 하나를 더하면 다섯이다. 소와 양의 다리는 다섯, 닭의 다리는 셋이다. 그러므로 소와 양을 합치면 닭이 아니라고 하는 것이다. 아니라는 것은 닭이 아닌 점이 있기 때문이다.

그러나 말이냐 닭이냐 한다면 차라리 말이 낫다. 자질이 있는 것과 없는 것은 서로 같은 류가 될 수 없음을 알 수 있다. 이를 예증으로 들면 이름이 혼란스러워지니, 이것을 얼토당토않은 예증이라고 한다.

F−푸른색과 흰색이 섞이면 노란색도 아니고 옥색도 아니다

질문자 다른 것으로 논변해봅시다.
공손룡 푸른색에 흰색이 함께하면 노란색이 아니고, 흰색에 푸른색이 함께하면 하늘색이 아니다.
질문자 어째서입니까?
공손룡 흰색과 푸른색이 서로 함께하지 않아야 하는데도 함께할 수 있는 것은 반대 자리에서 마주하고 있기 때문이다. 서로 이웃하지 않으면서도 이웃하고 있으니, 각각의 정해진 오방의 자리를 침범하지 않기 때문이다. 오방의 자리를 침범하지 않는다는 것은 서로 반대 자리에서 마주하면서 각자 자신의 자리에 맞는 것이 위 획·아래 획의 경우처럼 섞이지 않는다는 것이다.

그러므로 온전히 푸른색이 될 수도 없고 온전히 흰색이 될 수도 없는데, 어찌 노란색이 끼어들 수 있겠는가? 노란색은 정색이고, 올바른 예증이다. [올바른 예증이란] 나라에 있어서 임금과 신하가 [제자리에] 있는 것에 해당하니, 그러므로 강대하고 오래갈 것이다.

G – 푸른색과 청색이 함께하면 옥색이 되는 것보다는 노란색이 되는 것이 낫다

그러나 또한 푸른색이 흰색에 섞여 있는데도 흰색이 그 기운을 이기지 않는다. 흰색이 충분히 이길 수 있는데도 이기지 않으면, 이는 나무가 금속을 상하게 하는 꼴이다. 나무가 금속을 상하게 하면 하늘색이 되니, 하늘색은 올바른 예증이 아니다.

푸른색과 흰색은 서로 함께하지 않아야 하는데 함께하는 색이라, 서로 기운을 이기지 못하면 둘 모두 빛을 드러낸다. 싸워서 빛을 내니 그 색이 하늘색이 된다. 하늘색이 되느니 노란색이 되는 것이 낫다. 노란색은 말과 같으니 [푸른색이나 흰색과 정색이라는 점에서] 같은 류이고, 하늘색은 닭과 같으니 서로 해친다. 서로 해친다면 임금과 신하가 싸워 둘 모두가 빛을 드러내려고 하는 것과 같다.

둘 모두가 빛을 내려고 하면 오히려 어두워지고 빛이 나지 않으니, 올바른 예증이 아니다. 올바른 예증이 아니라는 것은 명실이 맞지 않는 것이니, 섞인 색이 빛을 보이고, 그래서 '둘 모두가 빛을 드러낸다'고 한다. 둘 모두가 빛을 드러내면 도가 상하니, 올바르게 할 방법이 없어진다.

〈견백론〉

견백론은 백마론과 함께 공손룡을 대표하는 궤변 중 하나로, "단단함과 힘을 분리하는[離堅白]" 원칙으로 알려져 있다. 공손룡은 "단단하고 흰 돌"은 촉각으로는 희다는 요소가, 시각으로는 단단하다는 요소가 파악되지 않기 때문에, 지각되지 않는 순간의 힘, 혹은 단단함은 분리되어 있다고 본다. 지각되지 않고 분리되어 있는 순간의 요소들과, 서로 결합되어 있는 요소들은 서로 다르며, 분리된 요소들이 그 요소의 우선적이고 더 온전한 상태라고 주장한다.

A – 단단하고 흰 돌을 구성하는 요소는 두 가지뿐이다[46]

질문자 "단단하고 흰 돌의 구성 요소는 세 가지"라고 하니, 말이 되나요?
공손룡 아니다.
질문자 두 가지라고 하면 말이 됩니까?
공손룡 그렇다.
질문자 어째서인가요?

공손룡 [시각적으로는] 단단함은 없고 희다는 감각을 얻었으니 예증이 두 가지이고, [촉각적으로는] 흼은 없고 단단하다는 감각을 얻었으니 예증이 두 가지다.

질문자 희다는 감각을 이미 얻었으니, 흼이 없다고 할 수는 없습니다. 단단하다는 것도 만져봐서 알았으니, 단단함이 없다고 할 수는 없습니다. 그 돌의 경우도 그렇습니다. 이렇게 보면 [예증은] 세 가지 아닙니까?

B – 감각되지 않는 순간에 각 요소는 숨어있다

공손룡 [눈으로] 보아서는 단단함을 알 수 없고 희다는 것만을 알 수 있으니 단단함이 없는 것이다. [손으로] 만져서는 희다는 것을 알 수 없고 단단하다는 것만을 알 수 있으니 흼이 없는 것이다.

질문자 세상에 흼이 없다면 돌을 볼 수 없을 것입니다. 세상에 단단함이 아예 없다면 돌이 단단하지 않을 테니 돌이라고 부를 수도 없을 것입니다. 단단하고 흰 돌은 모두 그 돌 안에 들어있는 성질이라 서로 영역이 어긋나는 것이 없으니, 세 번째 요소를 숨긴다는 것이 말이나 되겠습니까?

공손룡 원래 숨어있는 것이 있다. 숨겨서 숨어있는 것이 아니다.

질문자 힘, 단단함, 그리고 돌은 서로 영역이 완전히 겹치는데, 원래 숨어 있다고 하시니 무슨 말입니까?

공손룡 희다는 감각을 얻고 단단하다는 감각을 얻은 것은 각각 보이는 것과 보이지 않는 것으로 분리되었다고 한다. 첫 번째와 두 번째는 서로 영역이 겹치지 않으니 분리되었다. 분리된 것은 숨어있는 것이다.

질문자 돌의 힘과 돌의 단단함은 보이는 것이든 보이지 않는 것이든, 두 가지든 세 가지든, 마치 가로와 세로처럼 영역이 겹칩니다. [세 번째 요소를] 예증이라고 여겨야 하지 않겠습니까?

C - 감각될 수 있는 것과 감각될 수 없는 것은 분리된다

공손룡 사물을 희게 하는 것은 희게 할 대상이 정해진 것이 아니고, 사물을 단단하게 하는 것은 대상이 정해진 단단함이 아니다. 정해지지 않은 것은 어디에든 적용될 수 있는 것이다. 어찌 돌이어야 하겠는가?

질문자 돌을 만질 때 그것(단단함)이 아니라면 돌이 없고, 돌이 아니라면 흰 돌을 받아들일 곳이 없습니다. 서로 분리되지 않는 것이고, 원래부터 그러한 것이며, 앞으로도 영원토록 그럴 것입니다!

공손룡 돌에서 하나, 단단함이나 힘을 세면 둘인데 그것들이 돌에 있는 것이다. 그러므로 알 수 있는 것이 있고 알 수 없는 것이 있으며, 볼 수 있는 것이 있고 볼 수 없는 것이 있다. 그러므로 [만져서] 알 수 있는 것과 알 수 없는 것은 서로 분리되어 있고, 볼 수 있는 것과 볼 수 없는 것은 서로 숨어있다. 숨어있는데, 누가 이를 분리되지 않았다고 하는가?

질문자 눈으로는 단단함을 확인할 수 없고, 손으로는 힘을 확인할 수 없다고 해서 단단함이 없다고 할 수 없고, 힘이 없다고 할 수는 없습니다. 감각 기관마다 서로 맡은 역할이 달라서 그렇고, 서로 그 기능을 대체할 수 없어서 감지되지 않을 뿐입니다. 단단함과 힘은 돌에 자리를 잡고 있으니, 어찌 분리된다고 할 수 있습니까?

D - 분리된 것은 신명을 통해 인지된다

공손룡 단단함은 돌과 함께하기 이전에도 단단함이고, 사물 중 어느 것과 함께하기 이전에도 단단함이니, 단단함은 반드시 단단하다. 돌이나 사물을 단단하게 하고 있지 않을 때에도 단단하니, 천하에 단단함 같은 것이 없을 때에도 단단함은 [있지만] 숨어있는 것이다. 힘이 본래 그 자체로 희지 못하다면, 어떻게 돌이나 사물을 희게 할 수 있겠는가? 힘이라는 것이 반드시 희다면 사물을 희게 하지 않아도 흴 것이다. 노랑이나 검정 또한 마찬가지다. 돌이 없다면, 어찌 희고 단단한 돌을 논하겠는가? 그러므로 분리되었다는 것이다. 분리된 것은 사실에 근거한다. 촉각이나 시각으로 얻은 결과는 사실에 근거하지 않는다.

이는 희다는 성질은 눈으로 보고 불빛으로 보지만 불빛이 무언가를 볼 수 없는 것과 같다. 그러므로 불빛과 눈이 함께하여 보는 것이 아니라 신명으로 보는 것이다. 신명은 아무 것이나 보는 것이 아니라 분리된 것을 본다. 단단함은 손과 [망치로] 알 수 있지만 손과 망치가 함께하며 아는 것이 아니다. 신명으로 아는 것이며, 신명은 [아무 것이나] 함께하며 아는 것이 아니다. 이것을 일러 분리되었다고 한다. 분리된 것이 세상을 채우니, 홀로 있으며 올바르다.

〈명실론〉

사물을 부르는 이름과, 그 이름이 지칭하는 실재 사이의 일명일실 一名一實 관계를 주장하면서, 하나의 이름에 해당하는 실재에는 여러 개의 층위가 있을 수 있고, 그중 올바른 층위의 실재가 이름에 연결되어야 일명일실이 완전해질 수 있다고 한다. 올바른 층위란 곧 분리되어 있는 온전한 상태의 요소를 말한다.

A - 사물이 실재의 올바른 위치에서 벗어나지 않아야만 올바르다

천지와 천지가 낳은 것을 모두 함께 사물이라고 한다. 사물이 사물로서의 조건을 사물화하여 이를 지나치지 않는 것을 실재라고 한다. 실재가 실재로서의 조건을 실재화하고 비우지 않는 것을 자리라고 한다. 자리에서 벗어나면 자리가 아니고, 자리 잡아야할 곳에 자리 잡으면 올바름이다.

B - 정명이 되면 하나의 명칭에 하나의 실재가 대응되는 원칙이 지켜진다

올바른 것을 기준으로 올바르지 않은 것을 바로잡고, 올바르지 않은 것을 기준으로 올바른 것을 의심해본다. 올바르다는 것은 그것의 실재를 바로잡는다는 것이며, 그것의 실재를 바로잡는다는 것은 이름을 바로잡는다는 것이다.

 올바르다는 것은 실재를 바로잡는 것이고, 실재를 바로잡는 것은 이름을 바로잡는 것이다. 이름이 올바르면 이것저것과의 관계가 유일하다.

'그것'이라고 부르는 것에 그것이 그것에 유일하지 않으면 '그것'이라고 부르는 것이 행해질 수 없고, '이것'이라고 부르는 것에 이것이 이것에 유일하지 않으면 '이것'이라 부르는 것이 행해지지 않는다. 관계가 맞는 것을 맞지 않는다고 하는 것이니, 맞지 않는 것을 맞는다고 하면 혼란한 것이다.

그러므로 '그것'이라는 이름으로 그것의 실재를 부르는 것이 그것의 분리된 지위에 맞다면 그것과 유일한 관계에 있으니, '그것'이라 부르는 것이 행해질 수 있다. '이것'이라는 이름으로 이것의 실재를 부르는 것이 이것의 분리된 지위에 맞다면 이것과 유일한 관계에 있으니, '이것'이라 부르는 것이 행해질 수 있다. 맞는 것을 맞다고 여기니, 맞는 것을 맞다고 여기는 것이 올바름이다.

C - 명칭과 실재가 일대일로 연결되지 않으면 명칭을 폐기한다

그러므로 그것을 '그것'이라 부르는 것이 그것에 머물고, 이것을 '이것'이라 부르는 것이 이것에 머물면 허용된다. 이것을 '저것'이라고 부르면 저것도 되고 이것도 되며, 저것을 '이것'이라고 하면 이것도 되고 저것도 되니, 성립하지 않는다.

실재를 이름하는 것을 부른다고 한다. '이것'이 이것이 아님을 알고 이것이 이것에 있지 않음을 알면 부르지 않는다. '저것'이 저것이 아님을 알고, 저것이 저것에 있지 않음을 알면 부르지 않는다.

지극하도다, 옛 현명한 왕이여! 명실을 깊이 살피고, 일컫는 바를 신중하게 정하였다. 지극하도다, 옛 현명한 왕이여!

여기까지가 〈적부〉를 제외한 《공손룡자》 다섯 편의 내용이다. 그러나 이 복잡한 문장들을 한국어로 옮기는 것만으로는 공손룡이 주장하고자 하는 의도를 파악하기에는 역부족이다. 다음 장에서는 이 번역을 토대로 각 편의 내용들을 서로 대조하며 어휘와 논리 사용의 일관성을 찾아 패턴을 찾아내려고 한다.

2. 함께하는 것과 분리된 것의 차이

《공손룡자》 전반부에서 발견되는 패턴

궤변을 통한 도입

공손룡은 〈백마론〉, 〈지물론〉, 〈통변론〉에서 모두 쉽게 납득할 수 없는 문장을 앞세워 논의를 시작한다. 각 편의 내용은 상식에 어긋나는 공손룡의 주장에 대해 질문자가 확인을 하거나 반론을 제기하는 형식으로 전개된다.[47]

〈적부〉에서는 공천이 공손룡에게 평소 존경해 왔으나 백마론만은 동의할 수 없으니 철회해달라고 요청한다. 공손룡은 백마론으로 자신의 이름을 알렸기 때문에 백마론을 포기할 수는 없다고 거듭 대꾸한다.[48] "흰 말은 말이 아니다"라는 파격적인 궤변으로 이름을 널리 알렸지만, 당대의 학자들은 이러한 주장을 못마땅하게 여겼음을 엿볼 수 있는 대목이다. 〈적부〉의 기록뿐 아니라 《장자》, 《순자》, 《묵자》 등이 〈백마론〉에 대해 직접적으로 또는 간접적으로 이를 언급하고 있고, 특히 장자가 공손룡을 '시비是非를 혼란시키면서 자신을 지혜롭다고 여기는 우물 안 개구리'로 표현하고 있는 점 등을 미루어 보면, 공손룡은 궤변으로 이름을 알렸고 이러한 태도가 여러 학파에게 비난의 대상이 되었음을 짐작할 수 있다.[49]

근거를 차근차근 쌓아나가거나 상대방을 찬찬히 설득하는 것이 아니라 상식에 어긋나는 명제를 우선 던져놓는 것으로 이야기를 시작하는 기술은 지적인 호기심을 자극하여, 듣는 이 혹은 읽는 이의 관심을 순식간에 사로잡는 역할을 한다. 이런 면모 때문에 하브스마이어는, 공손룡은 아마도 궁에서 지적인 유희를 제공하는 광대와도 같은 역할을 한 듯 보인다고 주장하기도 한다.[50] 대체 무슨 의도로 흰 말은 말이 아니라고 우기려는 것인지, 어떤 근거를 제시하여 자신의 견해를 뒷받침하려는 것인지, 얼토당토않기 때문에 자극적이고 그만큼 입소문을 타고 널리 공손룡의 이름과 주장을 알릴 수 있었을 것이다. 우선 각 편의 도입부를 통해 공손룡이 어떤 주장을 내세우는지 살펴보자.

질문자 "흰 말은 말이 아니다"라는데, 터무니없지 않습니까?
공손룡 그렇지 않다.
질문자 어째서입니까?
공손룡 "말"이라는 단어는 모양을 부르는 데 쓰는 단어고, "희다"는 것은 색을 부르는 데 쓰는 단어다. 색을 [같이] 부르는 것은 모양[만]을 부르는 것과 다르다. 그러므로 "흰 말은 말이 아니다"라고 하는 것이다.

〈백마론〉

공손룡 사물 중에는 가리킴 아닌 것이 없지만, 가리킴은 가리킴이 아니다.[51]

〈지물론〉

질문자 二에는 一이 있습니까?
공손룡 二에는 一이 없다.
질문자 二에는 위 획이 있습니까?
공손룡 二에는 위 획이 없다
질문자 二에는 아래 획은 있습니까?
공손룡 二에는 아래 획도 없다.[52]

〈통변론〉

궤변의 내용은 각각 "흰 말은 말이 아니다", "사물은 모두 가리킴이지만, 가리킴은 가리킴이 아니다", "二에는 一이 없다"는 것이다. 겉으로 드러나는 의미만을 보면 공손룡의 주장은 누가 보아도 잘못되었다. 흰 말은 무슨 색의 털을 가졌든 어떤 다른 성질을 가졌든 상관없이 분명 말이다. 사물과 지指의 관계는 차치하더라도, '지指는 지指가 아니'라는 명제는 논리학적으로만 따져서는 어떤 식으로든 참이 될 수 없다. 이무일二無一은 어떤 다른 언어로 번역을 하더라도 참이 아니겠지만, 한문으로 적혀있을 때는 한눈에 보이는 위 획과 아래 획의 구성 때문에 시각만을 사용해서도 이 명제의 오류를 파악할 수 있다. 위의 세 궤변은 상식적으로는 부정할 수 없는 것을 부정하고 있다.

이러한 궤변으로 각 편을 시작하고 있는 것은 무슨 의도인가? 위에서도 언급했듯이, 강한 주장을 맨 앞으로 넣어 이야기를 시작하는 것은 상대방의 관심을 단숨에 집중시키고 논란을 일으키는 역할을 한다. 일종의 노이즈 마케팅이다. 노이즈 마케팅이란 무엇인가? 앞으로 내세우는 파격적인 이미지 뒤에 판매하거나 홍보하고 싶은 제품을 숨기고 있는 것이다.

"흰 말은 말이 아니다", "가리킴은 가리킴이 아니다", "二에는 一이 없다"가 참이 되려면, "아니다" 혹은 "없다"가 눈에 보이는 그 의미가 아니거나, 혹은 흰 말이나 말, 가리킴, 혹은 둘, 하나 등의 요소들이 눈에 보이는 그 의미로 쓰인 것이 아니어야만 한다. 이 논변을 구성하고 있는 각각의 구성 성분이 실제로는 어떤 뜻으로 사용된 것인가를 살펴보고, 공손룡의 진의는 자극적인 주장 뒤에 숨겨져 있음을 밝히려고 한다. 이러한 과정을 통해 공손룡은 궤변의 자극성을 활용해 의도적으로 상대를 혼란시키고 진의를 숨겼으나, 궤변론자에 그친 것이 아니었음을 알 수 있을 것이다.[53]

비非 – "아니다"라고 쓰고 "다르다"라고 읽는다

백마비마白馬非馬 – 흰 말은 말과 다르다

"흰 말은 말이 아니다"라는 문장을 처음 들을 때는 대체 무슨 주장을 하려는 것인지 알기 어려울 것이다. 흰 말이 말이 아니라면 대체 무엇인가? 소거나 아니면 개가 되는 것인가? 흰색 털을 가진 말은 말이라는 종에 더 이상 속하지 않고 유니콘이라도 된다는 뜻인가?

상식적으로 생각하는 말과 흰 말의 관계는 〈그림 A〉와 같다. 흰 말은 말이라는 큰 집합에 속해 있다. 그러므로 흰 말이라는 집합에 속하는 모든 개체는 말이라는 집합에도 속하게 된다. 공손룡의 주장은 마치 〈그림 B〉와 같은 상태를 주장하는 듯 보인다. 흰 말은 더 이상 말이라는 집합에 속하지 않고, 아예 다른 종이라고 우기려는 듯 보인다. 질문자 또한 이를 전제로 공손룡의 주장에 반박을 펴기 때문에, 질문자의 반론 내용에 중점을 두고 《공손룡자》를 해석하자면 이러한 이해에서 벗어나기 어렵다.

그러나 공손룡은 이 문장에서 "아니다[非]"를 전면적인 부정어로 사용하고 있는 것이 아니다. 흰 말 중에 단 한 마리도 말이 아니라거나, 아니면 흰 말은 절대로 말이라고 부를 수 없다는 식의 부정이 아니다. 대신 공손룡은 비非를 "다르다[異]"의 의미로 사용하고

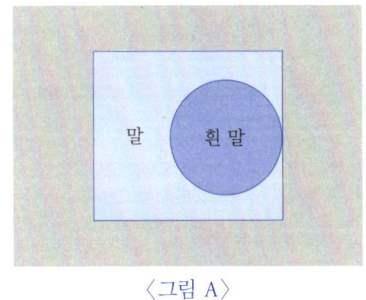

〈그림 A〉

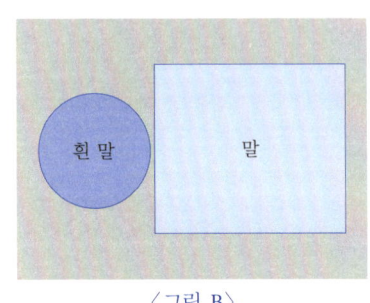

〈그림 B〉

있음이 〈백마론〉에서 여러 번 드러난다.

> 말을 한 마리 얻으려 한다고 해보자. 이럴 때는 노란 말이나 검은 말이 모두 올 수 있다. 그렇지만 흰 말을 한 마리 얻으려 한다고 해보자. 그 경우에는 노랗거나 검은 말은 올 수 없다. 흰 말과 말이 같다고 한다면 흰 말을 달라고 하는 것이나 말을 달라고 하는 것이나 얻으려는 대상이 동일한 것이니, 그렇다면 흰 것은 말과 다르지 않아야[不異] 한다. 얻으려는 바가 똑같다면 어째서 하나의 경우에는 노랗거나 검은 말이 올 수 있고 또 다른 경우에는 안 된다는 것인가? 되는 것과 되지 않는 것은 서로 다름[非]이 분명하다.

> "말이 있는 것은 노란 말이 있는 것과 다르다"고 한다면 노란 말과 말을 다르게 여기는 것이다. 노란 말과 말이 다르다면 이는 노란 말은 말이 아니라는 것이다. 노란 말은 말이 아니라면서 흰 말을 두고는 말이 있다고 한다면 이는 날아올라서 연못에서 헤엄치고 관과 곽을 다른 곳에 묻는 것처럼 천하에 어그러진 주장이다.

첫 번째 인용문에서는 마구간에 가서 '말 한 마리를 달라'고 요구했을 때는 어느 색의 말이든 모두 해당되지만, '흰 말을 달라'고 요구했을 때는 흰색 이외의 다른 말은 해당되지 않는다고 설명하면서, 이렇게 말을 구할 때는 검은 말이나 노란 말이 그 요청의 대상에 해당되고, 흰 말을 구할 때는 대상에 해당되지 않는 차이가 생기는 것이 본인이 백마비마白馬非馬를 주장한 근거라고 설명한다. 다시 말해, 흰 말과 말은 완전히 동일한 것은 아니라는 것이다. 이렇게 보았을 때, 공손룡은 말과 흰 말의 관계가 〈그림 B〉와 같다고 주장하는 것은 아니다. 다만 '말'이라는 단어에는 다양한 색의 말이 포함될 수 있고, '흰 말'이라고 했을 때는 그렇지 않기 때문에 이 둘은 서로 같지 않다는 것이다.

두 번째 인용문은 흰 말이 있는 상황에서, 이를 두고 "흰 말이 있다"고 하는 것은 참이지만, "노란 말이 있다"고 하면 참이 되지 않는다는 것을 확인하는 문답에서 시작한다. 말이 있다고는 할 수 있지만 노란 말이 있다고는 할 수 없으니, 말과 노란 말은 서로 다르다는 것이다. 이렇게 둘이 서로 다른 것이 곧 공손룡이 말한 "아니다[非]"의 의미임을 설명하고 있다. 위와 마찬가지로 "노란 말"과 같이 색이 특정된 말과 색이 특정되지 않은 "말" 그 자체는 그 집합에 포함될 수 있는 것이 서로 상이하기 때문에 다르다. 위의 인용문에서 노란색을 흰색으로 바꿔서 대입하면 '흰 말이 말과 다르다고 여기기 때문에, 흰 말을 말이 아니라고 여기는' 것이 된다. 곧 공손룡이 "흰 말은 말이 아니"라고 주장한 것은 "말"과 "흰 말"이 완전히 일치하지 않는다는 의미에 불과했음이 밝혀진다.

앞세운 명제는 "흰 말은 말이 아니다"였지만, 여기에서 "아니다"라고 말한 것은 그 둘이 완전히 서로 다르다거나 불일치한다는 것은 아니고 그저 완전히 동일하지는 않다는 뜻으로 사용한 것이다. 흰 말과 말은 물론 서로 다르다. 애초에 이렇게 표현했다면 이를 문제 삼는 이는 없었을 것이다. 공손룡은 이 동일한 의미의 문장을 이후에는 "노랗거나 흰 말을 말과 다르게 여기다[異黃·白馬於馬]"라고 표현하기도 했기 때문에, 고대 중국어의 표현상 한계에 의해 "흰 말은 말이 아니다"라는 궤변이 시작된 것은 아니다. 다시 말해, 쉽게 설명하려고 했다면 충분히 타인이 알아듣기 쉽게 설명할 수도 있었다는 것이다. 그렇다면 사실은 색이 정해진 말과 색이 정해지지 않은 말은 서로 다르다는 주장을 하면서 일부러 흰 말은 말이 아니라는 명제를 앞세워 의도적으로 듣는 이를 혼란에 빠뜨린 것이라는 의미가 된다.

또한 〈적부〉에서도 공손룡은 "흰 말은 말이 아니다"의 본 의미가 "흰 말은 말과 다르다"라는 뜻이라는 것을 간접적으로 설명한다. 〈적부〉에 나오는 공천과의 대화에서 공손룡은 공자孔子도 자신과 비슷한 주장을 한 일이 있었다는 근거를 들어 자신의 주장을 뒷받침하려고 한다. 초나라 왕이 사냥을 나갔다가 활을 잃어버렸다. 그 활을 되찾아올까 물어오는 신하에게, 왕은 초나라 사람 중 누구라도 집어가서 쓰면 좋은 일이니 그냥 두라고 답한다. 이 이야기를 들은 공자가 "굳이 초나라 사람이라고 할 것은 무엇인가, 그냥 사람이라고 하면 될 것을"이라고 비판했다는 것이다. 초나라 왕이 초나라 사람이 활을 주워 이익을 얻는다면 좋은 것이라고 특정하여 말하고, 초나라를 넘어서는 타국 사람의 이익에 대해서는 신경 쓰지 않은 것에 대한 비판이라고 볼 수 있다. 공자가 한 말에 대해 공손룡은 "이와 같이, 중니[54]도 초나라 사람을 사람이라고 부르는 것과 다르게 여겼다. 중니가 초나라 사람을 사람이라고 부르

Ⅱ. 공손룡의 주장 | 93

는 것과 다르게 여기는 것은 옳다고 하고, 공손룡이 흰 말을 말이라고 부르는 것과는 다르게 여기는 것을 틀렸다고 한다면 이는 잘못된 것이다."라고 반박한다.[55] 공자와 공손룡이 동일한 논리를 사용하고 있으니, 공자에 대해서는 칭송하고 공손룡에 대해서만 비난한다면 옳지 않다는 주장이다.

공자는 물론 초나라 사람은 사람에 속하지 않는다거나 인간 이하라는 주장을 한 것이 아니다. 다만 초나라 왕이 "초나라 사람"을 특정하여 언급하는 것보다는 "사람"이라고 일반적으로 말하는 것이 더 좋았으리라고 한탄한 것에 불과하다. 그러므로 공손룡이 자신의 입장과 공자의 이러한 태도가 일치한다고 주장하려면 "흰 말은 말이 아니다"라는 흰 털을 가진 말은 말이라는 전체 종에 속하지 않는다는 뜻이 아니라, 흰 말이라고 특정하여 말하는 것과 색을 특정하지 않은 말 전체는 서로 같지 않다는 의미여야만 한다.

다시 말해, 공손룡을 유명하게 만드는 데 가장 큰 기여를 했다는 백마론은 앞으로 내세우는 파격적인 노이즈 마케팅 이면을 보자면 곧 '흰 말은 말과 다르다'라는 평범한 내용이라는 설명이다. 공손룡의 백마론이 그저 상위개념인 말과 하위개념인 흰 말은 서로 독립적인 개별개념이라고 주장한 데서 그친 것이라면 공손룡의 궤변은 아주 평이한 내용을 복잡한 문답을 통해 전달하는 언어유희에 불과한 셈이 된다. 과연 공손룡의 주장은 그것뿐인가?

《공손룡자》에 실린 다른 논변을 검토하면서 흰 말과 말이 서로 다르다는 것은 정확하게 어떤 의미인지, 그리고 그 외에 공손룡이 백마론을 통해 전달하고자 한 것이 무엇인지 확인해 보도록 하자.

변비불변變非不變 – 변한 것은 변하지 않은 것과 다르다

〈통변론〉의 경우를 보자. 위에서 살펴보았듯이, 〈통변론〉 전반부에서 다루고 있는 "二에는 一이 없다[二無一]"는 글자 一과 一이 더해져 二라는 새로운 글자가 되었을 때, 二에는 과거의 一이 남아있는가 그렇지 않은가를 논의하는 내용을 담고 있다. 공손룡은 상식에 어긋나게도 二에는 一이 없다고 주장한다. 어떻게 둘에 하나가 없을 수 있다는 말인가? 글자 二에도 一이 들어있음을 눈으로 확인할 수 있으며, 단순한 덧셈 뺄셈으로 본다고 하더라도 2에는 1이 들어있다. 공손룡 본인도 자신의 주장이 얼토당토않게 들린다는 것을 인지하고 있었다. 一과 二에 대한 문답이 오고 간 이후, 다른 논변으로 넘어가기 전에 공손룡은 자신의 목소리로 이 질문을 던진다.

> 二에는 진정 아래 획도 없고 위 획도 없는데, 또 二는 아래 획과 위 획이 함께하여 [이루어진다는] 것은 어째서인가?[56]

二라는 글자는 글자 一과 一이 더해져서 생긴 것이라고 해놓고, 더해놓고 나서는 그 결과물에서 함께하기 이전의 一이 없다고 주장하는 것은 왜인가? 그렇다면 二에 一이 없다는 주장이 잘못된 것인가, 아니면 一이 함께하며 二가 되었다는 주장이 잘못된 것인가?

〈통변론〉은 내용에 따라 셋으로 나눌 수 있다. 그중 一과 二에 대한 논변을 통변론1이라고 부르도록 하자. 통변론1은 아주 짧으니 전개를 조금 더 세세히 따져보도록 하자. 위와 아래, 그리고 一과

二에 대한 이 논변은 세 부분으로 나눌 수 있다. 첫째로는 二에 一 (혹은 위 획이나 아래 획)이 없음을 주장하는 도입 부분, 그리고 두 번째는 위 획이나 아래 획만으로는 二라고 할 수 없지만 둘이 합쳐지면 二가 됨을 말하는 중간 부분, 그리고 이것이 부분들끼리 합해지면서 변해버렸음을 설명하는 마지막 부분이다. 도입에서는 전체에 부분이 없음을, 중간에서는 부분이 곧 전체일 수 없음을 설명한다. 그리고 공손룡은 위 획과 아래 획을 더해서 二를 만드는 과정에서 一은 변했기 때문에 더 이상 一이 아님을 다시 설명한다.

질문자 변한 것을 두고 변하지 않은 것이 아니라고 하면 말이 됩니까?
공손룡 그렇다.
질문자 위 획에 함께하는 것이 더해지면 변했다고 할 수 있습니까?
공손룡 할 수 있다.
질문자 무엇을 변하게 한 것입니까?
공손룡 위 획이다.
질문자 위 획이 진정 변했다면 위 획이 변했다고 할 수 있습니까? 사실 변하지 않았다면 또 어찌 변했다고 할 수 있습니까?[57]
공손룡 二에는 진정 아래 획도 없고 위 획도 없는데, 二는 아래 획과 위 획이 함께하여 [이루어진다는] 것은 어째서인가?

변한 것은 변하지 않은 것이 아니다. 말 그대로 변하지 않은 것과 변한 것의 차이는 '변했다'는 데에 있기 때문에, 그 둘 사이에는 다른 점이 생겨버렸다. 변變이라는 단어를 통해서, 이 경우에도 비非는 이異와 의미가 상통함을 유추할 수 있다. 그리고 위 획이 변했는가, 변하지 않았는가의 여부가 그 뒤로 바로 이어지는 二에는 一이 없는데 어떻게 획들이 함께하면 二가 된다는 것인가 하는 질문에 대한 답의 실마리를 제공한다.

그렇다면 무엇이 변하고 무엇이 변하지 않았는가? 이 질문은 곧 "변한 것은 변하지 않은 것과 다르다"에서 "다른" 것은 위의 논변에서 논하고 있는 一과 二 중 무엇과 무엇이 서로 다르다는 비교인가에 대한 질문이다. 과연 공손룡은 一은 二가 아니고, 부분과 전체는 다르다는 하나마나 한 이야기를 하려는 것인가? 변한 것과 변하지 않은 것이 서로 다르다는 측면에서 공손룡의 답을 보자면 우선 변한 것은 위 획이다. 위 획은 一이었고, 다른 획이 더해지기 전에 一은 독립된 하나의 글자였다. 그러나 아래 획이 더해져서 이제는 二라는 글자의 한 부분인 一이 되었다. 전체의 부분인 위 획에는 이제 함께하는 무언가가 있기 때문에[有與], 즉 아래 획이 덧붙여졌기 때문에 변하게 되었다. 一이 변하여 二가 되었지만, 二는 변화를 겪은 이후의 결과물이고 변화의 과정을 겪은 것은 곧 위 획이라는 것이다.

그렇다면 변하지 않은 것은 무엇인가? 만약 "一은 二와 다르다"는 주장을 하려는 것이었다면 두 획이 함께하며 만들어진 二는 변화의 결과물이기 때문에 변하지 않았다고 할 수 없다. 또한 변화한 것은 二고 변화하지 않은 것은 一로 보아 "변한 것은 변하지 않은 것과 다르다"는 명제가 곧 一과 二의 차이를 말하는 것이라고 해석하자면, 공손룡이 문답을 통해서 분명히 一의 변화 과정을 설명하고 있으니 이 해석 역시 문제가 있다. 一은 처음에는 변하지 않은 상태인 一 그 자체였으나, 함께하는 것이 생기면서 달라졌으므로, 단순하게 一은 변하지 않은 것, 二는 변한 것으로 볼 수는 없는 것이다.

이 논변에서 변하지 않은 것은 오직 하나뿐이다. 一 중에서도 다른 획이 더해지기 이전, 독립된 글자인 一을 말한다. 다시 말해 비교의 대상은 획이 함께하기 전의 一과 함께한 이후의 一이다. 이렇게 보았을 때, "변한 것은 변하지 않은 것과 다르다"는 명제는 곧 "[변한] 一은 [변하지 않은] 一이 아니다"라고 해석할 수 있고, 이를 극단적으로 끌고 가면 "一은 一이 아니다"라는 새로운 모순명제로 치환할 수 있다. 질문자는 이 상황의 문제점을 다음과 같이 지적한다.

"위 획이 진정 변했다면 위 획이 변했다고 할 수 있습니까? 사실 변하지 않았다면 또 어찌 변했다고 할 수 있습니까?"라는 질문자의 반박에서 본다면 위 획이라고 부르는 것은 변하여 二가 된 이후 一을 부르는 이름이니, 변하기 이전에는 다른 실재를 지칭하는 다른 이름이 필요하므로 위 획이라고 부를 수 없다. 반면 만약 같은 이름인 위 획으로 변화 전후를 모두 부를 수 있다면 같은 실재가 유지된 셈이니 변했다고 말할 수 없게 된다. 변한 것인가, 변하지 않은 것인가? 위 획이라고 불러도 되는 것인가, 불러서는 안 되는 것인가? 이렇게만 보았을 때는 마치 질문자가 어느 쪽도 선택할 수 없는 딜레마를 제시한 것처럼 보인다.

그러나 공손룡이 의도한 선택지가 명확하다는 점에서 이 질문은 진정한 딜레마라기보다는 지적과 비판에 가깝다고 할 수 있다. 이 편의 제목인 〈통변론〉에서도 알 수 있듯이, 이 편은 '변화'에 대해 논의하고 있다. 위 획이나 아래 획 등 분리되어 있는 一은 전체와는 다르며, 서로 더해져 변화했음을 거듭 강조한다. 一에 무언가가 함께하게 되더라도 아무 것도 바뀐 것이 아니며, 그러므로 변하기 이전과 변한 이후가 같은 이름으로 불리는 것은 아무런 문제가 없다는 주장을 하는 것은 공손룡에게 있어서는 선택지가 아니다. 남은 선택지는 오직 위 획은 명확하게 변했고, 그러므로 결합 이전의 것은 '위 획'이라고 불러서는 안 된다는 것이다.

마치 딜레마에 빠져서 공손룡 논리의 오류를 드러내는 듯 보이는 이 문장은 실제로는 그가 주장하고자 하는 것을 더욱 명확하게 드러내는 효과를 낳는다.[58] 다시 말해 명칭의 범주나 성질이 변했다면 더 이상 같은 이름으로 불러서는 안 된다는 공손룡 주장의 본질을 더 알기 쉽게 보여주는 역할을 하고 있다는 것이다. 〈통변론〉에서 제기한 두 가지 선택지는 모두 이 전제를 바탕으로 두고 있다. 변했다면 같은 이름으로 불러서는 안 되며, 같은 이름으로 부를 수 있다고 생각한다면 변하지 않았다는 생각이 깔려있는 것이다.

그러므로 이 문답을 통해 공손룡은 '변하지 않은 一'과 '변한 一'이라는 두 가지를 이미 설정해 놓고, 이 둘을 하나의 이름으로 부르는 것이 혼란의 근원임을 말하려 하고 있다. 공손룡은 이미 딜레마의 두 가지 선택지 중 하나 — 즉 二의 획들은 이미 결합하여 변했기 때문에 더 이상 위 혹은 아래 획이라 불릴 수 없다는 결론 ─ 를 택했기 때문에 二에는 위도 아래도 없다는 말로 대응할 수 있다. 그러므로 二에 一이 없는 이유는, 二의 일부가 된 一은 더 이상 예전의 그 一이 아니기 때문이다.

다시 말해 "二에는 一이 없다"고 했을 때의 一은 독립된 글자로서의 一을 말한 것이고, 二에 있는 一은 곧 하나의 획으로서의 一이 됨을 말한 것이다. "二에는 一이 없다"는 주장은 실제로 "二에는 독립된 글자인 一이 없다(대신 하나의 획으로서의 一이 있다)"는 뜻이라는 말이다. 이러한 말장난은 독립된 글자인 一과 획으로서의 一은 다르다는 전제가 있기 때문에 가능한 것이다. 이렇게 보았을 때, 유사한 형태로 이루어진 〈지물론〉의 모순명제를 해결할 수 있는 실마리가 주어진다.

지비지指非指─가리킴 그 자체는 사물에 대한 가리킴과 다르다

〈지물론〉의 중심 주장인 "가리킴은 가리킴이 아니다"는 어떻게 해석해야 하는가? 우선 한자 指의 의미는 손가락, 그리고 그 손가락이 사물을 가리키는 행위, 혹은 가리키는 대상 등이다. "가리킨다"는 것은 인간에게 속한 무엇인가가 인간 외부의 무엇인가를 인지하고 지적하여 물리적으로, 언어적으로 특정하여 골라내는 행동이다.

일부 학자는 공손룡이 말한 "가리킴"을 플라톤의 이데아, 혹은 이데아와 같은 추상적 개념을 사유할 수 있게 해주는 인간의 기능으로 정의한다. 또 다른 학자는 "가리킴"을 손가락으로 대상을 가리키

는 물리적인 행위 그 자체만으로 한정지어 정의하려 하기도 한다.[59]

〈지물론〉의 내용 자체가 이 "가리킴"과 외부사물의 관계를 전제로 하고 있기도 하다는 것을 고려했을 때, "가리킴"은 외부사물과 완전히 단절되어 추상적인 영역에서 벌어지는 사유, 혹은 물리적인 실재와 단절된 관념이라고 보기는 어렵다. 추상적인 관념 혹은 사유 기능이라고 하더라도, 이는 물리적인 실재와 연결되어 있거나 실재를 통해 연상 가능한 것이어야 한다는 말이다. 지指는 인간의 능력과 외부사물과의 상관관계에 관한 것이다. "가리킴"을 인간이 떠올릴 수 있는 사물의 추상화된 모습인 이데아까지 포함시키는 것은 지나친 비약이다.

그러나 다른 한 편 손가락으로 구체적인 사물을 가리키는 물리적인 행위만을 의미한다고 보는 것에도 문제가 있다. 사전에서 "가리키다"를 검색해보자.

가리키다1

〈동사〉

❶ 손가락 따위로 어떤 방향이나 대상을 집어서 보이거나 말하거나 알리다.

  그는 손가락으로 북쪽을 가리켰다.

  시곗바늘이 이미 오후 네 시를 가리키고 있었다.

  나는 형사에게 뒷덜미를 잡힌 채 막사 안을 들여다보며 자고 있는 두 사람을 가리켜 주었다.《황석영, 어둠의 자식들》

❷ [주로 '가리켜' 꼴로 쓰여] 어떤 대상을 특별히 집어서 두드러지게 나타내다.

　　모두들 그 아이를 가리켜 신동이 났다고 했다.
　　사람들은 동에 번쩍, 서에 번쩍하는 그를 가리켜 현대판 홍길동이라고 했다.[60]

위에서 볼 수 있듯이, "가리키다"는 외부사물을 손가락으로 물리적으로 가리키는 것에만 국한되는 단어가 아니다. 언어나 개념을 사용해서 지칭하는 대상을 연상시키는 추상적인 "가리킴" 또한 포함하는 개념이라고 볼 수 있다. 동에 번쩍 서에 번쩍하는 행동적인 특성을 가진 자를 가리켜 홍길동이라고 할 때의 "가리킴"은 물리적으로 손가락질을 하는 것에서 어느 정도 벗어나 그의 이름을 부르거나 그의 행동적인 특성을 언급하는 등의 변형이 일어난 것을 말하기 때문이다. 그러므로 복잡한 다른 번역어를 사용하는 대신 "가리키다"라는 일차적인 국어 표현을 그대로 사용하되 추상적인 연상을 포함하는 것으로 이해하고 지指의 의미에 접근해 보도록 하자.

〈지물론〉의 도입은 "사물 중에는 가리킴 아닌 것이 없지만, 가리킴은 가리킴이 아니다[物莫非指, 指非指]"로 시작된다.[61] 《공손룡자》를 보편자 논의에서 벗어나서 해석하려고 한 그레이엄은 지指를 'point out'으로 번역하면서, 이 하나의 표현이 어느 경우에는 천하 전체의 사물을 가리키는 것, 그리고 어느 경우에는 특정 일부를 가리키는 것이라는 두 가지 의미로 해석했다. 그러므로 물막비지物莫非指 지비지指非指에 대해서는 "사물 중 가리키지 않는 것이 없을 때(사물 전체를 가리킬 때) 가리킴은 그중 아무것도 특정되어 가리키는 것이 아니다(When no thing is not the pointed-out, to point out is not to point it out)"라고 풀이한다. 그레이엄은 《공손룡자》를 '전체와 부분'의 문제로 해석하려고 했기 때문에 "지비지指非指"의 두 가지 지指는, 첫 번째의 지指는 "전체를 가리키는 것", 두 번째의 지指는 "특정 사물을 가리키는 것"이라는 서로 다른 뜻을 갖는다고 보았다. 그러므로 "가리킴은 가리킴이 아니다"라는 공손룡의 주장은 모순명제가 아니라 특정한 사물을 가리키는 가리킴과 특정한 사물이 아닌 전체를 가리키는 가리킴의 차이를 말하는 것이 된다.

그레이엄의 이런 해석은 〈통변론〉1의 비非와 완전히 같은 의미인 것은 아니지만, 〈백마론〉과 〈통변론〉1에서처럼 '서로 다르다'는 의미로 사용됐다는 해석을 가능하게 한다. 그레이엄의 해석을 그대로 받아들이려는 것은 아니고 곧 "가리킴은 가리킴이 아니다"가 어떤 의미인지 더 상세하게 살펴볼 테지만, 이 궤변을 해결할 수 있는 실마리는 〈통변론〉1의 경우처럼 하나의 단어가 두 개의 다른 의미로 사용됐을 가능성에 달려있을지도 모르겠다는 힌트를 얻을 수 있다.

여與 – "함께하다"의 다양한 의미

우유여右有與 – 다른 획이 더해진 一

위에서 보았듯이 공손룡이 "二에는 一이 없다"고 말할 수 있는 이유는 二의 글자에 들어있는 획인 一, 그리고 독립적으로 따로 있는 글자인 一을 하나의 이름, 즉 一이라고 부르지만 의미상으로는 그 둘을 구분하고 있기 때문이다. 그러므로 二에는 글자 안의 一획이 들어있을 뿐 독립된 一자는 없는 것이다. 〈통변론〉1에서 一은 一이라는 하나의 이름 안에 ① 다른 획이 함께한 것 중 일부인 一획, 그리고 ② 아무 것도 함께하지 않은 一자라는 두 가지 의미를 갖는다. 공손룡은 一이라는 이름에 두 가지 의미를 부여하고 있으면서도 의도적으로 이를 혼용한다. 이 두 의미를 구분하지 않을 경우, 어떤 상황이 벌어지는지 보여주기 위한 것이다.

공손룡의 입장에서 보자면 이러한 중의성은 공손룡이 시작했다거나, 공손룡 논변 특유의 것은 아니다. 하나의 이름에는 하나의 실재만이 해당되어야 한다는 것은 지극히 상식적 원칙인 듯 보이지만, 사실 일반적인 언어습관에서 하나의 이름은 아주 다양한 대상을 지칭할 수 있다. 그럼에도 우리 모두는 무의식적으로 문맥을 유추하여 내용을 파악하고 있을 따름이다. 二자 내부의 한 획인 一과 개별적인 글자인 一은 서로 다르다는 것을 머리로는 이해하지만, 그 둘을 같은 이름으로 부르는 데 전혀 혼란을 느끼지 않는다. "二에는 一이 없다"는 궤변을 접한 이후에도 "획이 함께한 것은 변한 것인가?", "변한 것은 변하지 않은 것과 다르다고 할 수 있나?" 등에 대한 답을 듣고 한참을 생각한 이후에야 이것이 변하지 않은 一과 변한 一의 중의성에 대한 것임을 이해할 수 있다.

공손룡은 이러한 문제점을 차분히 설명하거나, '획이 함께한 一획' 등의 새로운 어휘를 만들어서 논의를 전개하는 대신 듣는 이를 헷갈리게 한 이후 질문으로 답을 유도한다. "함께하는 것이 있는 위 획" 등의 표현을 사용해서 아래 획이 함께한 이후의 위 획을 충분히 설명할 수 있는 언어적인 방법이 있기 때문에, 획이 함께하기 이전의 一만을 一이라고 부르고 획이 더해진 것은 "함께하는 것이 있는 위 획"이라고 부르는 식으로 혼란을 회피할 수 있음에도 불구하고 그는 그렇게 하지 않는다. 추가 설명을 덧붙이거나 두 가지 의미를 구분하여 사용하지 않은 채 듣는 이의 혼란을 조장하는 것은 상대방이 이미 무의식적으로 사용하고 있는 중의성을 깨닫게 유도하고 그 문제를 해결할 수 있는 대안을 제시하는 것이 공손룡의 의도였기 때문인 듯 보인다.

다시 말해 공손룡은 一이나 말[馬] 등의 단어들이 일상적인 쓰임에서 두 가지 이상의 다른 의미로 사용되고 있으며, 그러므로 이를 상세히 분석하고자 하면 혼란을 일으킬 수 있다는 사실을 듣는 이가 깨닫도록 유도하고 있다는 것이다. 하나의 단어에 다른 부분이 더해지기 이전과 이후의 두 가지 다른 의미가 있다는 주장이 공손룡의 독창적이고 독보적인 발견이었다고 말하려는 것이 아니다. 이와 연관해 공손룡과 유사한 시대를 산 다른 제자백가에서 본성론이나 인간의 내면과 관련한 어휘들을 중의적으로 사용하는 경향을 위에서도 밝힌 바 있다. 오히려 당대에는 이러한 중의적 사용이 부각되고 있는 시기였기 때문에 공손룡이 이런 문제점을 지적하고자 한 것으로 보인다.

공손룡이 대체 왜 패러독스의 형태를 빌어 자신의 주장을 전개했는지에 대한 의문을 제기하면서, 한센은 패러독스란 진리라고 널리 받아들여지고 있는 이론을 무너뜨리기 위해 사용하는 것이지, 새로운 이론을 주장하기 위해 사용하는 것은 아니라고 주장한다.[62] 한센은 공손룡이 보편자 이론을 세운 것이 아니라는 근거로 이 문장을 사용했다. 그러나 한센은 공손룡이 본성론에 대한 중의적 어휘 사용을 충분히 인지하고 있었고, 이에 대한 비판으로 기존의 이론을 무너뜨리기 위한 패러독스를 사용하고 있다는 점을 간과하였다. 하나의 단어로 변하지 않은 것과 변한 것을 동시에 지칭하는 언어생활이 너무나 널리, 자연스럽게 상용되고 있어서 아무도 그 문제점을 인지하지 못하는 상황에서 이러한 문제점을 지적하여 드러내기 위해서 일부러 질문자를 궁지에 빠뜨리도록 문답을 이어가는 형식이라면 패러독스의 올바른 사용법이라고 할 수 있다. 그러나 이러한 중의적인 단어의 사용이 공손룡이 새롭게 착안한 것이었다거나, 그 사용을 널리 퍼뜨리려고 주장하는 것이었다면 이렇듯 "흰 말은 말이 아니다"라거나 "二에는 一이 없다"는 등 이해하기도 어려운 복잡한 패러독스를 사용하는 것은 비효율적이고도 납득이 가지 않는 방법일 것이다.

〈통변론〉에서 공손룡이 주장하고자 한 것이 무엇이었는가의 문제로 돌아가보자. 위 획은 변했는가, 아니면 변하지 않았는가에 대한 딜레마에서 공손룡의 선택은 이미 정해져 있다. 이미 위 획에는 더해진 요소가 있어서 변했다고 주장하고 있기 때문에 실제로는 아무 것도 변하지 않았다. 그러므로 결합 이전과 이후는 모두 '위 획'이라고 불러야 한다는 답을 선택할 수는 없다. 변한 것은 변하지 않은 것과 다르며 위 획은 변했음이 확실하기 때문이다. 공손룡이 의도한 답은 아래 획이 생기기 이전의 위 획과 획이 함께한 후의 위 획은 같은 이름으로 불러서는 안 된다는 것이다. 위 획은 변화했기 때문에 위 획이라고 말해서는 안 된다. 그러므로 실은 '위 획이 변했다'라는 답도 불가능하다. 一획에는 다른 획이 함께하면서 변했고, 그러므로 지칭의 대상이 달라졌다. 대상이 달라졌다면 같은 이름으로 불러서는 안 된다. 그리고 이는 〈명실론〉에서 강조한 공손룡 특유의 일명일실론一名一實論으로 연결된다. 공손룡의 일명일실론 대한 상세한 설명은 〈명실론〉을 다룰 때 이어서 다시 언급하도록 하겠다.

〈통변론〉1에서 중의성은 획이 함께하는 것과 함께하지 않은 一을 모두 一이라고 부른다는 데서 나온다. 이 둘의 차이는 "함께하는 것이 있는가"의 문제로 결정된다. 그리고 공손룡은 전반부의 모든 편에 걸쳐서 "함께한다"는 한자어 여與를 반복적으로 사용하고 있다. 〈적부〉를 제외한 《공손룡자》의 나머지 다섯 편에서 여與라는 글자는 37회 사용된다. 그중 가여불가可與不可, 견여불견見與不見처럼 단순히 접속사 "그리고"의 의미로 사용된 것이 9회, 여기벽녕황與其碧寧黃과 같이 비교의 의미로 사용된 경우가 2회, 또한 "마찬가지"·"서로" 등 기타 의미로 사용된 것이 5회며, 나머지 21회는 모두 백白과 마馬, 일一과 일一 등 하나의 요소가 다른 요소와 함께있다·결합한다 등의 의미로 사용되었다.[63] 〈백마론〉과 〈통변론〉1의 논변에서 공손룡은 여與의 개념을 사용하여 백마가 마馬와 다르고 二에 一이 없는 근거를 설명하며, 〈지물론〉에도 지와 물이 여與라는 글자로 연결되어 있다.

흰 말은 말에 흼이 함께하는[與] 것이다. 말에 흼이 함께하는 것이 말인가? 그러므로 흰 말은 말이 아니라고 한다.[64]

〈백마론〉

가리킴은 가리킴이 아니라는 것이 아니라 가리킴이 사물과 함께한[與] 것이 가리킴이 아니라는 것이다.[65]

〈지물론〉

질문자 위 획과 아래 획이 함께한[與] 것을 二라고 할 수 있는가?
공손룡 할 수 있다.[66]

〈통변론〉1

백白에 마馬가 함께하는 것은 더 이상 마馬가 아니다. 지指에 물物이 함께하는 것은 지指가 아니다. 〈통변론〉1에서 위 획은 一이고 아래 획 또한 一인데, 이 둘이 함께있으면 二가 되어 더 이상 一이 아니다. 그러므로 위에서 본 비非, 즉 '다름'은 두 개의 다른 요소가 함께한 결과다.

마여백馬與白 – 특정 색으로 한정된 말

공손룡이 백마白馬를 이해하는 방식은 다음 인용문에서 살펴볼 수 있다.

공손룡 흰 말이라는 것은 말에 흼이 함께하는 것이다. 말에 흼이 함께하는 것이 말인가? 그러므로 흰 말은 말이 아니라는 것이다.
질문자 말이 흼과 함께하기 이전을 말이라 하고, 흼이 말과 함께하기 이전은 흼이라 하고, 말과 흼이 함께한 것은 복명(두 글자 이상으로 이루어진 이름)으로 흰 말이라고 하면, 이는 서로 함께하지 않은 것을 가지고 서로 함께하는 것의 이름을 만든 것이니 논리적으로 성립하지 않는다. 그러므로 '흰 말은 말이 아니다'라는 명제는 논리적으로 성립하지 않는다는 것이다.[67]

질문자가 공손룡의 주장을 정리하여 반론하고 있는 대목은 비록 질문자의 목소리로 되어 있지만 공손룡의 입장을 가장 명확하게 전달하고 있는 부분 중 하나인 것으로 보인다. 공손룡은 "흼이 함께하기 이전 상태의 말", 그리고 "말이 함께하기 이전 상태의 흼"이라는 것을 설정한다.

그런데 과연 함께하기 이전 상태의 흼이나 말이란 가능한 것인가? 흰 말은 사실 태어날 때부터 흰 털을 가졌을 것이고, 그 말에서 "흼"을 분리해내는 것은 물리적으로는 불가능한 일이다. 더더군다나 그 분리된 상태가 먼저 있었고, 이를 더한 이후에 "흰 말"이 생겼다는 것은 더욱 상식에서 어긋난다. 그러므로 흰 말은 "말과 흼이 함께하는 것"이라는 식의 논리는 질문자로서는 받아들이기 어려운 주장이었을 것이다. 그렇지만 공손룡은 "함께한다"의 개념을 이런 식으로 사용하고 있으며, 마치 레고 블록을 쌓기라도 하듯이 "서로 함께하지 않은 것의 이름을 더해 서로 함께하는 것의 이름을 만들고" 있다고 주장한다. 이는 질문자가 공손룡의 태도를 반박하기 위해 한 말이지만 공손룡의 입장에서는 자신이 하려는 주장을 깔끔하게 정리해 주었다고 여길 법하다.

그러나 이렇듯 레고 블록을 쌓듯이 "함께하는" 과정을 거쳐 여러 개의 요소들이 더해질 수 있다는 개념을, 공손룡은 받아들이고 질문자는 거부한다. 물론 복명을 만드는 원칙에만 한정되어 말한다면 백白과 마馬라는 두 개의 글자를 더해서 백마白馬를 만든 것은 사실이다. 그러나 공손룡은 이를 전혀 이름에만 한정지을 의도는 없어 보인다. 질문자가 '색 없는 말'이 있을 수 있는가라는 질문을 던졌을 때, 질문자는 물론 색이 정해지지 않은 馬라는 하나의 한자로만 이루어진 이름이 있을 수 있는가에 대해 물은 것은 아니고, 공손룡이 여기에 색 없는 말은 있을 수 없다고 답할 때 또한 이름에 국한된 답을 한 것은 아니기 때문이다.

함께하지 않은 상태에는 말이나 힘 그 자체가 있고, 서로 함께하게 된 이후에 흰 말이 되었다. 위에서도 보았지만 함께하면서 변한 것은 아무 것도 함께하기 이전과는 다르다. 그러므로 이 궤변을 흰 말 즉 변한 것은, 말 즉 변하지 않은 것과 다르다는 의미로 해석할 수 있다. 그러나 비非의 의미가 실제로는 '다르다'는 의미로 사용된 것이며, 그러므로 공손룡이 하려는 주장은 곧 '흰 말과 말은 서로 다르다'였다는 정도로만 해석한다면, 공손룡의 궤변들은 상대방을 혼란에 빠뜨리고 즐거워하는 지적유희 이상의 철학적 의미가 있다고 보기는 어렵다. '흰 말과 말이 서로 다르다'는 것은 모르는 사람이 없을 정도로 뻔해 보이기 때문이다.

우선 〈백마론〉에서 사용되는 마馬의 중의성에 대해 더 분석을 해 보자. 〈통변론〉1의 경우, 二와 一의 차이를 말한 것이 아니라 두 종류의 一의 차이를 말한 것이다. 함께하는 것이 있는 一과 아무 것도 함께하지 않은 一이 서로 다르다는 것이다. 그렇다면 〈백마론〉의 경우는 어떠한가? 〈백마론〉은 말 그대로 '흰 말은 말이 아님'을 주장한다. 왜 이런 주장이 필요한가? 흰 말과 말이 다르다는 것은 누구나 알고 있는 사실이다. 그럼에도 불구하고 굳이 이러한 주장을 펼치는 것은 일반적으로 '흰 말을 말과 동일하게' 여기는 일이 벌어지고 있기 때문일 것이다.

질문자가 던지는 질문에 그 답이 있다. "흰 말이 있다면 말이 있다고 할 수 있는가?" 공손룡은 이러한 가능성을 부정하고 싶어 하지만 상식적인 측면에서 완전히 부정할 수 없다는 것을 인지하고 있다. 일상적으로 흰 말도 말이라고 불리기 때문이다. 물론 대부분의 경우 사람들이 '흰 말은 말이다'라고 할 때, 이는 흰 털을 가진 말은 말이라는 전체 종에 속하는 개체라는 의미다. 그렇지만 분명 二자 안에 있는 一획을 '一'이라고 부르는 순간이 존재하듯이, 흰 말에 대해 이야기할 때 이를 단순히 '말'이라는 단어로 지칭하는 일은 쉽게 벌어진다. 마구간에 흰 말이 있는 것을 보고 마음속으로는 분명 그 특정 말을 염두에 두었지만 자세한 설명을 하지 않고 "말 가져와!"라고 명령을 내려놓고, 그래서 아무 말이나 가져왔을 때 "이 말이 아니잖아!"라고 혼을 낼만한 상황은 현실적으로 어디에서나 발생 가능하다. "남자는 여성과 결혼할 수 있다"는 일반적으로 진리라고 생각되는 명제지만, "그렇다면 결혼한 남성도 결혼할 수 있나?"라는 질문에는 "헛소리하지 말라"는 이상의 대꾸는 필요 없다고 여길 수도 있는 것이다. 그렇다고 결혼한 남성은 더 이상 남성이 아니라고 주장하려는 것은 아니다. 그저 첫 문장에서 말한 일반적인 "남성"과는 의미하려는 것이 다를 뿐이다. 우리는 일상 언어생활 속에서 많은 의미를 문맥상 파악하고 있고, 그러므로 하나하나 따지자면 앞뒤가 맞지 않는 말들에 대해서도 크게 개의치 않고 넘어갈 때가 많다.

그러므로 마馬라는 이름을 통해서 사람들은 어떤 때에는 흰 혹은 다른 색의 털을 가진 말을 뜻하기도 하고, 그것보다 더 구체화된 특정 말을 지칭하기도 하며, 또 어떤 때에는 아무 특성으로도 한정되지 않은 말 전체, 혹은 그중 아무 것을 뜻하기도 한다. 공손룡은 이렇듯 같은 이름이 지칭하는 대상이 두 가지 이상이 되는 상황을 반대하는 것이다. 그렇기 때문에 그는 '마구간에 가서 말을 찾는다면…' 등의 예시를 통해 화자의 의도와 상대방이 이해한 것을 대조시킨다. 말이라는 이름을 불렀다면 어떤 특성으로도 한정되지 않은 모든 색상이나 특징을 포함하는 것만을 의미해야 한다고 강조하는 것이다.

때로는 흰 말을 지칭하기 위해서 말이라는 단어를 사용하기도 하고, 또 때로는 좋은 옷·작은 옷·헤진 옷 등을 구분하지 않은 채 그 각각을 옷이라고 지칭하기도 하고, 또 강아지나 어미 개나 세 마리 개나 혹은 내가 평생 아끼며 키우는 애완견도 때로 개라고 부르기도 한다. 흰 말이 아니라 검은 말, 노란 말도 말이라고 불릴 수 있고, 큰 말·작은 말·어린 말·늙은 말·암말·수말 등 "말"이라는 단어로 지칭할 수 있는 대상은 수도 없이 많다. 여기에 "희고 어린 말", "검고 작은 암말" 등 조합을 넣기 시작하면 그 대상은 무한대로 늘어날 것이다. 그리고 우리는 무의식적으로 그 많은 대상을 "말"이라는 단어로 지칭하고, 대부분의 경우 별 문제없이 서로가 의도한 것을 잘 이해한다.

마馬는 특정 색상을 가진 혹은 특정한 말을 지칭할 때 사용할 수도 있고, 말이라는 종 전체 혹은 그중 불특정한 한 개체를 지칭할 수도 있다. 이와 마찬가지로 인人은 특정 사람을 지칭할 때 사용할 수도 있고, 인류 전체 혹은 그중 불특정한 사람 누구나를 지칭할 수도 있다. 앞에서 잠깐 언급하였듯이 후기묵가는 지각을 내면의 것 그대로일 때와 외부 자극이 더해진 것인 두 가지 상태의 의미를 지닐 수 있다는 것을 적극적으로 받아들인다. 후기묵가의 이러한 태도는 그저 지각이라는 단어의 정의에 한정되는 것이 아니다. 그들 또한 말 혹은 사람을 두 가지 다른 의미로 사용하는 방식으로 자신들의 주장을 펴기도 한다.[68]

그러므로 "흰 말은 말이 아니다"에서 서로 다른 것은 "흰 말"과 "말"이 아니라, "흰 말을 지칭하는 데 사용한 말이라는 단어"와 말 그 자체가 된다. 전자는 분명 "흰 말"이라는 결합한 전체의 부분이라는 점에서 앞에서 말한 一획과 같고, 후자는 독립된 一자와 같아진다.

공손룡은 이렇듯 특정 성질로 한정된 말 혹은 사람을, 그저 "말" 혹은 "사람"이라고 부르는 것은 분리[離]라는 특수한 상황하에서만 가능한 것임을 명시한다.

질문자 흰 말이 있을 때 말이 없다고 할[謂] 수는 없다. 말이 없다고 할 수 없는 것이라면 말이 아니겠는가? 흰 말이 있으면 말이 있다고 여기면서 흰 말을 말이 아니라고 하는 것은 어쩐 일인가?[69]

공손룡 "흰 말이 있다면 말이 없다고 할 수 없다"는 주장은 힘을 분리시키고 말했기[謂] 때문이다. [힘을] 분리시키지 않으면 흰 말이 있는 것을 말이 있다고 할 수 없다.[70]

질문자는 상식적인 입장을 대변해서 '흰 말을 두고 말이 없다고 할 수는 없다', 곧 흰 말이 있다면 말이 있다고 보통 그렇게들 말한다는 것을 인정하는 것이다.

공손룡은 '흰 말이 있다면 말이 있다고 여긴다'는 명제를 위謂의 문제로 풀어낸다. 흰 말을 두고 말이 없다고 할 수는 없지만, 흰 말을 두고 말이 있다고 하기는 한다.[71] 왜 그런가? 언어습관상 사람들은 흰 말을 두고 '말이 있다'고 종종 말하기 때문이지, 실제로 흰 말이 말 그 자체이기 때문은 아니라는 것이다. 그러므로 흰 말은 말이라고 답한 것도 아니고 흰 말이 말이 되었다고 답한 것도 아니다.

공손룡은 이를 '힘을 분리해서 말한다'고 표현했다. 마馬라는 이름은 때로는 색이 정해지지 않은 말을, 또 때로는 특정 색으로 정해진 말을 지칭하는 데 사용된다. 〈통변론〉에서 우右는 아래 획과 결합하여 二가 되었을 때의 위 획을 지칭하기도 하고 아무 것과 결합하지 않았을 때의 一획을 지칭하기도 한다. 그러나 공손룡의 궤변은 백마와 마의 차이, 二와 一의 차이를 지적하려는 것이 아니다. 공손룡은 결합한 상대가 있는 것과 결합한 상대가 없는 것이 서로 다름에도 불구하고 하나의 이름으로 불린다는 것을 비판하고 있다.

지여물指與物 – 사물에 대한 가리킴

여與를 사용한 요소의 결합 관계는 〈지물론〉에서도 발견할 수 있다. 위에서 지비지指非指의 문장을 해석하면서 가리킴을 특정 대상이 정해진 가리킴과 특정 대상이 정해지지 않은 가리킴이라는 두 가지 의미로 사용된 것으로 풀이할 수 있으며, 대상이 정해진 가리킴을 여與 글자를 사용하여 표현하기 때문이다.

공손룡은 한 편으로는 "가리킴은 가리킴이 아니다[指非指]"라고 주장하기도 하지만, 〈지물론〉의 후반부에 가서는 가리킴이 사물과 함께한 것을 두고 가리킴이 아니라고 한 것이지, 가리킴 그 자체를 두고 가리킴이 아니라고 한 것은 아니라고 해명하고 있다. 명시적으로 밝히는 것은 아니지만 이 설명에서 함의하는 것은 "가리킴은 가리킴이 아니다"라고 말했을 때 그중 하나의 "가리킴"은 실제로는 "가리킴과 사물이 함께한 것"을 지칭한 것이었다는 사실이다. 가리킴이라는 이름으로 지칭하였지만 사실은 "가리킴이 사물에 함께한 것"을 의도한 것이기 때문에, "그때 나는 가리킴이 가리킴이 아니라고 말하려한 것이 아니라…" 같은 부연 설명이 필요하게 될 것이다.

위에서 지指는 손가락이나 언어와 같이 인간에게 속한 무엇인가가 인간 외부의 사물을 인지하고 지적하여 물리적으로, 언어적으로 특정 지어 골라내는 행위를 말한다고 보았다. 손가락이 직접적으로 사물을 가리켜서 주의를 집중시킬 수도 있고, 이름을 부르는 것으로 그 대상을 떠올리게 할 수도 있다. 그런데 "가리킴" 그 자체와 "가리킴과 사물이 함께한 것"을 대비시킨다는 것은 대상 사물과 '함께한' 가리킴이 있고 '함께하지 않은' 가리킴도 있음을 의미한다. 〈지물론〉의 마지막 문장에서 "어찌 사물을 기다려 함께해야만 비로소 가리킴이 되겠는가?"라고 묻는 것을 보면 '함께하기를 기다리기 이전', 즉 아무 것도 함께하기 이전 상태의 가리킴 또한 가리킴이라는 주장이다.

여기에서 볼 수 있듯이 공손룡은 "함께하다[與]"는 표현을 가리킴과 사물의 결합에도 여전히 사용한다. 이 경우, "흰 말"의 경우에서와 마찬가지로 대상을 한정하는 조건이라고 해석했을 때 그 의미가 조금 더 명확해진다. "사물과 함께한 가리킴[指與物]"은 특정 대상에 대한 가리킴이라고 해석할 수 있는 것이다.

방박龐樸은 지여물指與物, 그리고 뒤에 나오는 물지物指 두 가지 모두를 '지와 물의 결합'이라고 번역한다.[72] 지여물指與物과 물지物指를 동일한 개념이라고 보았을 때, 지指 일반과 사물에 대한 가리킴(지여물指與物 혹은 물지物指)이 비록 다른 것이지만 두 가지를 모두 가리킴이라고 부르는 것으로 궤변을 만들었음을 뒷받침할 수 있는 문장을 〈지물론〉 후반부에서 추가로 발견할 수 있다.

- 세상에 사물에 대한 가리킴[物指]이 없다고 한다면 누가 성급하게 가리킴이 아니라고 하겠는가?

- 세상에 사물이 없다면 누가 성급하게 가리킴이라고 하겠는가?
- 세상에 가리킴이 있고 사물에 대한 가리킴[物指]은 없다면 누가 성급하게 가리킴이 아니라고 하고, 성급하게 모든 사물은 가리킴이라고 하겠는가?[73]

위의 문장은 'A가 없다면 누가 B라고 하겠는가?'의 문장 구조가 반복되는데, 이를 평서문으로 바꾸면 'A가 없다면 아무도 B라고 할 수 없다'는 형태가 된다. 이 명제의 대우 형태를 보면 'B라고 할 수 있다면 A가 있다'라는 형태가 되는데, 한 명제가 참이라면 대우 또한 반드시 참이 되기 때문에 이 두 가지 명제 모두에 대해 공손룡이 긍정했으리라는 것을 전제로 삼아 공손룡의 주장을 더 살펴볼 수 있다.

첫 번째 문장을 평서문의 대우 형태로 변환하면 "'가리킴이 아니다'라고 할 수 있는 것은 세상에 '사물에 대한 가리킴'이 있기 때문이다"가 된다. 물지物指의 존재가 곧 "그것은 가리킴이 아니다"라고 말할 수 있는 전제조건이 된다는 것은, 곧 "가리킴이 아니[非指]"라고 말한 대상은 사물에 대한 가리킴이었음을 말하는 것이 된다. 아무 것이나 두고 가리킴이 아니라고 주장한 것은 아니고, 가리킴 그 자체와는 다른 사물에 대한 가리킴이 따로 있기 때문에 이를 두고 가리킴이 아니라고 했다는 말이다.

또 마지막 문장은 "'가리킴이 아니다', '가리킴 아닌 사물은 없다'라고 말할 수 있는 것은 곧 지만 있고 물지는 없는 상태가 아니기 때문"이라고 해석할 수 있다.[74] 〈지물론〉에서는 함께한 것이 없는 가리킴과 함께한 것이 있는 가리킴이라는 두 가지의 가리킴이 있으며, 이 둘 모두가 '가리킴'이라는 하나의 단어로 지칭될 수 있기 때문에 혼란이 생김을 보여주고 있다.

그렇다면 지여물指與物·물지物指란 무엇이길래 가리킴이라고도 불릴 수 있다는 것인가? 아니, 오히려 가리킴이란 항상 특정 사물에 대한 가리킴이니 모든 가리킴이 곧 '사물과 함께한 가리킴'이어야할 것 같은데, 아무 것과도 함께하지 않은 가리킴 그 자체가 있다고 하는 것은 무엇인가를 먼저 물어야 할 것이다.

《공손룡자》를 전체와 부분의 문제로 해석하는 그레이엄은 지비지指非指를 "to point out is not to point it out"이라고 번역하는데, "point out"이라는 하나의 번역어를 사용해서 〈지물론〉 전체를 해석해내려는 시도였으나 결국 point out과 point it out은 동일한 표현이라고 하기에는 둘 사이에 미묘한 차이가 있다. Point out은 무언가를 가리키는 행위 그 자체이지만, point it out은 특정 대상을 정해놓고 지시하여 이것을 나머지와 구분하려는 의도를 포함하는 말이기 때문이다. 대상이 지정되지 않은, 곧 특정 사물과 함께하지 않은 가리킴, 그리고 특정 대상을 구분해내는 다시 말해 특정 사물과 함께하는 가리킴이라는 두 가지 의미로 다르게 해석하는 것으로 지비지指非指를 풀어낸 것이다.

이러한 구도 내에서 그레이엄은 지여물指與物은 곧 특정한 대상을 가리키는 것으로 보았기 때문에, 함께한 것이 없는 지指는 '세상 모든 것을 가리켜서 대상을 특정하지 않은 것'으로 해석한 셈이다.[75] 그러나 이는 따지자면 아무 것도 함께하지 않은 것이 아니라 세상 모든 것과 함께한 가리킴이 되므로 적절한 설명이 아닌 듯하다.

지指가 특정 사물에 대한 가리킴과 특정 사물에 대하지 않은 가리킴으로 나뉜다는 것은 받아들이되, 그레이엄의 '전체와 부분'이라는 틀에서는 벗어나 이 문장을 보도록 하자. "Pointing out" 혹은 대상을 특정하지 않은 가리킴 그 자체라는 것이 과연 세상 전체를 뭉뚱그려 지칭할 때를 말하는 것인가? 도대체 세상 전체를 '가리켜야' 하는 일은 언제 생기는 일이란 말인가? 공손룡에게 '세상 전체'와 그중 특정 대상을 구분하여 가리켜야 하는 것은 어떤 의미를 갖는가? 또 고대중국철학의 배경에서 왜 이 일을 중요하게 여겼는가?

아무 것도 함께하지 않은 가리킴이란 아무런 대상도 가리키지 않은 것인데, 가리키는 대상이 특정되지 않은 가리킴이란 무엇인가? '가리킴' 혹은 'point out'이라는 용어 그 자체만을 두고 보더라도 특정 대상이나 혹은 특정되지 않은 온 세상을 가리킨다는 말이라기보다는 어떤 사물이든 대상으로 삼을 수 있는 '가리킴'이라는 행위 혹은 기능 그 자체로 이해하기가 더 수월하다. 대상을 특정하지 않은 동사는 '모두에 대한 것'이라기보다는, 아직 아무런 대상도 정해지지 않은 '능력 자체'를 의미한다고 볼 수 있기 때문이다. '가리킴'의 잠재적 상태, 즉 무엇이든 가리킬 수 있는 인간의 기능을 말하는 것이라고 할 수 있다. 아무 것도 가리키지 않았기 때문에 그 무엇도 가리킬 수 있는 인간의 기능은 아직 대상이 정해지지 않았기 때문에 '아무 것과도 함께하지 않은' 상태이지만, 여전히 '가리킴'이라는 점은 마찬가지다. 다시 말해 공손룡은 〈지물론〉에서 지指라는 단어로 '가리킴 그 자체'를 의미할 때도 있고, '특정 사물에 대한 가리킴'을 의미할 때도 있었다는 것이다.

또한 지指는 비록 정확한 의미나 기능이 명시되어 있지는 않으나, 인간이 어떤 식으로든 외부사물과 관계 맺는 방식을 설명하고 있는 것이며, '모든 사물과 함께한' 것이 아니라 오히려 아무런 사물과도 함께하지 않은 상태를 말하고 있다는 점에서, 가리킴 그 자체는 외부사물과 접하는 인간의 기능으로 이해하는 것이 더 정확할 것이다.

지指가 사물과 함께하기 이전에는 인간이 외부사물을 손가락으로 가리키고 혹은 머리 속으로 떠올리는 기능으로 이해하고, 또 사물에 함께한 지指는 특정 사물에 대한 가리킴이라는 두 가지 의미로 보았을 때, 지비지指非指는 지指의 구체적인 의미와는 상관없이 더 넓은 함의를 갖게 된다. 인간의 기능인 지指 그리고 외부사물과 접촉할 때의 지指는 인간 내면과 외부사물의 상호 작용의 한 예시로서 의미를 가질 수 있기 때문이다. 이렇게 보았을 때 인간의 내면과 외부사물이 접하는 기능이란 지指 이외에도 촉각이나 시각, 혹은 전반적인 인지작용을 통한 다른 기능과 경험을 포괄할 수 있게 된다. 이렇게 이해했을 때 가리킴은 순자나 후기묵가가 정의한 지각[知]과 비슷한 역할을 하게 된다. 중의적인 정의와 논리의 전개 방식뿐 아니라 본성론에서의 역할 또한 유사성을 보이는 것이다. 이 전반적인 인간과 사물의 관계에 대해, 공손룡은 인간의 기능 그 자체와 그 기능이 특정 사물과 결합되어 있는 순간의 경험이란 같은 단어로 표현되더라도 서로 다른 것이라는 사실을 밝힌 셈이 된다.

지금까지 《공손룡자》의 전반부에서는 공손룡이 논하는 세 가지 다른 "함께하는 상태·함께하기 이전의 상태"를 다루었다. 첫째로는 〈통변론〉1에서 나온 一과 一이 함께하면서 二가 되는, 개체와 개체가 만나 새로운 개체를 만드는 경우다. 둘째로는 〈백마론〉에서 다룬, 말 등의 개체에 힘 등의 특성이 함께하면서 지칭 대상이 한정되는 경우다.[76] 셋째로는 〈지물론〉에서 설명되는, 인간 내부의 기능과 외부의 사물이 함께하면서 외부사물에 대한 인지 및 경험을 말하게 되는 경우다.

공손룡은 세 가지의 다양한 관계에서 각각 다른 것들이 결합하고 변형하고 한정되는 과정을 모두 동일한 여與라는 글자를 통해 설명하려고 한다. 획과 획이 만나 새로운 글자를 만들거나 특정 성질을 가진 사물에 대해 논의하는 것, 인간 내면의 기능이 외부의 사물을 만나 반응하는 것은 서로 완전히 다른 성질의 것임에도 불구하고 공손룡은 같은 어휘를 사용하여 유사하게 논리를 전개해 나가고 있는 것이다. 이렇듯 일관성 있는 어휘의 사용은 우연의 일치인 것으로 보이지는 않는다. 공손룡은 의도적으로 같은 어휘를 사용하여 여러 상이한 관계에서 동일한 논리를 반복하고 있다는 것이다. 동일한 어휘를 반복하는 공손룡의 의도가 무엇인가에 대해서는 다음 장에서 더 구체적으로 논의할 것이다.

또한, 두 가지 요소가 서로 함께하기 이전과 함께한 이후의 상태가 하나의 이름으로 지칭될 수 있는 중의성이 있으나, 그 둘은 서로 엄연히 다르다는 공손룡의 지적은 한편으로는 말 등의 단어가 어떨 때는 그 종 전체를, 어떨 때는 그중 한정된 대상을 의미하기도 함을 알려주며, 다른 한편으로는 가리킴 등의 단어는 어떨 때는 인간의 잠정적인 기능 자체만을 또 어떨 때는 그 기능이 특정 사물을 만나 발휘된 상태를 의미하기도 함을 이야기한다. 또한 一 등 전체의 부분으로 기능할 수 있는 것은 때로는 전체에 속해있는 일부분을 말하기도 하고, 어떨 때는 분리되어 홀로 있을 때의 그 자체를 말하기도 하는 것이다. 하나의 단어가 두 가지 의미를 가질 수 있다는 사실은 공손룡 이외의 제자백가들도 인지하고 있는 것이나, 그들에게는 문제가 되지 않은 듯 하며 오히려 이를 적극 받아들였다.

그러나 공손룡의 경우는 다른 제자백가의 주장과는 조금 성격이 다르다. 위의 세 가지 경우에서 각 단어는 중의적으로 쓰이기도 하지만, 한편으로 공손룡은 둘 중 한 가지의 쓰임은 올바르지 않음을 암시하고 있다. "흰 말은 말이 아니다" 즉, "말"이라는 단어로 "흰 말"을 의미하는 데 사용해서는 안 된다. 마馬는 오직 마馬만을 의미하는 것이 옳다. 一 또한 마찬가지다. 이미 변했다면 같은 이름은 사용하지 않는 것이 좋다. 二 글자 안에 있는 획을 一이라고 부르지 않는다면 혼란을 피할 수 있을 것이다. 가리킴 또한 마찬가지다. 인간의 기능으로 어떤 사물에 아직 자극을 받기 이전의 상태만이 가리킴이라는 이름으로 불리고, 특정 사물을 가리키고 있는 것은 어떤 사물을 가리키는지를 명시해주는 것이 혼란을 피할 수 있는 방법이다. 두 가지 의미 중 어느 하나가 올바르다는 점을 드러내고 있다는 것이 비슷한 시기에 활동한 다른 학파들과 공손룡의 차이점이다.

《공손룡자》의 후반부에 들어가면서 이 동일한 어휘와 논리전개의 패턴은 더욱 다양한 함의를 갖고 전개되면서 인간이 외부사물뿐 아니라 타인과의 관계, 그리고 사회 속에서의 역할에 어떤 식으로 반응해야 하는가에 대한 공손룡의 주장이 드러난다. 또한 그 전개 양상이 지금까지 확인한 전반부의 내용과 동떨어진 것이 아니라 서로 연결되어 있으며 일관성을 유지하고 있음을 볼 수 있다.

3. 함께하지 않는 것의 올바름

《공손룡자》의 후반부

지금까지 〈통변론〉1, 〈백마론〉 그리고 〈지물론〉에서는 한 가지 요소에 다른 것이 함께하며 새로운 전체를 이루고 그 과정에서 서로 한정되며 달라진다는 내용을 담고 있다는 것을 보았다. 공손룡은 마치 이 결합과 변화의 과정이 어느 경우든 유사한 과정으로 전개되는 듯이 같은 어휘와 논리를 사용하며 다양한 관계의 영역을 넘나들고 있지만 사실은 개체와 개체가 함께하는 것, 사물과 성질이 함께하는 것, 또 인간의 가리킴 능력과 사물이 함께하는 것은 서로 완전히 다른 현상이다. 실제로 한 획에 획을 더 그어 새로운 글자를 만드는 것, 그리고 사물 중 특정 성질을 나타내는 말을 더해 한정된 부분 집합을 만드는 것, 그리고 인간의 능력이 외부사물을 가리켜서 떠올리는 것은 "함께한다[與]"는 한 단어로 다 포괄하기 어려울 정도의 다양한 의미임에도 불구하고, 공손룡은 이를 구분하여 설명하지 않는다. 함께하기 때문에 달라진다는 점에서 공손룡에게 이 모두는 동일하다.

　같은 어휘의 반복으로 동일한 논리를 전개하는 패턴은 〈통변론〉 후반부, 〈견백론〉과 〈명실론〉에서도 반복된다. 그러나 〈통변론〉 후반부에서 소와 양, 푸른색과 흰색, 그리고 군주와 신하의 함께하기를 다루고, 〈견백론〉에서 흼, 단단함, 그리고 돌이라는 세 가지 요소의 함께하기를 논하면서 그 각각의 요소들이 인간의 감각기능의 감각 대상이 될 수 있는가를 다루며, 또한 이 모든 관계에서 이름과 실재의 관계는 어떤 경우에 올바를 수 있는지를 살피는 것은 전반부에서 정리한 세 가지 경우 즉, 개체와 개체, 개체와 특성, 그리고 인간 내면과 외부사물이라는 분류에서 벗어나지 않는다. 새로운 종류의 함께함에 대해 설명하는 것이 아니라 이 세 가지의 여與 관계가 어떻게 교차되면서 확장되고, 또 종합적으로 정리될 수 있는지에 대해 부연설명이 추가되는 것이다.

　다시 말해서 후반부에서는 전반부에서 찾을 수 있는 공손룡의 주장, 즉 하나의 요소에 무언가가 함께하면 바뀌기 때문에 바뀌지 않은 것과 차이가 생긴다는 주된 내용이 그대로 유지된다. 그중 개체와 개체, 개체와 특성, 그리고 인간 내면과 외부사물이라는 세 종류의 "함께하기" 관계에서 서로 유사점을 찾아 연결하거나, 더 넓게 확대하거나, 아니면 전체를 통합하는 등 《공손룡자》 전체가 하나의 논리구조 하에 펼쳐지고 있음을 볼 수 있다.

　그중 군신관계에 대한 비유와 공손룡 특유의 정명론을 통해서, 아무 것도 함께하지 않은 것이 올바르다는 주장은 언어의 범주에 대해 더 잘 이해하고 그저 더 적확한 언어생활을 해야 한다는 해석에서 나아가 거칠지만 공손룡 나름의 인간 이해를 토대로 수양론적인 혹은 처세술적인 함의마저 내포하고 있음을 알 수 있게 된다.

자自 - 고유의 것 그 자체

미여未與·리離 - 다른 요소가 더해지기 전 그 자체가 곧 고유의 상태다

"희고 단단한 돌"에 대해 논변한 〈견백론〉과 〈백마론〉에서 다룬 흰 말과의 차이점은, 흰 말은 한 가지 개체(말)를 한정하는 한 가지의 특성(흼)을 다루고 있으나, "희고 단단한 돌"은 돌이라는 하나의 사물에 희다와 단단하다는 두 개의 특성이 결합한 형태라는 점이다. 〈견백론〉에서 공손룡이 정면에 내세우는 궤변은 "단단하고 흰 돌은 구성 요소가 [흼·단단함·돌의 세 가지가 아니라] 둘"이라는 것이다. 궤변을 앞세워 질문자와의 갑론을박을 통해 자신의 주장을 전개한다는 점에서, 우선 전반부의 편과 유사한 형태를 갖추고 있다.

〈견백론〉의 내용은 전통적으로 리견백離堅白, 즉 "단단함과 흼을 분리한다"는 의미의 세 글자로 정의한다. 〈견백론〉의 논변을 통해 단단함과 흼은 서로 분리되고, 돌과도 분리되며, 시각 혹은 촉각의 감각과도 분리된다. 이렇게 서로 더해지기 이전의 단단함, 흼 그리고 돌에 대해 설명하면서 분리되어 있는 것에 대한 상세한 서술을 담고 있고, 공손룡을 보편자론으로 해석하는 데 중요한 역할을 하기도 한다. 다른 사물에서 분리된 돌이나 흼, 단단함 등은 시각이나 촉각을 통해서 역시 감각되지도 경험되지도 않으므로 전반부 내용의 분류에 따르자면, 〈견백론〉은 곧 개체와 특성의 함께하기 뿐 아니라 인간 내면과 외부사물의 함께하기를 하나로 엮는 역할을 한다. 도입부의 궤변부터 살펴보도록 하자.

> **질문자** "단단하고 흰 돌의 구성 요소는 세 가지"라고 하니, 말이 되나요?
> **공손룡** 아니다.
> **질문자** 두 가지라고 하면 말이 됩니까?
> **공손룡** 그렇다.
> **질문자** 어째서인가요?
> **공손룡** [시각적으로는] 단단함은 없고 희다는 감각을 얻었으니 예증이 두 가지이고, [촉각적으로는] 흼은 없고 단단하다는 감각을 얻었으니 예증이 두 가지다.
> **질문자** 희다는 감각을 이미 얻었으니 흼이 없다고 할 수는 없습니다. 단단하다는 것도 만져봐서 알았으니 단단함이 없다고 할 수는 없습니다. 돌의 경우도 그렇습니다. 이렇게 보면 [예증은] 세 가지 아닙니까?[77]

'단단하고 흰 돌'의 구성 요소가 세 가지라는 것은 '단단함', '흼' 그리고 '돌'을 각각 한 가지씩으로 계산하고 더한 합을 말한 것이다. 질문자는 흼과 단단함도 각각 인지되고, 돌도 감각되니 구성 요소는 셋인 것이 분명하다고 여기는 것을 볼 수 있다. 보통 질문자가 당시의 상식적인 견해를 대변하고 공손룡이 궤변을 늘어놓는 입장임을 감안하면 "희고 단단한 돌"의 구성 요소가 세 가지라는 생각이 당대의 상식적인 입장에 더 가까움을 유추할 수 있다.[78]

공손룡이 "희고 단단한 돌"은 두 가지로만 구성되어 있다고 주장하는 이유는 시각적 혹은 촉각적 감관에 의해, 한 번에 두 가지씩만 감각될 수 있기 때문이다. 시각적으로는 단단함이 지각되지 않고, 촉각적으로는 흼이 지각되지 않는다. 돌의 형체는 만져서도 알 수 있고 보아서도 알 수 있기 때문에 어느 경우에도 모두 지각된다. 그러므로 눈으로 보고 손으로 만지고 있지 않을 때는 흼과 돌이라는 두 가지, 손으로 만지고 눈으로 보고 있지 않을 때는 단단함과 돌이라는 두 가지의 요소들로 구성되어 있을 뿐, 단단하고 흰 돌의 세 가지 요소는 한꺼번에 인지되지는 않는다는 것이다.

그러나 감각되지 않는다고 해서 '단단함' 혹은 '흼'이 완전히 사라지는 것은 아니다. 〈백마론〉에서 질문자가 흰 말이 있다면 말이 있다고 할 수 있는가, 색이 없는 말이 말이 아니라면 세상에는 말이 하나도 없다는 말인가 등 말의 유무에 대한 질문을 반복한 반면 공손룡은 흰 말과 말의 상이성에 대해서만 설명을 계속했듯이, 〈견백론〉에서도 질문자는 감각되지 않는다고 해서 흼 혹은 단단함이 없어지는 것이 아님을 강조한다. 그리고 이 '없어짐'이란 질문자에게는 돌·단단함·흼 세 요소의 분리를 말한다.

공손룡 보아서는 단단함은 알 수 없고 희다는 것만 알 수 있으니 단단함이 없는 것이다. 만져서는 희다는 것은 알 수 없고 단단하다는 것만 알 수 있으니 힘이 없는 것이다.

질문자 세상에 힘이 없다면 돌을 볼 수 없을 것입니다. 세상에 단단함이 아예 없다면 돌이 단단하지 않을 테니 돌이라고 부를 수도 없을 것입니다. 단단하고 흰 돌은 모두 그 돌 안에 들어있는 성질이라 서로 영역이 어긋나는 것[相外]이 없으니, 세 번째 요소를 숨긴다는 것이 말이나 되겠습니까?

공손룡 원래 숨어있는 것이 있다. 숨겨서 숨어있는 것이 아니다.[79]

질문자 힘, 단단함, 그리고 돌은 서로 영역이 완전히 겹치는데[相盈], 원래 숨었다니 무슨 말입니까?[80]

첫 인용문을 보면, 질문자는 이 성질들이 없다면 돌을 볼 수 없고, 단단하지 않은 돌은 돌이라 할 수 없기 때문에 단단함이 없다면 돌이 될 수도 없다고 여긴다. '힘'과 '단단함' 같은 성질은 돌을 구성하고 있는 요소이기 때문에, 그러한 성질이 없이는 돌도 있을 수 없는 것이라고 본다. 이는 〈백마론〉에서 '흰 말'이 '힘과 말이 함께하는 것'이라고 받아들이지 못한 질문자의 태도와 일치한다. 질문자에게 있어서 흰 말은 말과 힘이 함께하며 생겨난 것이 아니라 그저 태어나면서부터 흰 털을 가지고 있는 말이기 때문에, 그 두 요소가 함께하기 이전이란 있을 수 없다. 이 경우도 마찬가지로 단단함과 힘이 돌과 완전히 영역이 겹쳐있고, 그러므로 단단함과 힘이 서로 분리될 수 없으며 또 각각 돌과 분리되지 않는 것은 물론이고, 돌도 힘 혹은 단단함 없이는 존재할 수 없다고 보았다.

여기에서 "영역이 완전히 겹치는 것[相盈]"은 《묵경》의 정의에 의하면 "견백堅白"과 같은 합성어처럼 모든 부분이 단단하고 모든 부분이 희어서 영역이 완전히 일치할 때를 말한다.[81] 반면 "우마牛馬"와 같은 형태의 합성어는 '소'인 성질과 '말'인 성질이 서로 완전히 뒤섞이는 것이 아니라 우마 중 일부는 소인 부분도 있고 말인 부분도 있다는 점에서 견백 형태의 결합과 구분된다. "흰 말"과 같은 합성어는 모든 부분이 희고 모든 부분이 말이니 영역이 완전히 겹치는 관계, "우마"의 경우는 서로 영역이 다른 관계다. 이렇게 보았을 때 "희고 단단한 돌" 또한 영역이 완전히 겹치는 관계의 합성어인데, 산산조각을 내어도 모든 부분이 단단하고, 모든 부분이 희며, 모든 부분이 돌이기 때문이다. 적어도 물리적인 영역에서 그 세 가지 요소는 서로 일치하지 않는 부분이 하나도 없다.

이와 같이 이 세 가지 요소 중 어느 하나도 분리되어 존재할 수 없다는 것이 질문자의 주장이다. 이러한 질문자의 입장은 공손룡의 주장과도 상반되지만, 그렇다고 서양철학과 유사하게 단단하거나 희다는 '속성'은 돌이 없이 존재할 수 없지만 돌은 '실체'이기 때문에 가능하다는 식의 구분을 하고 있는 것도 아니다. 다시 말해 질문자에 의하면 단단함도 돌 없이 존재할 수 없고, 돌도 단단함과 힘 없이 그 자체로 존재할 수는 없다. 그러므로 질문자는 〈백마론〉에서도 힘 없는 말 또한 존재할 수 없다고 주장하였다.

그러나 공손룡은 단단함이나 힘, 혹은 돌이 서로 분리되어 있을 수 있는가에 대해서는 별다른 대답을 하지 않는다. 질문자에게 동

의하지 않는 것은 물론, 반대의 견해 역시 펼치지 않는다. 그는 그
저 그들이 서로 분리되는 순간이 있음을, 그러니까 함께하기 이전
의 상태가 있음을 거듭 설명할 따름이다.

> 단단함은 돌과 함께하기 이전[未與]에도 단단함이고, 사물 중 어
> 느 것과 함께하기 이전[未與]에도 단단함이니, 단단함은 반드시
> 단단하다. 돌이나 사물을 단단하게 하고 있지 않을 때에도 단단
> 하니, 천하에 단단한 성질을 가진 것이 없을 때에도 단단함은
> [있지만] 숨어있는 것이다.[82]

돌과 함께하는 상태의 단단함은 손으로 만질 수 있는 것이지만, 돌 혹은 돌이 아니라 그 어떤 사물과 함께하기 이전의 단단함도 "반드시 단단하다"고 공손룡은 말한다. 여기에서의 여與는 〈백마론〉에서와 마찬가지로 사물이 성질과 함께하는 것을 표현한다. 사물과 함께하기 이후의 성질이 있고, 함께하기 이전의 성질도 있다는 것이다. 〈백마론〉에서 "함께하기 이전" 상태의 흼과 말이 합쳐져서 흰 말이 되었다고 설명하면서 분리된 상태가 우선적이었음을 암시했듯이, 〈견백론〉에서도 단단함, 흼, 그리고 돌은 함께하기 이전의 상태가 우선적이며, 그 이후에 결합이 왔다는 것을 알리고 있다. 그 과정에서 명시적으로 그 차이를 밝혀 드러내고 있지는 않지만, 돌 혹은 다른 사물과 함께하기 이전의 단단함, 그리고 사물과 함께하여 단단하고 흰 돌인 상태일 때의 단단함이라는 두 가지의 단단함이 있음이 간접적으로 드러난다.

〈견백론〉의 논변은 "흰 돌" 혹은 "단단한 돌"이라는 그때그때 감각되는 두 가지 요소에 초점이 맞추어져 있는 듯하지만, 실제로 공손룡은 감각되지 않고 있는 나머지 요소에 대해 이야기하고 싶어 한 것이다. 시각적으로 흰 돌을 바라보고 있을 때, "단단함"은 어디에 있는가? 눈을 감고 손으로만 단단한 돌을 만지고 있을 때, "흼"은 어디에 있는가? 인간에게 감각되지 않는 순간의 사물과 성질은 어디에 있는가? 그리고 인간은 감각 이외의 어떤 기능으로 그들이 사라지지 않고 지속되고 있다는 것을 아는가? 이런 것들이 〈견백론〉을 통해 제기되는 질문이다. 〈백마론〉이 흼과 함께하기 이전의 말 그 자체에 대해, 〈지물론〉은 외부사물과 함께하기 이전의 "가리킴"이라는 기능에 대해 설명한 것이라면, 〈견백론〉은 어느 사물과도 함께하지 않은 단단함이 어떤 것인가를 설명하는 것을 목적으로 논의를 진행하고 있다.

전반부의 논변에서 말은 흰 말과 같이 특정 색에 한정된 말과 그렇지 않은 일반적인 말이 있고, 一은 완전히 독립적인 一이 있고 二의 한 획인 一이 있지만, 이렇게 두 가지 의미 중에서는 하나만이 제대로 된 의미로 사용된 용법이라는 주장이 담겨있었다. 흰 말이 있을 때 '말이 있다'고 할 수 있는 것은 '흼을 분리하고 말하는' 관습적인 언어 사용의 한 형태일 뿐, 엄밀히 말하면 이는 잘못된 명칭이라는 것이다.

이와 마찬가지로 공손룡은 〈견백론〉에서도 감각에서 분리된 단단함, 혹은 사물에서 분리된 단단함만이 진정한 것이라고 주장한다. 〈견백론〉에서는 돌에 깃들어 있는 단단함도 단단함이라고 부른다는 말로 단단함의 중의성에 대해 언급하거나, 혹은 돌에 깃든 단단함은 단단함 그 자체와는 다르다는 설명이 나오지는 않지만 문맥상 유추가 가능하다. 다른 것과 함께하기 이전 상태인 단단함 혹은 힘이야말로 필연적으로 항상 그 단단함 혹은 힘이라는 자신의 성질을 가지고 있으며, 이것이야말로 항상 올바르게 인식될 수 있는 것임을 밝히고 있기 때문이다.

> 단단함은 돌과 함께하기 이전[未與]에도 단단함이고, 사물 중 어느 것과 함께하기 이전[未與]에도 단단함이니, 단단함은 반드시 단단하다. 돌이나 사물을 단단하게 하고 있지 않을 때에도 단단하니, 천하에 단단함 같은 것이 없을 때에도 단단함은 [있지만] 숨어있는 것이다. 힘이 본래 그 자체로 희지 못하다면[白固不能自白], 어떻게 돌이나 사물을 희게 할 수 있겠는가? 힘이라는 것이 반드시 희다면 사물을 희게 하지 않아도 흴 것이다.[83]

위의 설명에서 보면, 다른 것과 함께하기 이전 상태일 때의 단단함은 감각될 수 있는 것이 아니기 때문에 숨어있는[藏] 상태지만, 그렇다고 단단하다는 성질을 잃은 것은 아니다. 오히려 그 자체가 단단하거나 희다는 성질을 가지고 있기 때문에 다른 사물을 단단하거나 희게 만들 수 있는 것으로, 세상 모든 단단한 사물의 단단함의 근원이라고 할 수 있다. 단단함 그 자체는 다른 사물에 의존해서 그 단단한 성격을 가질 수 있게 된 것이 아니며, 그 자체가 단단하기 때문에 다른 모든 사물을 단단하게 할 수 있는 잠재성을 갖는다.

공손룡은 같은 이름으로 부를 수 있는 두 가지의 상태 중 아직 다른 사물과 함께하기 이전, 혹은 숨어있거나[藏] 분리된[離] 그 자체[自]의 상태였을 때부터 해당 성질을 가지고 있었다고 한다. 자自는 분리된 것이 다른 사물과 함께하기 이전의 상태가 함께하는 상태보다 시간상, 논리상으로 선행하며, 그러므로 함께하는 상태의 성질을 결정할 수 있음을 표현하고 있다. 위의 인용문 중 이 문장에 조금 더 초점을 맞춰서 살펴보도록 하자.

> 힘이 본래 그 자체로 희지 못하다면[白固不能自白], 어떻게 돌이나 사물을 희게 할 수 있겠는가?

흰 돌이나 흰 사물, 혹은 사물에 함께하는 가리킴이 있기 이전에, 원래[固] 그리고 그 자체로[自] 힘이나 가리킴이 있다는 것이다. 다른 모든 사물의 힘은 곧 분리된 상태의 힘 그 자체에 기반하여 흰 성질을 가질 수 있다는 것이다. 공손룡에게 이들은 수없이 많은 흰 사물을 본 결과 일반화하여 구분이 가능해진 '힘'이라는 개념이 아니라, 구체적인 사물의 힘보다 우선적으로 있는 것이며 그 자체로 독립적이고 온전할 수 있다고 설명한다.[84]

이 단락에서 공손룡은 다른 것과 함께하기 이전 상태일 때의 단단함이 진정한 단단함이고, 다른 사물과 결합되었을 때의 단단함은 그저 단단함이라고 불릴 따름임을 설명하고 있다. 중의성에 대한 직접적인 언급은 없지만 '단단하고 흰 돌의 요소는 두 가지'라는 궤변 또한 단단함, 힘 혹은 돌의 중의성에 기반하고 있음을 유추할 수 있다. "단단하고 흰 돌"에 들어있는 "단단함" 혹은 "힘"은 결합된 상태에서의 "단단함"이나 "힘"이다. 그중에는 분리되어 독립된 상태의 "단단함" 그 자체, 혹은 "힘" 그 자체는 없는 셈이다. 그러므로 二라는 글자에는 一획은 있으나 一이라는 독립된 글자는 없는 것과 마찬가지로, "희고 단단한 돌"에는 힘 그 자체도 없고, 단단함 그 자체도 없고, 돌 그 자체도 없다고 할 수 있다.

신神-감각 그 자체, 그리고 그 자체에 대한 감각

한편 그 자체[自]라는 개념을 사용한 논리 전개는 인간의 기능과 외부사물의 관계에서도 그대로 반복된다.

> 또한 가리킴이 본래 자체로 가리킴이 아니라면, 어찌 사물을 기다려 함께해야만 비로소 가리킴이 되겠는가?[85]

흰 돌이나 흰 사물 이전에 "힘 그 자체"가 있고, "힘 그 자체"가 있기 때문에 다른 흰 사물이 생긴 것과 마찬가지로, 다른 사물에 대한 가리킴 이전에 "가리킴 그 자체[自]"가 있다. 사물과 함께한 이후에야 가리킴이 된다고 한다면 가리킴은 특정 사물에 얽매인 한정적인 가리킴에 불과하므로 그 고유의 능력을 잃은 셈이 될 것이다.

공손룡에게 힘이란 수없이 많은 흰 사물을 본 결과 구분이 가능해진 개념이 아니라 다른 사물보다 우선적으로 있는 것이며, 이는 인간의 가리킴의 능력에 대해서도 동일하게 적용된다. 인간 내면 자질로서의 가리킴 그 자체는 외부의 어떤 사물과 만나기 전부터 우선하는 것이니, 사물과 결합한 이후의 접촉으로서의 가리킴과는 상관없이 그 자체로 독립적이고 온전할 수 있다.

공손룡에게 있어서 가리킴이란 외부사물을 바라보고 인지하며 반응하는 인간 감관의 일부다. 그렇게 볼 때, 가리킴뿐 아니라 시각, 촉각, 후각 등을 포함한 오감, 그리고 인지, 지각 등의 지적능력 또한 기능 그 자체와 특정 사물이나 사고를 경험하는 순간이라는 두 가지로 나눌 수 있게 되고, 공손룡은 그중 그 능력 자체가 우선적이며 고유한 것이라고 주장했다고 유추할 수 있다. 순자, 후기묵가 등 비슷한 시대를 산 사상가들이 지知, 성性, 견見 등 인간 내면과 외부사물이 만나는 과정을 묘사하는 다른 어휘 또한 유사하게 이중적으로 정의하는 것을 위에서 살펴보았고, 《순자》〈정명〉의 능能이나 위僞 같은 어휘도 이런 예시에 포함된다.

다시 말해 공손룡에 의하면 사물은 다른 요소가 섞이지 않은 그 자체의 상태가 고유의 모습이며, 또 이 사물을 인지하는 힘 또한 그 사물과 결합하지 않은 상태가 고유의 모습이다. 사물을 인지하는 기능은 특정 사물과 결합하며 변화하게 되고, 인지의 대상이 되는 사물 또한 "힘" 혹은 "단단함"과 같은 특정 요소와 결합하면서 변화하게 된다. 그렇다면 과연 사물 그 자체의 고유한 모습은 "힘" 혹은 "단단함" 등이 더해지지 않은 채 어떻게 인지 기능 그 자체에 의해 인지될 수 있는 것인가 하는 의문이 생긴다.

위에서 보았듯이 "단단하고 흰 돌"의 구성 요소가 세 가지가 아니고 두 가지인 이유는 시각적으로는 단단함이 확인되지 않고, 촉각적으로는 힘이 확인되지 않기 때문이다. 공손룡은 이 경우 한 번에 지각될 수 있는 것은 두 가지씩에 불과하다고 주장한다. 여기까지는 중의적인 어휘를 내세워 사물과 성질이 결합한 것과 결합하지 않은 것이 서로 다르지만 같은 이름으로 불리고 있음을 밝히려고 한다는 점에서 〈견백론〉이 담고 있는 내용은 〈백마론〉과 다른 점이 없어 보인다. 그러나 〈견백론〉은 사물과 성질의 결합에 대해서만 이야기하는 것은 아니다. 명시적으로 드러나는 〈견백론〉과 〈백마론〉의 차이는 〈견백론〉에서는 하나의 사물에 두 가지 성질의 결합을 논한다는 것인데, 그 두 가지 성질이 분리가 가능함을 증명하는 과정에서 각각 다른 감관에 의해 지각된다는 것이 근거로 작용하기 때문이다.

그러므로 [만져서] 알 수 있는 것과 알 수 없는 것은 서로 분리되어 있고, 볼 수 있는 것과 볼 수 없는 것은 서로 숨어있다.[86]

위 인용문에 의하면 촉각으로 알 수 있는 것과 촉각으로 알 수 없는 것, 시각으로 알 수 있는 것과 시각으로 알 수 없는 것은 서로 분리되어 있다. 이는 "단단하고 흰 돌"의 관계에서 일차적으로 힘과 단단함이 분리되어 있음을 말한다. 그렇지만 과연 〈견백론〉에서 '만져서 알 수 없는 것'과 '볼 수 없는 것'은 각각 힘과 단단함뿐인가? 위에서 밝혔듯이 〈견백론〉은 마치 '흰 돌' 혹은 '단단한 돌'이 두 가지 요소를 가지고 있다는 것이 논의의 쟁점인 양 궤변을 시작하지만, 공손룡이 실제로 집중하고 있는 것은 각 감각경험에서 감각되지 않는 나머지 하나의 요소는 어떤 상태인가 하는 데에 있다. 그리고 그 '분리된' 상태의 힘 혹은 단단함은 희지만 시각적으로 감각되지 않고, 단단하지만 촉각적으로 감각되지 않는 것이다.

위에서 공손룡은 세상 다른 어떤 사물과 함께하기 이전의 단단함도 단단함이며, 세상에 단단한 성질의 사물이 하나도 없을 때에도 그렇다고 단단함 그 자체가 없어지는 것은 아니라고 설명했다.[87] 단단함은 사물과 함께하기 전의 상태에서는 촉각으로 감각되지 않으며, 어떤 사물에 함께한 단단함일 때만 만져서 확인할 수 있는 것이기 때문에, 위의 주장은 곧 단단함은 촉각적으로 확인되기 이전에도 단단함이었다는 말이 된다. 그렇다면 '촉각으로 알 수 없는 것'에는 돌 혹은 다른 어떤 사물과 함께하기 이전의 단단함도 포함된다. 같은 논리에 의해서 '시각으로 알 수 없는 것'에는 단단함뿐 아니라 돌 혹은 다른 사물과 함께하기 이전의 힘도 포함되는 것이다.

그러므로 〈견백론〉에서 말하는 분리되고 숨어있는 것은 힘과 단단함의 분리, 또 돌과 힘 혹은 돌과 단단함의 분리이기도 하지만, 동시에 시각과 힘, 촉각과 단단함의 분리이기도 하다. 성질과 성질, 사물과 성질이 분리되고, 감관과 대상도 분리되는 것이다. 실제로 "단단하고 흰 돌" 논변은 돌에서 분리되어 있는 단단함, 즉 사물에서 분리된 성질에 대한 질문보다 돌을 만졌을 때, 즉 시각적으로 인지되지 않았을 때의 힘 혹은 돌을 보았을 때, 즉 촉각적으로 인지되지 않았을 때의 단단함에 대한 질문에서 시작되었다. 손으로 확인하고 있지 않을 때, 촉각의 대상이 되지 않을 때의 단단함은 여전히 돌에 종속되어 있는 것인지 아니면 분리되어 있을 수 있는지에 대한 공손룡과 질문자의 논쟁에서, 다른 성질이나 사물과 분리된 성질에 대한 논의로 넘어가고 있기 때문이다.

> 이는 희다는 성질은 눈으로 보고 불빛으로 보지만 불빛이 무언가를 볼 수 없는 것과 같다. 그러므로 불빛과 눈이 함께하여 보는 것이 아니라 신명으로 보는 것이다. 신명은 [아무 것이나] 보는 것이 아니라 분리된 것을 본다.[88]

> 분리된 것은 사실에 근거한다. 촉각이나 시각으로 얻은 결과는 사실에 근거하지 않는다.[89]

> 이것을 일러 분리되었다고 한다. 분리된 것이 세상을 채우니, 홀로 있으며 올바르다.[90]

위의 인용문을 통해서 공손룡은 촉각만을 통해 돌을 지각했을 때 힘이 파악이 안 되고 시각만을 사용해서 돌을 지각했을 때 단단함이 파악이 안 되는 것이 문제가 아니라 눈, 즉 시각을 갖추고도 희다는 성질을 파악하는 것에는 한계가 있다고 지적한다. 불빛과 시각이 갖추어지면 대상을 파악할 수 있을 것 같지만 불빛으로 대상을 보는 것은 아니다. 그렇지만 또 불빛이 없다면 시각만으로 대상을 볼 수도 없다. 그렇다면 빛도 눈도 정확한 감각을 보장할 수는 없다는 것이다.

공손룡에 의하면, 감관을 떠나 있는 인지 능력 즉 신명[神]으로만 이 제한적인 오감을 넘어선 올바른 대상의 파악이 가능하다. 그리고 옳은 상태에 근거하고 있는 이 올바른 대상이란 분리된 단단함, 분리된 흼, 분리된 돌을 파악하는 것이지, 여러 가지 성질이 함께한 상태의 불완전한 모습을 불완전한 오감으로 지각하는 것은 아니다.

〈견백론〉에서 공손룡은 우선 오감에 기반하여 사물을 파악하려는 시도는 결국 제한적임을 설명한다. 시각에 의해서는 단단함이 파악되지 않고, 촉각에 의해서는 힘이 파악되지 않기 때문에, 감관의 경험만을 믿자면 눈으로 보고 있지 않을 때, 혹은 손으로 만지고 있지 않을 때 그 사물이 여전히 존재하고 있는지, 여전히 그대로의 성질을 가지고 있는지 의문을 해결할 수 없다. 갓난 아기는 엄마가 손바닥 뒤로 얼굴을 숨기면 엄마가 사라졌다고 생각하지만, 일곱살만 되어도 더 이상 속지 않는다. 그렇다면 인간은 어떻게 눈으로 사물을 보고 있지 않을 때에도 방금 본 그 사물이 그 자리에 그대로 있으며, 그 성질을 그대로 가지고 있다는 것을 알 수 있는가? 그것은 결국 오감을 통해 받아들인 정보를 해석하고 저장하여 오감이 전달하지 않은 것까지도 유추할 수 있는 또 다른 능력이 있기 때문이다.

비록 〈견백론〉에서 가리킴을 다시 논하고 있는 것은 아니지만, 현재 대상을 보고 있지 않아도 여전히 그것이 희다는 것을 알 수 있는 오히려 눈으로 대상을 직접 보는 것보다 더 정확한 정보를 전달할 수 있는 신명이란, 김철신처럼 "신神이 곧 가리킴의 기관"이라고 해석을 끌고 가지 않더라도 외부사물의 자극을 받아들여 해석하는 인간 내면의 기능이라는 점에서 지指·물物의 관계와 함께 묶어서 이해할 수 있다.[91]

그리고 신명은 사물이나 다른 성질에서 분리되어 있으며, 또한 인간의 감관에서도 분리된 상태의 것을 파악하는 기능이고, 사물에 대한 정보를 정확하게 처리할 수 있는 것이다. 다시 말해 신명, 그리고 분리된 존재는 인간의 감관으로부터 그리고 동시에 사물로부터도 분리되어 있는 것이 곧 있는 그대로의 사실을 보장한다는 주장의 매개로 사용된다. 분리된 것이 "홀로 있으며 올바르다"는 위의 인용문처럼 공손룡에게 있어서 기타 요소와 결합하지 않은 그 자체의 사물은 곧 명실 관계의 옳고 그름[是非]뿐 아니라 올바름[正]으로까지 이어진다.

정正 – 아무 것도 섞이지 않은 것의 올바름

〈견백론〉에서 공손룡은 전반부에서 논의한 사물과 성질의 결합, 그리고 인간의 기능과 외부사물의 결합이 왜 중의성, 함께하기, 달라짐 등의 동일한 개념을 중심으로 전개되는지 '분리'의 개념을 통해 설명했다. 그렇다면 一과 一이 함께하여 二가 되는 것도 사물과 성질 혹은 내면과 외부라는 관계와 하나로 묶일 수 있는 것인가? 〈통변론〉을 통해 공손룡은 이 관계 또한 같은 어휘와 패턴을 사용해 설명하고 있지만, 그저 획과 획이 더해져서 새로운 개념이나 글자를 만드는 것에서 끝나는 것이 아니라 이를 확장하여 소와 양, 푸른색과 흰색, 더 나아가서는 군주와 신하가 서로 함께하며 새로운 것을 만드는 내용을 다루며 논의를 확대한다. 〈백마론〉과 〈견백론〉, 〈지물론〉 등 위에서 다룬 논변이 모두 서로 상이한 것들, 즉 사물과 이를 제한하는 성질[들], 그리고 외부사물과 이에 반응하는 인간 내면 등이 서로 함께하는 방식을 다루었다면, 〈통변론〉에서는 사물과 사물, 성질과 성질, 인간과 인간 등 서로 동일한 것이 함께할 때의 경우에 대해 변론을 계속 바꾸어가며 주장을 전개한다. 말 그대로 '모든 변화를 관통하는 논의'인 것이다.

위에서 좌우, 혹은 一획들의 합에 대한 논의를 한 〈통변론〉 전반부 이후, 〈통변론〉의 후반부는 다시 두 개의 논변으로 나뉜다. 《공손룡자》의 모든 내용이 하나같이 놀랍기 짝이 없지만, 〈통변론〉 후반부는 그중에서도 가장 이해하기 힘든 주장을 다루고 있다. "양과 소의 합은 말도 아니고 닭도 아니다"라는 논변과 〈통변론〉3은 "푸른색에 흰색을 섞으면 노란색도 아니고 옥색도 아니다"라는 내용을 다루면서, 푸른색과 흰색의 합은 군신관계에 대한 비유로까지 연결하는 것이다.(앞에서 一과 二에 대한 논변을 〈통변론〉1이라고 불렀으니, 양과 소에 대한 논변은 〈통변론〉2, 푸른색과 흰색, 그리고 이를 비유로 확장하는 군신관계에 대한 논변은 〈통변론〉3이라고 부르도록 한다.) 전반부의 〈백마론〉이나 〈견백론〉 등에서는 사물과 성질이 함께하는 관계를 다루었기 때문에, 사물은 특정 성질에 의해 한정되고, 성질 또한 특정 사물에 고정되면서 한정되는 관계를 설명했다. 여기까지는 비록 조금은 생소한 내용이지만 상상력을 발휘하면 그 결합의 양상을 유추할 수 있는 정도다. 그렇지만 "양과 소를 더하면 말인가 닭인가?"라는 질문은 애초에 질문의 의도조차 파악하기가 어렵다.

이렇게 볼 때 〈통변론〉의 전반부와 후반부는 서로 연결된 내용이 아닌 듯 보이므로, 그레이엄이 이 둘을 분리하여 전반부만 해석에 포함시키고 후반부는 위작으로 판단한 것도 그럴만 하다 싶다.[92] 그러나 제목 "통변通變"이 담고 있는 "변화를 꿰뚫는다"는 의미 그대로, 이 편은 여러 가지 종류의 변화를 모두 하나의 논리로 관통하여 다룬다는 데에 의의가 있다. 그리고 그 모든 종류의 변화를 관통하는 논리가 무엇인지는 一과 二에 관한 내용인 〈통변론〉1과 소와 양에 대한 논변을 다루는 〈통변론〉2에서 다음과 같은 동일한 패턴이 발견되는 데서 확인할 수 있다.

〈통변론〉1	〈통변론〉2
위 획을 二라고 할 수 있나? 없다	양은 二가 아니고
아래 획을 二라고 할 수 있나? 없다.	소도 二가 아니고
위 획과 아래 획이 함께하면 二라고 할 수 있나? 그렇다.	양우는 二다.
변한 것은 변하지 않은 것이 아니라고 할 수 있나? 그렇다.	그러므로 양과 소의 합은 말이 아니다.[93]

위 획과 아래 획에 대한 논리와 양과 소에 대한 논리는 정확히 대칭적으로 전개된다. 위 획과 아래 획이라는 단어 대신 양과 소를 대입한 꼴이다. 양은 二가 아니라는 명제는 그 자체로는 무슨 의미인지 전혀 이해할 수 없지만, 같은 문장에 단어만 다르게 넣어 양우를 위 획과 아래 획에 빗대어 주장을 펴고 있음을 파악하면 의미에 가까이 갈 수 있다.

위 획이 二가 아니라는 명제는 二의 위 획인 一과 그 전체인 二는 서로 다르다는 뜻임을 위에서 보았다. 一은 다른 획과 함께하며 다른 더 큰 덩어리를 이루지 않은 그 자체로 독립되어 의미를 갖는 것이다. 양 또한 그렇다. 양은 다른 무엇과 결합하거나 다른 사물 혹은 성질에 의해 한정되지 않은 그 자체로 의미를 갖는 것이다. 소도 마찬가지다. 그런 의미에서 소와 양 그리고 우 획과 좌 획은 모두 동일하다. 그들은 아무 것과도 섞이거나 제한되지 않기 때문이다.

그러나 양우羊牛는 다르다. 소와 양이 더해진 합의 형태가 되었기 때문이다. 양우는 위와 아래 획의 一이 만나 二가 된 새로운 융합물과 같은 것으로 분류된다.[94] 그러므로 '변한 것은 변하지 않은 것이 아니'라서, 즉 양과 소의 합은 변한 것이므로 변하지 않은 말과는 다르다는 결론으로 이어지는 것이다.[95]

소와 양이 양우라는 단어로 묶이면서 실제로 무엇인가가 바뀌었는지는 상관없이 공손룡이 이런 주장을 하고 있다는 것이 중요하다. 아니, 어쩌면 실제로 변한 것이 없음에도 불구하고 공손룡은 무언가가 바뀌었다고 주장하고 있기 때문에 더욱 중요하다. 소는 소고 양은 양이라는 그 명칭이 지칭하는 대상은 변함이 없음에도 불구하고, 공손룡은 함께하는 대상이 정해진 것 그리고 함께하는 대상이 정해지지 않은 것은 서로 다르다고 지속적으로 주장하고 있기 때문이다.

흰 말도 말인가, 흰 말이 있다면 말이 있다고 할 수 있는가, 흰 말을 구하면 검은 말이 와도 되는가 등의 수많은 질문을 내려놓고, 말은 아무 것도 함께하지 않은 말 그 자체이기 때문에 변하지 않은 것이며, 흰 말은 말에 다른 조건이 더해져 한정되고 바뀌었기 때문에 둘은 다르다는 주장으로 받아들인다면, 사물과 사물이 함께하는 관계든 성질과 성질이 함께하는 관계든 결론이 무엇인가를 유추하기는 쉬워진다. 색상과 색상의 결합에 대한 논변을 펴는 〈통변론〉3으로 넘어가보자.

정색正色 – 아무 것도 섞이지 않은 색의 올바름

〈통변론〉3은 흰색과 푸른색이 함께하면 하늘색인가 노란색인가를 묻는다. 흰색과 푸른색도 있는 그대로의 색을 유지하고 있을 때와는 달리 서로 섞이게 되면 아무 다른 색이 섞여 들어가지 않은 정색인 노란색과는 다를 수밖에 없다.

> **질문자** 다른 것으로 논변해보자.
> **공손룡** 푸른색에 흰색이 함께 하면 노란색이 아니고, 흰색에 푸른색이 함께 하면 하늘색이 아니다.[96]

동양의 오원색인 검은색, 흰색, 붉은색, 노란색, 푸른색에 들어가는 푸른색과 흰색은 각각 분리된 다른 색의 영향을 받지 않은 색들이다. 그러므로 이 둘이 함께한다는 것은 一획과 一획이 함께하고, 소와 양이 함께하는 것과 다르지 않은, 독립적인 두 개의 개체가 함께하는 것을 비유한 것이다. 여태까지 공손룡의 패턴을 보면 원색인 푸른색과 흰색의 합이 또 다른 원색, 즉 다른 색과 함께하지 않은 상태의 노란색과 다르다고 한 것은 그저 변한 것은 변하지 않은 것과는 다르다는 원칙에 충실했을 따름인 당연한 답이다.

그러나 여기에서 문제는, 실제로 푸른색과 흰색을 섞으면 나오는 결과물인 하늘색[碧]은 원색이 아닌 간색임에도 불구하고, 공손룡은 파란색과 흰색을 섞어도 하늘색이 나오지 않는다고 주장했다는 점이다. 옥색 혹은 하늘색은 간색으로, 이미 색이 섞인 '바뀐' 색이며, 공손룡의 표현을 빌자면 융합물인 二에 속한다. 그렇다면 흰색과 파란색의 합이 하늘색이 아닌 이유는 무엇인가? 공손룡은 이전의 패턴에서 벗어나 이번에는 오행五行의 원칙을 근거로 끌고 들어오면서 나라의 군신관계로까지 〈통변론〉의 논리를 적용한다.

오행은 적색·황색·청색·백색·흑색의 다섯 색과 동서남북·중앙의 다섯 방향, 또 화·수·목·금·토의 다섯 요소 등을 연결하여 상생관계의 좋고 나쁨을 따지는 믿음이다.[97] 오행에 의하면 금속을 상징하는 흰색은 동쪽, 나무를 상징하는 푸른색은 서쪽, 그리고 흙을 상징하는 노란색은 정 가운데에 위치한다. 오행에서는 각각의 자리와 역할이 정해져 있기 때문에, 서로 돕거나 해할 수 있는 요

소를 따져 피하거나 가까이해야 하며, 영향을 미칠 수 있는 영역이
나 힘의 정도 또한 이미 확정되어 있다.

흰색과 푸른색이 서로 함께하지 않아야 하는데도 함께할 수 있
는 것은 반대 자리에서 마주하고 있기 때문이다. 서로 이웃하지
않으면서도 이웃할 수 있는 것은 각각 정해진 제 자리를 침범하
지 않기 때문이다. 제 자리를 침범하지 않는다는 것은 서로 반
대 자리에서 마주하면서 각자 자신의 자리에 맞는 것이 위 획과
아래 획의 경우처럼 섞이지 않기 때문이다.[98]

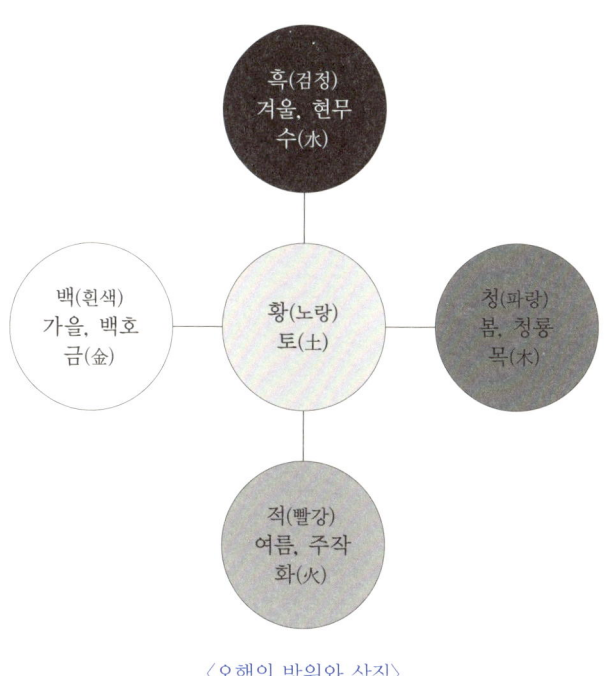

〈오행의 방위와 상징〉

오방에서 백과 청은 좌와 우, 혹은 동과 서를 차지하고, 황을 가운데에 두고 서로 마주하는 반대 자리에 있다. 그러므로 그들은 서로 같이 있는 것 같지만 그렇다고 아예 맞붙어있는 것도 아니고, 서로 섞일 일도 없다. 각자의 방위에서 각자의 자리를 차지하고 제 역할을 하되, 서로 영역을 침범하거나 영향력을 미치거나 역할을 나누지 않는다. 공손룡의 입장에서 백과 청의 관계는 이상적인 것이다. 흰 말 혹은 검은 말 등으로 한정되지 않은 말 그 자체, 인간의 감각이나 특정 사물에 한정되지 않고 분리되어 독립된 힘 그 자체와도 같이, 가까이 있으므로 함께하는 것 같지만 섞이지 않았으므로 서로 분리되어 있고, 자신의 자리를 지키고 있는 것이다.

그러나 공손룡이 우주의 모든 사물이 실제로 오행의 원칙에 맞추어서 운행된다고 여긴 것은 아니다. 원칙은 지켜져야만 하는 당위일 뿐, 실제로는 그렇지 않은 경우도 있다는 것을 공손룡은 인지하고 있었다. 그렇다면 오행에서 말한 것과 실제 힘의 크기나 영향이 다르게 되면 어떻게 되는가? 자연에서 실제로 벌어지는 일이 어떤가와는 상관없이 각자의 자리를 지키지 않고 서로 뒤섞여버린 것은 '옳지 않은' 것으로 치부된다.

> 그러나 또한 푸른색이 흰색에 섞여 있는데도 흰색이 그 기운을 이기지 않는다. 흰색이 충분히 이길 수 있는데도 이기지 않으면, 이는 나무가 금속을 상하게 하는 꼴이다. 나무가 금속을 상하게 하면 하늘색이 되니, 하늘색은 올바른 예증[正擧]이 아니다.[99]

금속은 도끼나 쟁기 따위로 만들어 초목을 벨 수 있으므로, 오행에 의하면 흰색은 곧 푸른색을 이기고 다스리기에 충분한 힘을 가지고 있으며, 그것이 곧 마땅한 자연의 이치다. 그러므로 흰색과 푸른색이 섞이게 되면 흰색이 푸른색의 기운을 완전히 이겨서 푸른색이 조금도 색을 드러낼 수 없어야 한다. 만약 조금이라도 푸른색이 나타날 경우, 이는 '나무가 금속을 상하게 하는', 즉 맡은 자리에 어긋나고 오행의 원칙에 어긋나므로 자연과 인간의 섭리를 어기는 일이다. 공손룡은 이를 '올바른 예증'이 아니라고 표현하고 있다.

색이 뒤섞여 푸른색과 흰색이 모두 나타난 하늘색은 오행 원칙이 세상에서 어떻게 운행되는가에 대한 올바른 예증[正擧]이 아니지만, 다른 색이 섞이지 않았고 오방의 한 가운데에 있는 노란색이라면 올바른 예증이 될 수 있다. 그러므로 공손룡은 푸른색과 흰색이 섞인다면 노란색이 되는 것이 차라리 낫다고 한다.

> 푸른색과 흰색은 서로 함께하지 않아야 하는데 함께하는 색이라, 서로 기운을 이기지 못하면 둘 모두 빛을 드러낸다. 싸워서 빛을 내니 그 색이 하늘색이 된다. 하늘색이 되느니 노란색이 낫다. 노란색은 말과 같으니 [푸른색이나 흰색과 정색이라는 점에서] 같은 류이고, 하늘색은 닭과 같으니 서로 해친다. 서로 해친다면 임금과 신하가 싸워 둘 모두가 빛을 드러내려고 하는 것과 같다.[100]

그러므로 온전히 푸른색이 될 수도 없고 온전히 흰색이 될 수도 없는데, 어찌 노란색이 끼어들 수 있겠는가? 노란색은 정색正色이고, 올바른 예증이다. [올바른 예증이란] 나라에 있어서 임금과 신하가 [제자리에] 있는 것에 해당하니, 그러므로 강대하고 오래갈 것이다.[101]

푸른색과 흰색을 섞으면 푸른색과 흰색의 결합에서 나올 수 있는 어떤 색이 되는 것이 상식적으로 옳다. 온전히 푸른색이 될 수 없는 이유는 푸른색은 초목의 색이라 금속의 색인 흰색을 이길 수 없기 때문이고, 온전히 흰색이 되는 것이 오행 원칙에는 맞겠으나 현실적으로는 그렇지 못했다. 흰색도 푸른색도 될 수 없는 상황에서 공손룡이 생각한 선택지는 실제로 두 색을 섞을 때 나오는 간색인 하늘색과, 오방 상에서 둘 사이에 있는 색인 노란색이다. 공손룡은 현실적인 색의 조합인 하늘색보다 노란색이 더 '낫다'고 한다. 그리고는 "어찌 노란색인가?"라고 자문하고는 올바름[正]의 개념을 다시 꺼낸다.

노란색과 하늘색의 차이는, 노란색은 다른 색이 함께하여 섞이지 않은 원색, 즉 정색이라는 점이다. 비록 푸른색과 흰색을 섞어서 나올 수 있는 실제의 색과는 거리가 멀지만, 푸른색과 흰색과 마찬가지로 다른 색이 섞이지 않은 색이라는 점에서 서로 같은 류이고, 그러므로 공손룡은 노란색을 적절한 대안으로 선택한다. 푸른색, 흰색과 노란색은 다른 색이 함께하지 않은 상태며, 그러므로 원래의 상태에서 변하지 않았다는 점에서 유사성을 가지며, 공손룡에게는 변화 여부의 유사성이 색상의 유사성보다 더 우선적인 판단 기준이 되는 것이다.

〈통변론〉을 통해 공손룡은 변한 것과 변하지 않은 것은 서로 다름을 논해왔다. 一은 二가 아니며, 양우는 말이 아니다. 그럼에도 불구하고 푸른색과 흰색은 서로 함께하는 상태가 되어서도 실은 서로 함께하지 않으며, 함께하는 듯 함께하지 않은 상태로 노란색이라는 함께하지 않은 상태를 유지할 수 있다는 말인가?

  공손룡이 지금까지 다뤄온 논변을 관통하여 주장해온 것은 곧 말[馬], 가리킴, 단단함 등의 이름은 무언가가 함께하는 상태, 그리고 아무 것도 함께하지 않은 상태로 구분할 수 있고, 그중 아무 것도 함께하지 않은 상태가 곧 고유의 상태이며, 그것이야말로 해당하는 이름의 진정한 지칭대상이라는 점이다. 그러나 청색과 백색의 결합에 대해서는 이름에 해당하는 실재의 색이 맞는 것이든 맞지 않는 것이든 상관없이 '변하지 않은 것'은 어느 상황에서나 올바르며 우월하다고 주장하는 셈이다. 이렇게 흰 말, 사물에 대한 가리킴, 一과 二의 관계로 이어진 유비는 청색·백색의 관계에서 깨지게 된다. 이전의 관계에서는 등장하지 않은 결합물을 대체할 노랑의 존재가 논의에 끼기 때문이다. 그리고 공손룡은 이를 색의 문제에서 멈추는 것이 아니라 군신관계까지 비유로 들어 이 주장을 적용한다.

정거正擧 - 각자의 자리를 지키는 군주와 신하의 올바름

청색과 백색이 서로 색을 드러내어 하늘색을 만드는 것은 군주와 신하가 서로 권력싸움을 하며 자신의 자리에서 벗어나고 서로 해치는 셈이다. 사희심謝希深은 백색은 군주의 도, 청색은 신하의 도로,

청색이 백색에 섞이는 것은 권신이 명령을 마음대로 다루어 군주의 도를 어지럽히는 것으로 이해한다.[102] 반대로 노란색처럼 아무 것도 섞이지 않은 정색이 자리에 있는 것은 나라에 임금과 신하가 각자 자기 자리를 차지하고 있는 것과 같아서, 강대하면서도 오래 갈 수 있다. 노란색은 군주와 신하의 상징인 청색과 백색이 섞여서 나올 수 있는 색이 아니다. 노란색은 군주도 신하도 아닌 새로운 세력임에도 불구하고, 색이 섞이지 않았다는 공통점, 즉 자신의 자리에서 제 역할을 하고 있으며 다른 지위와 권력을 나누지 않았다는 점에서 새로운 대안이 될 수 있다는 것이다. 이러한 극단적인 주장이 갖는 실질적인 함의는 추후에 더 논의하도록 하겠다.

군주와 신하가 아닌 제3의 대안이 차라리 낫다고 여길 정도로 공손룡은 제 자리, 제 역할을 다 하고 다른 것과 결합하거나 한정되거나 변하지 않는 것이 적합성의 가장 중요한 기준임을 밝히고 있다. 마치 오염되어서는 안 될 순수성처럼 '변하지 않은' 것은 그 자체로 가치가 있다고 여기는 것이다. 그리고 이러한 오염의 여부는 모두 '올바름'으로 연결된다.

> 둘 모두가 빛을 내려고 하면 오히려 어두워지고 빛이 나지 않으니, 올바른 예증이 아니다. 올바른 예증이 아니라는 것은 명실이 맞지 않는 것이니, 섞인 색이 빛을 보이고, 그래서 '둘 모두가 빛을 드러낸다[兩明]'고 한다. 둘 모두가 빛을 드러내면 도가 상하니, 올바르게 할 방법이 없어진다.[103]

둘 모두가 빛을 드러내는 것, 즉 섞인 두 요소가 모두 영향력을 나타내면 도를 해치며, 그러므로 올바르지 않다. 공손룡은 우선 올바른 예증이 아니라는 것은 명과 실이 서로 맞지 않는 것을 말한다고 설명한다. 하나의 이름이 하나의 실재를 지칭하지 않는 것, 소라는 이름으로 말을 지칭하고 말이라는 이름으로 소를 지칭하는 상황은 곧 '올바른 예증이 아니'라는 것이다. 위에서 명제에 걸맞은 실물의 예시를 들어 근거를 제시하는 것을 '예증'이라고 해석했기 때문에, '소'라고 말해놓고 '말'을 예증으로 든다면 명제(이 경우는 명칭)가 뒷받침되지 못하며, 그러므로 올바른 예증이라고 할 수 없는 것이 명확하다. 이 경우라면, 힘은 곧 흰색 그 자체만을 지칭하고, 파랑은 곧 푸른색 그 자체만을 지칭하고, 군신관계로 말하면 군주는 오롯한 군주 그 자신만을 말하고 신하는 온전히 자신의 역할만을 하는 신하를 말해야 하는, 그런 것이 곧 명실 관계의 올바른 예증이 될 것이다.

그러나 공손룡은 그저 명과 실의 관계만으로 올바른 예증을 설명하지 않고, '둘 모두가 빛을 내려고 하는', 즉 영향력이 뒤섞여있는 하늘색의 상태는 그 자체로 올바른 예증이 아닌 것으로 치부한다. 그렇다면 '하늘색'에 올바른 명·실 관계가 적용되는 경우는 어떤가? 예를 들면 하늘색을 하늘색이라고 부르면 올바른 예증이 성립되어야 하는 것 아닌가? 아니면 군신이 서로 영향을 주고받으며 가르침을 주고받고 유연한 역할구도를 통해 오히려 나라를 안정시키는 결과를 이룰 수 있다면 어떠한가? 공자나 맹자, 순자와 같은 유학자라면 신하가 군주를 가르치거나 이끌 수 있도록 겸양의 미덕을 갖춘 군주여야만이 나라를 올바르게 이끌 수 있다고 주장할 수도 있다.

문제는 공손룡이 이렇게 서로 함께하는 상태의 올바름을 인정하지 않는다는 점이다. 공손룡에게 있어서 올바름이란 곧 두 가지 요소가 서로 섞여서 두 가지 성질이 모두 드러나지 않는 것, 함께하여 변하지 않은 분리되어 온전한 것이어야 한다. 두 획이 결합되어 형성된 二라는 글자에 들어있는 하나의 획인 一과, 아무 것과도 결합하지 않은 채 독립되어 있는 글자 一 중, 진정 一이라고 할 수 있는 것은 독립된 글자라는 "二에는 一이 없다"는 논변에서 시작하여 공손룡은 결국 군신관계나 부자관계와 같이 두 사람이 맺는 인간관계에서 둘 모두 영향력을 발휘하려고 하는 것은 도를 해치며, 서로 각자의 자리에서 자신이 맡은 역할만을 하는 것만이 올바르다는 주장을 이끌어내는 것이다.

그러므로 〈통변론〉은 전반부와 후반부 모두 하나의 결합체의 부분들이 결합체를 이루기 전일 때의 상태에 대해, 획과 획의 합, 동물과 동물의 합, 색상과 색상의 합, 인간과 인간의 합까지 여러 예시를 들어 논하고 있다. 동일한 어휘와 논리구조를 사용하여 패턴을 반복하고 있는 듯 보이지만 끝에 가서는 그 동일한 패턴의 반복에서 벗어나 있는 '군신관계의 올바름'에 대한 주장으로 마무리를 짓는다.

一이라는 이름은 二에 속해있는 획이 아닌 분리되어 있는 一일 때에만 올바른 것이 듯, 군주는 군신관계에 얽매어 있는 군주가 아닌 분리되어 자신의 영역을 지키고 있는 때에만 올바른 것임을 주장한다. 그러나 푸른색도 흰색도 아닌 노란색의 존재를 얘기하듯이, 〈통변론〉을 통해서 공손룡은 군주도 신하도 아닌 새로운 존재 또한 올바른 자리[位]만을 지킨다면 대안이 될 수 있음을 제안한다.[104] 군신관계에서의 노란색은 스스로를 왕으로 칭하기 시작하여 새로운 계층을 만들어낸 제후국에 대한 비유일 수도, 기존의 통치국도 제후국도 아닌 새로운 천하통일 세력의 도래에 대한 비유일 수도 있다. 무엇이 되었든 공손룡은 이 비유를 통해 강력한 힘을 가진 자가 기존의 체제를 무너뜨리더라도 그것이 곧 올바름이 될 수 있는 이론적 가능성을 제시한다.

정명正名 – 이름에 해당하는 실재의 올바른 층위[位]

〈백마론〉에서 공손룡이 하려는 이야기는 말[馬]이라는 이름이 때로는 말이라는 종 자체를 칭하기도, 때로는 특정 성질에 의해 한정된 말의 일부 집단을 칭할 때 쓰이기도 한다는 것임을 위에서 살펴보았다. 또한 〈지물론〉에서는 사물과 함께하기 이전의 가리킴도, 또 사물과 함께한 가리킴도 가리킴임을 주장했다. 그렇다면 공손룡이 말하고자 하는 것은 말에도 여러 가지 의미가 있을 수 있으며, 가리킴 또한 적어도 두 가지 의미가 있다는 것에 그치는가? 만약 그렇다면 〈백마론〉, 〈지물론〉, 〈통변론〉 등에서 공손룡이 말하는 것은 〈명실론〉에서 드러나는 그의 일명일실론一名一實論과 모순된다고 볼 수 있다. 〈명실론〉에서는 하나의 이름에는 하나의 실재만이 상응할 수 있다고 주장하면서 나머지 논변에서는 하나의 단어를 두 가지 다른 의미로 사용하고, 단어의 두 가지 의미를 설명하고 있기 때문이다.

그러나 공손룡은 〈백마론〉을 통해서 비록 "말"이라는 단어가 흰 말을 부를 때도 쓰이고 말 전반을 부르는 데에도 사용되기는 하지만, 궁극적으로 흰 말은 말이 '아님'을 주장하고자 하는 것이다. 공손룡에게 있어서 진정한 마馬는 곧 아무런 조건에도 한정되지 않은 말 전반에만 해당될 수 있는 단어이고, 흰 말을 말이라고 부르는 것은 예외적인 경우임을 염두에 두어야 한다. 다음 문장을 살펴보면 공손룡은 그저 이러한 논변을 통해 단어의 중의성을 지적하는 데서 그치려고 한 것은 아님을 볼 수 있다.

흰 말이라는 것에서 말하는 흼은 장소가 고정된 흼을 말한다. 흼에 장소가 고정된 것은 흼 [그 자체]가 아니다.[105]

[흼을] 분리시키지 않으면 흰 말이 있는 것을 말이 있다고 할 수 없다. 그러므로 말이 있다고 할 수 있는 근거는 말이 있는 것만을 말이 있다고 할 수 있고 흰 말이 있으면 말이 있다고 할 수 없다.[106]

장소가 고정된, 즉 사물과 함께하는 흼과 사물에 함께하지 않은 흼은 그저 서로 다르다는 데 그치는 것이 아니다. 흼을 분리해서 말하고 있는 것이라는 조건을 더하지 않는다면 오직 말 그 자체만이 말이라는 단어로 지칭될 수 있다. 공손룡은 본인의 논변을 통해서 일상 언어에서 무의식적으로 사용하는 단어의 중의성을 드러내는데, 그렇다고 해서 그것이 올바른 언어생활임을 인정하는 것은 아니다. 그는 분명 아무 것도 함께하지 않은 것만이 정당한 이름의 주인임을 말하고 있다.

여기에서 한 가지 질문을 던져보자. "흰 말은 말이 아니다"라는 것이 공손룡의 일명일실론에 입각한 주장이라면 흰 말을 흰 말이라고 부르는 것으로 정명을 이룰 수 있는 것인가? 한 마리의 말은 동물이기도 하고 포유류이기도 하며, 말이기도 하고 색 있는 말이기도 하며, 같은 색의 말 중에서도 나이가 많고 적으며, 다리가 짧고 길며, 얼마나 빠르고 느린가 등등 수도 없이 많은 특징을 가지고 있을 것이기 때문에, 한 치의 오차도 없는 정명을 이루려면 모든 개체가 서로 다른 고유명사를 갖게 되는 수밖에는 없을 수도 있다. 그러나 공손룡은 흰 말을 흰 말이라 부르고, 단단하고 흰 돌은 단단하고 흰 돌이라고 부르는 옵션을 검토하지 않는 듯하다. 위의 세 가지 종류의 "함께하는" 관계에서 각각 올바름을 무엇으로 정의했는지 다시 되짚어보면서 "함께하는 것"의 올바름에 대해 공손룡은 무엇이라 말하는지, 혹은 무어라 말하기는 하는지 살펴보도록 하자.

분리된 말 그리고 함께하는 흰 말에 대한 논변, 분리된 단단함 그리고 함께하는 단단하고 흰 돌에 대한 논변에서는 사물·성질 관계에 대해 다루고 있다. 아무 것도 인지하지 않는 상태의 기능인 가리킴, 그리고 함께하는 사물에 대한 가리킴[物指], 그리고 분리된 것을 인지하는 신명과 감각의 대상과 함께할 때만 경험이 생성되는 인간의 오감이 인간 내면의 기능과 외부사물이 함께하는 관계에 해당한다. 마지막으로 一획과 그 획들이 함께하며 생성한 二가 서로 대조되고, 분리된 청색, 백색 등의 색상과 색을 비유로 들어 설명하는 군주, 신하가 각각 지켜야 하는 자리, 그리고 이와 대조되는 짝으로 색상이 섞인 하늘색과 군신이 서로 영향을 미치는 상태가 곧 개체와 개체가 함께하며 새로운 것을 만드는 세 번째 관계에 속한다.

공손룡이 이 중 올바름[正]이라는 개념을 사용한 대상은 아무 것과도 함께하지 않으며, 분리되어 있고, 순수성을 유지하고 있으며 변화를 겪지 않은 것으로, 분리된 상태의 단단함, 분리된 것을 인지하는 신명, 다른 색이 섞이지 않은 노란색, 그리고 각자의 자리를 지키고 있는 군주와 신하다. 우선 공손룡은 청색과 백색이 섞여 하늘색이 된 것을 하늘색이라고 부르거나, 흰 말을 흰 말로 부르는 명실 관계의 올바름 여부에 대해서는 아무런 언급을 하지 않는다. 그러나 이보다 더 결정적인 근거는, 청색과 백색이 섞인 색과는 그 실재에 아무런 유사성이 없는 정색인 노란색을 '올바른 예증'으로 언급한다는 점이다. 공손룡은 '하늘색이 되는 것보다는 노란색이 되는 것이 낫다'라고까지 주장한다.

그렇다면 과연 이미 다른 사물과 결합해버린 흰 말은 흰 말을 흰 말이라고 부른다고 해도 올바르다고 할 수 없는가? 단단한 돌을 손으로 만져서 단단하다고 인지하였다면, 이는 분명 사실에 입각한 올바른 판단인데도, 공손룡에 의하면 '올바름'이라고 할 수 없다는 말인가? 푸른색과 흰색이 섞여 하늘색이 된 것을 하늘색이라고 부른다면, 이는 분명 명과 실이 일치하는 일일 텐데, 오히려 노란색이 되는 것이 낫다는 것은 대체 무슨 논리인가? 그렇다면 군신 관계는 어떠한가? 유가의 경우라면 신하가 군주에게 쓴소리를 하며 군주 또한 겸양을 통해 신하의 의견을 받아들이고 끊임없이 자신을 갈고 닦는 것을 '올바른' 군신관계라고 여기겠지만, 공손룡의 논리를 따르면 결과적으로 나라가 안정을 이루는, 곧 나라의 명과 실이 일치하는 상황이 되더라도 그 과정에서 신하가 자신의 자리에서 이탈하여 군주의 역할에 관여하거나 군신 사이에 견해 차이가 생겨 갈등을 이루게 된다면 이는 올바름이라고 할 수 없게 된다. 오히려 군주도 신하도 아니지만 자신의 자리를 확실하게 지키고 있는 노란색이라는 제3의 세력이 대안이 되는 것이 차라리 낫다는 주장까지 하게 되는 것이다.

여기까지 보면, 위에서 분류한 세 가지 종류의 함께하는 관계에서 일명일실一名一實을 지키는 것만으로는 공손룡이 주장하는 '올바름'은 이루어질 수 없다. 공손룡이 원하는 정명을 이루기 위해서는 이름과 실재가 일대일 대응을 이루고 있는가 이외에도 추가적인 판단 기준이 필요하게 된다. 그리고 공손룡은 〈명실론〉을 통해 특유의 정명론을 내놓는다.

우선 공손룡의 일명일실론이 어떤 형태를 띠고 있는지 보자. 우선적으로 드러나는 유가적 정명론과의 차이점은 명이 올바름의 기준이 되는 것이 아니라 실을 기준으로 명을 바로잡는 관계에 있다는 것이다.

> 실재를 이름하는 것을 부른다고 한다. '이것'이 이것이 아님을 알고, 이것이 이것에 있지 않음을 알면 부르지 않는다. '저것'이 저

것이 아님을 알고, 저것이 저것에 있지 않음을 알면 부르지 않는다.[107]

그러므로 '그것'이라는 이름으로 그것의 실재를 부르는 것이 그것의 분리된 지위에 맞다면 그것과 유일한 관계에 있으니, '그것'이라 부르는 것이 행해질 수 있다. '이것'이라는 이름으로 이것의 실재를 부르는 것이 이것의 분리된 지위에 맞다면 이것과 유일한 관계에 있으니, '이것'이라 부르는 것이 행해질 수 있다. 맞는 것을 맞다고 여기니, 맞는 것을 맞다고 여기는 것이 올바름이다.[108]

공손룡에게 있어서 이름이란 그 지칭 대상인 실재가 무엇인지에 달려있다. 그러므로 실재에 대한 명칭이 맞지 않는다면 그 이름을 폐기하는 것이 대책이다. 반대로 그 이름을 부르는 것이 실행되는 것은 그 이름과 대상이 잘 맞아 들어서 그 명실 관계가 일대일의 대응을 이루고 있을 때이다. 다시 말해 유가에서처럼 이름이 대변하는 덕목에 맞추어 실상을 변화시키는 것이 아니라 실재 상태가 어떤가에 따라 이름이 시행되는가의 여부가 결정되는 것이다. 공손룡은 그것이 곧 '올바름[正]'이라고 보았다.

예를 들어 '흰 말'이라는 실재를 '말'이라는 이름으로 부르게 될 때, '이것은 이것이 아닌', 즉 '흰 말은 말이 아닌' 상황이 벌어진다. 그 경우, 공손룡은 바뀌어야 하는 것은 명칭이라고 보고 있다. 이는 인간관계의 문제에도 적용이 가능하다. 임금다운 임금, 신하다운 신하가 아닌 인간의 경우, 공손룡은 그 사람의 실상에 맞춘 명칭을 부르면 된다고 여길 것이다. 난폭하거나 자비롭지 않은 군주는 있는 그대로의 이름으로 부르면 될 따름, 그가 '군주다운' 덕목을 갖추기 위해 수양을 쌓아야 할 필요는 없을 수도 있다. 이는 '군군君君, 신신臣臣, 부부父父, 자자子子' 즉 임금은 임금답고, 신하는 신하다우며, 아버지는 아버지답고, 아들은 아들다워야 한다는, 곧 그 이름에 주어진 덕목을 다 갖추기 위해 실상에 변화를 일으켜야 한다는 수양론을 정명론의 내용으로 하고 있는 공자의 생각과는 전혀 다른 것이다.

공손룡에게 있어서 정명은 하나의 이름에 하나의 실재가 해당하는 것이다. 〈통변론〉3의 색상에 대한 논변에서도, 공손룡은 "올바른 예증이 아니면 명실 관계가 잘 맞지 않는다[非正擧者, 名實無當]"라고 하며 올바름과 명실 관계를 연관 짓는다. 소라는 이름으로는 소만을 칭하고, 말이라는 이름으로는 말만을 칭하는 것이 곧 정명이자 올바른 예증이 된다. 그러나 공자의 경우와는 달리, 군주나 신하 등의 이름에 맞는 행실을 갖추지 못한 자가 자신의 행동을 바꾸어가며 이름에 걸맞게 변화해야 한다는 명 위주의 정명론을 주장하는 것은 아니다.

공손룡의 〈명실론〉에는 명과 실 이외에도 올바름에는 세 번째 요소가 있음을 암시하고 있다. '올바름'으로 가는 명·실 관계의 세 번째 요소는 정명론의 도입부에서 바로 언급된다.

> 천지와 천지가 낳은 것을 모두 합쳐서 사물이라고 한다. 사물이 사물로서의 조건을 사물화하여 이를 지나치지 않는 것을 실재라

고 한다. 실재가 실재로서의 조건을 실재화하고 비우지 않는 것
을 자리라고 한다. 자리에서 벗어나면 자리가 아니고, 자리를 잡
아야할 곳에 자리를 잡으면 올바름이다.[109]

위의 인용문은 사물[物] – 실재[實] – 자리[位] – 올바름[正]이 서로 이어지면서 바로 뒤에 나오는 것을 정의하는 형태를 띠고 있다. 사물을 이루는 요소인 실재가 필연적으로 명실 관계의 실재인지에 대해서 명시적으로 밝혀져 있지는 않지만 편의 제목이 〈명실론〉이라는 점을 감안할 때, 첫 문장에 등장한 사물이 명실로 나뉘어있다고 이해하는 것은 무리가 아닐 것이다.

위에서 살펴보았듯이 명·실의 일치만으로는 공손룡이 추구하는 올바름에 도달할 수 없으며, 한 가지 판단 기준이 더 필요했다는 점을 감안하면 공손룡이 말하는 자리란 곧 같은 이름으로 지칭되는 대상 중 무언가가 함께하는 상태와 아무 것도 함께하지 않고 분리된 상태를 구분하는 것임을 유추할 수 있다. 《묵경》에 의하면 자리[位]는 하나의 개념이 여러 층위의 의미로 사용될 때 그 층위를 의미하는 뜻으로 사용된 것으로 보인다. 말은 흰 말과 같이 색이 정해진 말을 지칭하는 것일 수도 있지만 말 전체를 지칭하는 것일 수도 있다고 할 때, 한 단어의 여러 의미 층위라는 뜻으로 '자리[位]'라는 단어를 사용하여 공손룡이 말하는 말, 가리킴, 힘, 단단함 등 다양한 단어의 분리된 상태와 함께한 상태를 지칭하기에 이 '자리[位]'라는 단어는 매우 적절한 어휘다.[110] 그러나 《묵경》에서는 의미의 여러 층위를 모두 올바른 의미로 받아들였다면 공손룡은

두 개의 자리 중 하나만이 올바르며, 올바른 자리만이 정명을 이룰 수 있다고 본다는 차이가 있다.

《공손룡자》〈명실론〉에 있어서 또 다른 특이한 점은, 명·실의 관계를 다루는 것이라면 '이것이 이것이 아님' 혹은 '이것이 이것임'만을 논하면 될 것 같은데, 세 번째 요소를 함께 감안하고 있다는 점이다. 자리의 존재를 염두에 두면 이러한 점도 설명이 된다. 〈명실론〉에서 공손룡은 계속 "'이것'이 이것이 아님을 알고, 이것이 이것에 있지 않음을 알면[知此之非此也, 知此之不在此也]", "이것을 '이것'이라고 부르는 것이 이것에 머물면[此此止於此]" 등 차此를 세 번씩 반복하는 모습을 보인다. 저것[彼] 또한 마찬가지다. 이 중 첫 번째 이것[此] 혹은 저것[彼]은 '이것' 혹은 '그것'이라는 명칭을, 두 번째는 이것 혹은 그것의 실재를 의미하는 것으로 보인다. 마지막으로 저것[彼] 혹은 이것[此]을 말할 때는 있다[在], ~에 멈추다[止於], 해당하다[當乎] 등과 같이 물리적인 장소를 지칭하는 듯한 어휘를 사용한다는 점을 감안하면 이 세 번째의 피차彼此는 자리[位]에 대한 언급인 것으로 유추해볼 수 있다. 공손룡에게 실재는 두 가지의 상이한 의미의 층위, 즉 분리되어 있는 그 자체와 함께하는 요소가 있는 한정된 것으로 나뉘기 때문이다.

다시 말해 공손룡이 생각하는 '일명일실론'은 그저 명名과 실實의 적정성을 따지는 것만으로는 이룰 수 없으며, 그 이름이 지칭하는 실재의 위位가 분리된 것인가, 아니면 함께하는 것인가를 따진 이후에야 그 이름으로 그 실재를 지칭하는 것이 허용된다는 의미다. 이렇게 볼 때 마馬는 말이라는 종 전체를 의미할 수도 그중 특정한 것에 대한 지칭으로 사용될 수도 있지만, 오직 올바른 층위[位]를 갖춘 실재인 분리되어 있는 마馬 일반만을 마馬라고 지칭하는 것이 옳다는 내용이 된다.

공손룡이 추구하는 '올바름'이 곧 명과 실의 일치만으로는 설명될 수 없고, 세 번째 요소인 자리[位], 즉 아무런 외부 요소가 더해지지 않고, 그러므로 변화를 겪지 않은 순수성에 달려있다면 위에서 살펴본 세 가지 종류의 함께하는 관계에서 추구해야 하는 올바름의 의미를 완전히 새롭게 정의해야만 한다. 그저 말을 말이라고 부르는, 언어의 범주에 대한 원칙을 충실히 지키는 것만으로는 공손룡이 논변을 통해 지적하고자 한 문제를 모두 바로잡을 수 없게 된다. 가리키는 활동에서는 사물과 결합하지 않은 가리킴 그 자체를, 그리고 군신과 같은 인간관계에서는 신하의 영향을 받지 않은 군주 그 자체를 추구해야만 하는 실천적인 함의를 갖게 되는 것이다.

위에서는《공손룡자》내에서 몇 개의 중심개념과 이를 중심으로 전개되는 논리가 세 종류의 함께하는 관계에서 공통적으로 펼쳐지고 있음을 살펴보았다. 그렇다면 〈명실론〉에서 주장하는 자리에 의해 결정되는 올바름이 곧 〈백마론〉이나 〈지물론〉에서의 올바름에도 해당되며, 〈견백론〉에서 분리된 것의 우월함을 주장한 것이 〈통변론〉에서 말하는 군신관계에서 분리되어 있는 군주의 우월함으로도 연결된다고 결론지을 수 있는가?

다음 장에서는《공손룡자》의 중심개념을 표현하는 키워드를 설정하여 각 관계마다 그 키워드가 어떻게 되풀이되는지 짚어보는 것으로 여러 가지 여與 관계 간의 유기적인 연결을 확인해보자.

4. 함께하지 않는 군주의 올바름

《공손룡자》에서 발견되는 패턴 정리

위에서는 《공손룡자》를 구성하고 있는 다섯 편이 제각각의 논변을 주장하고 있는 듯 보이지만 실은 다양한 관계를 넘나들며 동일한 어휘를 사용하여 동일한 논리를 전개하고 있음을 확인하였다. 공손룡이 내세우는 주장은 A가 독립적으로 그 자체의 성질만을 가지고 있을 때의 상태와, A 이외의 것과 결합하여 다른 것과는 다시 결합할 수 없도록 한정되었을 때의 상태는 비록 둘 다 A라고 불리지만 분명히 서로 다르다는 것이다. 이 과정에서 공손룡은 A 그 자체가 먼저 존재했으며, A 그 자체의 이름과 성질에 의해 결합물의 이름과 성질이 결정된다고 주장한다. 그러므로 진정 A라고 불릴 수 있는 것은 결합 상태의 A가 아니라 A 그 자체뿐이라는 것이다. 비록 두 종류의 A는 모두 A이기 때문에, 명과 실만으로는 그 올바름을 판단할 수 없고, 의미의 층위라는 뜻의 위位 개념을 도입한다.

층위는 곧 A가 분리되어 있는가, 아니면 결합관계 중 일부인가를 구분하는 데 사용된다. 층위 개념까지 적용할 경우, 명실 관계의 짝이 제대로 맞춰졌을 때보다 그 이름에 해당하는 실재가 아니더라도 올바른 층위를 갖췄을 경우가 오히려 올바름에 가깝다는 주장을 하고 있다.

이 패턴은 《공손룡자》의 다른 논변에서도 반복되는데, 다양한 논변의 내용을 정리하면 다음과 같은 세 가지 종류의 함께하는[與] 관계로 추릴 수 있다. 마馬와 백白이 함께하며 백마白馬가 되고, 견堅과 백白과 석石이 함께하며 견백석堅白石이 되는, 즉 사물과 성질이 서로 함께하며 서로를 한정시키는 경우, 그리고 지指와 물物이 함께하며 물지物指가 되거나 인간이 시각으로는 백白을 보고 촉각으로는 견堅을 느끼고 신명으로는 분리된 상태의 견堅, 백白, 석石을 인지하는 것과 같이 인간의 능력이 외부사물과 결합되는 경우, 그리고 一획과 一획이 함께하며 二자가 되는 것처럼 우牛와 양羊은 함께하며 양우羊牛가 되고, 청靑과 백白은 함께하며 옥색이 되고, 군君과 신臣이 만나 상호영향을 주는 등 독립적인 개체들이 만나서 새로운 전체를 만드는 세 가지 경우다. 이 세 가지 관계에서의 결합과 한정이란 특정 성질을 가진 사물이나, 인간의 능력이 외부사물의 자극을 받아들이는 경험, 그리고 인간과 인간이 만나 서로 관계를 맺고 역할을 확인하는 등 서로 완전히 다른 개념임에도 불구하고, 공손룡은 마치 이들이 서로 분리되었다가 함께하는 과정에서 변질되고, 그러므로 분리되어 있는 고유의 상태만이 추구해야 할 이상적인 모습인 양 논리를 전개하고 있다.

이렇듯 공손룡이 다섯 개 편을 넘나들면서 펼치는 주장들은 네 개의 키워드로 정리할 수 있다. 함께하기 이전의 상태와 함께한 이후의 상태가 같은 이름으로 불리고 있으나 함께하기 이전 '그 자체[自]'의 고유 상태부터 해당 성질을 가지고 있었다는 것, 함께하기 이전의 분리된 것들이 서로 '함께하면서[與]' 변화하였고, 그렇기 때문에 결합 이전과 이후의 것이 서로 '다르게[非]' 되었다는 것, 그리고 그중 오직 결합 이전의 상태만이 '올바르다[正]'는 것을 주장한다. 그리고 이 네 가지의 키워드가 위에서 언급한 세 가지의 관계에서 동일하게 반복되고 있다.

인용문을 통해 확인한 것처럼 세 개의 관계 내에서 네 종류의 키워드의 사용 여부를 확인해보면 다음과 같은 도표를 만들 수 있다.

	자自 (미여未與)	여與 (변變)	비非 (이異)	정正
사물-성질 관계	O	O	O	O
내면-외부 관계	O	O	O	O
인간-인간 관계	?	O	O	O

《공손룡자》에서 반복되는 어휘와 패턴을 정리한 지금까지의 내용은 위의 도표 하나로 요약된다고 볼 수 있는데, 이 도표에 의하면 인간-인간 혹은 개체-개체 관계에서 자自가 언급되지 않는 것

II. 공손룡의 주장 | 167

을 제외하면 사물-성질, 내면-외부, 인간-인간(개체-개체)이라는 세 가지 관계 내에서 자自, 여與, 비非, 정正이 반복되고 있다. 마치 여러 개의 논변이 서로 연관성 없이 주장을 펼치고 있는 듯 보이지만, 《공손룡자》의 논변들은 높은 확률로 일관성 있는 논리와 시스템을 갖추고 전개됨을 확인할 수 있는 것이다.

군주 그 자체 고유의 모습

위의 도표를 통해 세 가지의 관계에서 반복되는 네 가지의 키워드 중 대부분이 명시되어 있고, 키워드가 직접적으로 확인되지 않는 내용은 군신 등 인간관계에 있어서 분리되어 있을 때 그 자체의 모습에 대한 주장 뿐임을 확인할 수 있다. 이 정도의 확률이라면 공손룡은 분명히 의도를 가지고 동일한 논리를 되풀이하고 있는 것이며, 함께하기 이전 상태의 올바름에 대해 명확하게 주장하려고 하는 것이 있다고 여길 만하다. 그렇다면 여러 가지 다양한 관계를 굳이 與라는 하나의 한자로 표현하려고 한 것도 주장하려고 하는 내용을 뒷받침하기 위한 의도였음을 유추할 수 있다.

공손룡이 의도를 가지고 일관성 있는 주장을 하고 있음을 받아들인다면 군주 고유의 성격에 대해서는 비록 명시한 것이 없지만, 공손룡이 이에 대해 자신만의 견해를 가지고 있음을 유추할 수 있다. 오히려 다른 모든 칸을 채우고 하나만을 의문으로 남겨놓을 경우, 마치 모든 힌트를 주고 답을 향해 달려가는 추리소설에서처럼 그 빈칸이야말로 《공손룡자》 전체의 내용을 통하여 밝히고자 한 중점적인 주장이 아닐까 생각해 볼 수 있다.

〈백마론〉이나 〈견백론〉을 통해 공손룡은 힘 따위의 성질과 더해지기 이전인 말 그 자체, 혹은 돌에 더해지기 이전인 단단함이나 흼 그 자체가 결합되어 지각되는 흰 말이나 단단하고 흰 돌이라는 사물보다 시간적으로 또 논리적으로 우선되며, "말"의 성질, "희다"의 성질, "단단하다"의 성질 등 그 고유의 속성을 애초부터 갖추고 있다는 주장을 폈다. 그렇다면 군주나 신하 등 인간관계에 있어서도 그 둘이 더해지기 이전 각각 분리되어 있을 때의 상태가 더 우선되며, 분리되어 있을 때부터 그 고유의 속성을 갖추고 있는 것이란 말인가? 신하나 다른 피통치자와 더해지기 이전부터 군주는 군주였으며, 오히려 그때의 군주만이 올바른 군주일 수 있고, 그것이 곧 군주의 정명이란 말인가? 간단하게 말하자면 통일된 진나라의 시황은, 진나라의 백성을 다스리기 전부터도 황제였기 때문에 진나라의 황제가 될 수 있었으며, 피통치자의 어떤 성향이나 요구에도 흔들리지 않고 황제 고유의 모습만을 유지하는 것이 올바른 일이란 말인가? 분리된 힘은 원래도 희기 때문에 돌을 희게 할 수 있으며, 힘과 돌이 더해지는 관계는 군주와 신하가 더해지는 관계와 다를 것이 없다는 공손룡의 논리에 따르면 그렇다고 할 수 있다. 군주는 신하와 상관없이 군주다. 아니 오히려 피통치자를 철저하게 무시할 때만이 진정한 군주다.

《공손룡자》 전체에서 군신관계에 대한 언급은 〈통변론〉에 나온다.

노란색은 정색이고, 올바른 예증이다. [올바른 예증이란] 나라에 있어서 임금과 신하가 [제 자리에] 있는 것에 해당하니, 그러므로 강대하고 오래갈 것이다.[111]

하늘색이 되느니 노란색이 낫다. 노란색은 말과 같으니 [푸른색이나 흰색과 정색이라는 점에서] 같은 류이고, 하늘색은 닭과 같으니 서로 해친다. 서로 해친다면 임금과 신하가 싸워 둘 모두가 빛을 드러내려고 하는 것과 같다.[112]

둘 모두가 빛을 드러내면 도가 상하니, 올바르게 할 방법이 없어진다.[113]

공손룡은 청색과 백색이 더해진 결과물로 노란색을 택하는 것은 곧 군주와 신하가 나라에서 각각 제 자리를 차지하고 역할을 다 하고 있는 것과 같다고 설명한다. 공손룡이 주장하는 층위 위주의 정명론은 군주와 신하가 각각 자신의 역할을 다하며 서로의 자리를 넘보지 않는 것이 가장 이상적인 상태라고 주장하지만, 천하에 대한 통제를 잃은 지 오래된 주나라와 자신을 이미 왕이라고 부르기 시작한 제후국의 현실을 감안하면 군주와 신하가 기존의 제자리를 찾는 것은 기대하기 어려운 일일 것이다. 공손룡의 표현을 빌자면, 당시의 천하는 온통 하늘색으로 번져서 군주는 더 이상 군주답지 않으며, 신하는 더 이상 신하답지 않다.

오방에서 청색과 백색의 관계는 군주와 신하의 관계에 직접적으로 비유된다. 그런데 청색과 백색은 오방의 위치에서 서로 각자의 자리를 차지하고 서로 방해되지 않으며, 서로 섞이지 않는다. 그러므로 분리된 상태가 고유의 모습이라고 할 수 있을 것이다. 청색과 백색이 분리된 상태가 곧 고유의 상태라고 할 수 있다면, 청색과 백색에 직접적으로 빗대서 설명한 군신관계 또한 분리되었을 때가 고유의 상태라고 여긴 것으로 볼 수 있다.

노란색은 정색으로, 푸른색과 하얀색이 각각 제 자리에서 역할을 하고 있는 것과는 분명히 다른 새로운 대안이다. 그러나 노란색이 곧 군신이 제 자리에 있는 것에 해당한다는 주장은 다른 색이 섞이지 않은 온전한 색, 즉 정색正色이라는 점에서 같은 류로 보아야한다는 의미다. 반대로, 청색과 백색이 함께한 결과물로 하늘색을 택하는 것은 군주와 신하가 서로 다투고 각자의 목소리를 내는 것과 같다. 노란색의 결과는 나라가 강성하고 오래가는 것이며, 하늘색의 결과는 도가 상하여 바로잡을 길이 없는 것이라고 공손룡은 주장한다.

군주의 "올바른" 모습은 곧 신하 혹은 군주 이외의 요소들과 더해지기 이전이다. 〈통변론〉에서 공손룡은 푸른색과 흰색의 결합에 군신관계를 비유한다. 흰색 그 자체로 남아있을 수 있다면 가장 좋겠지만 어쩔 수 없이 푸른색이 끼어든 경우, 둘 모두 빛을 드러내는 것은 옳지 않다는 공손룡의 주장을 군신관계에 적용한다면, 군주만이 영향력을 보일 수 있다면 좋겠지만 신하의 입장이 끼어들어 갈등을 일으키는 것은 무조건 잘못된 일이다. 그러므로 서로 해치거나 싸우려는 것보다는 새로운 대안을 마련해야 한다고 주장한다.

새로운 대안은 군주나 신하의 입장과는 전혀 다르지만 자신의 온전함을 유지할 수 있다는 점에서 올바른 새로운 힘이다.

푸른색과 흰색이 더해져서 색이 변하는 것을 군주에 비유하면 "신하와 갈등을 일으킨 군주", "신하에게 권력을 빼앗긴 군주"뿐 아니라 "신하의 영향을 받은 군주", "신하의 조언을 받아들인 군주", "피통치자의 요구를 반영하는 군주" 등 타인과의 관계에서 영향을 받아 자신의 성향이나 견해를 바꾸는 군주는 모두 포함한다고 할 수 있다.

또한 위의 표를 통해서 군주의 올바름은 색과 색의 결합뿐 아니라 〈백마론〉이나 〈지물론〉에 나오는 다른 요소들의 합과도 같은 패턴을 보인다는 것을 확인했다.《공손룡자》에 나오는 다른 변화의 관계에서는 흰 말, 사물에 대한 가리킴 등이 다른 요소와 더해졌으며 한정되었다는 점에서 아무런 다른 요소가 더해지지 않은 그 고유의 요소와 다르고, 그러므로 옳지 않은 더 열등한 것으로 여겼다. 흰 말과도 같이 특정 성질에 한정되는 것을 군주에게 적용한다면 "포악한 군주", "방탕한 군주"뿐 아니라 "어진 군주", "명철한 군주", "용기 있는 군주" 등 긍정적인 특징, 또 "키 큰 군주", "눈이 검은 군주" 등 지극히 중립적인 성질에 한정되는 것 또한 부정적으로 여길 것이다. 그리고 특정 사물에 한정된 가리킴과도 같이 "진나라의 군주", "16세기 조선의 군주", "역병이 창궐한 시대의 군주" 등 특정 시공간적, 문화적 배경에 한정된 군주 또한 부정적인 것으로 여길 것이다.

그런데 공손룡은 색의 비유에 있어서는 다른 관계에 있어서보다

한 발 더 나간다. 실제로 흰색과 푸른색이 섞여서 나올 수 있는 색인 하늘색보다 흰색이나 푸른색이 낫다고 주장하는 데서 그치는 것이 아니라, 다른 요소가 섞이지 않았다는 점에서 완전히 새로운 노란색을 언급하며 새로운 대안으로 제시한 것이다. 다시 말해 공손룡은 보수나 복고를 주장하는 것이 아니다. 강력한 새로운 대안을 추구하고 있다. 게다가 첫째로는 신하나 피통치자의 현실이 반영되는 것보다는 그렇지 않은 것을, 둘째로는 도덕성이나 정통성 등 다른 어떤 이유보다도 권력을 독점하고 절대적인 군주의 위세를 세울 수 있는 순수성을 가진 새로운 후보를 대안으로 내놓고 있다. 군신이 갈등하며 다투느니, 어떤 갈등의 요소도 없이 절대적인 권력을 잡을 수 있는 새로운 세력이라면 그가 어떤 다른 하자가 있더라도 지지할 수 있다는 극단적인 견해를 내세운 셈이다.

공손룡은 그 시대에 가장 강한 세력을 가진 이가 정통성이나 도덕성에 상관없이 나라를 장악하면 된다고 주장했다. 그렇다면 공손룡은 왜 정치권력에 대한 자신의 이론을 궤변의 형태로 남겼을까? 이에 대한 답을 찾기 위해 외교정치적으로 언어유희를 사용한 명가의 근원으로 돌아가 보자. 정치나 외교의 영역에서 수수께끼와도 같은 궤변이나 언어유희를 사용하여 자신의 진의를 명백하게 드러내지 않은 채 자신의 의도를 넌지시 전달하며 상대방의 논리를 꺾는 전통이 있었던 듯 하며, 혜시나 공손룡 등 명가가 이러한 일에 적격으로 보인다는 이야기는 위에서 논한 적이 있다. 또한 당대는 기존의 왕과 신하 사이의 질서가 무너지고, 도덕적인 정당성이나 혈통에 의한 정통성으로 뒷받침 되지 않은 제후들이 스스로를 왕으로 칭하고 권력을 잡기 시작한 시대였다는 점 또한 논하였다.

이러한 배경에서 공손룡은 군주로서의 정명을 어떻게 이룰 수 있는지에 대한 새로운 이론을 내놓으려고 한 것이 아닐까 추측해 볼 수 있다. 공자는 주나라의 정통성이 유지되어야 한다고 믿었고, 맹자는 천명에 따라 새로운 군주가 나올 수도 있을 것이라고 여겼으나 그들의 정명론은 군주의 도덕성과 자기수양과 같은 비현실적이라고 여길 수 있는 덕목을 근거로 한 것이었다. 공손룡은 올바른 자리, 즉 외부의 영향력에 흔들리거나 뒤섞이지 않고 자신의 역할을 유지하는 것이 곧 훌륭한 군주를 결정하는 요인이 될 수 있다는 근거를 제시한 셈이다.

도덕적인 자가 군주가 되어야 한다, 혹은 민심을 감동시킨 자가 천명을 얻어 군주가 되어야 한다는 주장에 익숙한 자에게 권력을 오롯이 지킬 수 있는 자가 곧 올바른 군주라는 공손룡의 사상은 권력에 아첨하는 모습으로 비춰질 수도 있다. 그러나 당대의 지극히 혼란한 사회에서 전쟁을 멈추고 평화를 최대한 오래 유지할 수 있는 군주가 곧 올바르다고 하는 것은 오히려 많은 생명과 재화를 구하는 현실적인 대안일 수도 있다.

이렇게 볼 때, 공손룡이 백마론을 사용하여 특유의 층위 개념을 명시적으로 드러내지 않고 궤변의 형태를 빌어 주장을 편 것은 왕을 뛰어넘는 권력을 가진 제후가 왕의 이름을 얻을 수는 없는 기존 체제에 대해 정면으로 반박할 수는 없었기 때문으로 유추할 수 있다. 그러나 그는 자리를 어긴 군주, 즉 이미 혼자 힘으로 권력을 유지할 수 없게 되어 신하들에게 조언과 도움을 얻고 자신의 역할을 빼앗겨버린 군주가 왕위를 유지하는 것보다는 비록 왕의 혈통을 받고 태어난 것은 아니더라도 흔들리지 않는 권력을 유지할 수 있는, 정색인 노란색과도 같은 새로운 세력이 왕이 되는 것이 차라리 낫다는 이론을 내세웠다. 흰색도 아니고 푸른색도 아닌 새로운 색, 그러므로 기존의 왕도 아니고 신하도 아닌 완전히 새로운 세력이라도 외부 영향력에 흔들리지 않을 수 있는 절대적인 힘만 있다면 나라를 장악하는 데 문제가 없다는 정치적인 견해를 담고 있는 것이다. 이는 비록 당대의 상황에 맞는 가장 현실적인 군주론일 수도 있지만, 곡학아세라는 비난을 받거나 부도덕하다는 손가락질을 받을 수도 있었다.

그러므로 공손룡은 궤변이라는 형식 뒤에 당시 격변하는 정치 상황을 반영하는 이론을 숨겨놓았다. "흰 말은 말이 아니다", "둘에는 하나가 없다" 등 쉽게 이해할 수 없는 주장들 덕에 궤변론자라는 비난을 받아왔으나 그 이면에는 자칫 위험하다고 여길 수 있는 진의를 숨기고 있으며, 이면의 주장은 논리적으로 문제가 없다는 점에서 공손룡을 궤변론자라고 부르는 것은 문제가 있다.

공손룡은 하나의 단어가 두 개의 의미로 사용되는 것을 인지하고 있으면서도 시비판단 없이 이를 받아들이는 후기묵가나 순자 등의 문제점을 지적하고, 둘 중 하나의 의미만이 올바르다는 주장을 사람과 사람 사이의 처세술에까지 적용한다. 그의 논변에서 '질문자'는 공손룡이 말, 가리킴 등의 단어를 두 가지 의미로 사용하고 있다는 것을 인지하지 못하기 때문에 공손룡의 지비지指非指, 백마비마白馬非馬 등의 주장이 궤변 이상의 의미가 있음을 알아채지 못한다. 공손룡은 단어의 중의성이 문제임을 알고 있음에도 불구하고 이를 서두에 먼저 설명하는 대신 두 가지 의미를 구분하지 않은 채 문답을 계속 이어가는 것으로 혼란을 가중시킨다. 가리킴의 두 가지 의미에 따른 명칭을 구분하지 않는다면 "가리킴은 가리킴이 아니다"라는 문장이 왜 틀렸는지도 설명할 수 없다는 것을 논변을 통해 직접 시연하는 것이다.

공손룡은 쉽게 진의를 알아챌 수 없는 수수께끼와도 같은 말 뒤에 정치이론을 숨기고 유세를 하였으나 끝내 등용되지 못하였다. 그러므로 왕을 결정하는 것은 도덕성이나 혈통보다 권력을 독점하고 유지할 수 있는 세력이라는 지극히 현실적이면서도 위험한 이론의 진실 역시 함께 묻힌 것이다.

그러나 흰 말이나 가리킴, 혹은 一과 二자에 대한 비유인 듯 보인 그의 논변들이 사실은 인간과 인간 사이의 관계에 철저하게 적용되고 있었다는 것은 그의 언행을 통해 확인할 수 있다. 〈적부〉의 기록을 살펴보도록 하자.

〈적부〉에서 뒷받침되는 분리된 인간의 올바름

"분리되어 있는 인간의 올바름"은 군신관계에만 국한되어 적용되는 것은 아니다. 〈적부〉의 기록을 보면 공손룡은 군주 이외에도 스승, 제자, 신하 혹은 공손룡 개인의 경우도 모두 자신의 자리를 지키는 것을 중요하게 여겼음을 확인할 수 있다. 〈적부〉는 진위논란이 있는 후대의 기록으로, 공손룡의 언행을 문자 그대로 적은 것이라고 받아들일 수는 없으며, 뒤의 편들에서 찾을 수 있는 일관성 있는 어휘와 논리의 반복 또한 기대할 수 없다. 그러나 적어도 공손룡이라는 인물이 인간관계에 접근하는 전반적인 태도 정도는 그대로 반영되어 있으리라고 기대할 수 있을 것이다.

〈적부〉에는 공손룡과 공천 사이의 대화가 두 가지 버전으로 등장하는데, 앞부분에는 공손룡과 공천이 사제 관계를 맺을 수 없는 이유에 대해 설명하고, 뒷부분에는 각각 다른 일화를 들어 공천의 오류를 지적한다. 중복되는 부분은 사제관계의 역할에 대한 정의, 그리고 공천이 어떤 점에서 이를 어기고 있는가에 대한 지적에 해당한다. 공손룡은 자신을 찾아와 스승으로 모시고 싶으나 백마론만은 부당하다고 생각한다는 공천에게 거듭 다음과 같이 말한다.

> 선생의 말씀은 논리에 어긋납니다. 제가 이름을 이루게 된 것은 백마론 덕일 뿐! 나에게 이를 거두라고 하면 가르칠 것이 없습니다. 또한 스승으로 모시고 싶다는 것은 지혜와 학문이 그이만 못하다고 여기는 것입니다. 나에게 이를 거두라고 한다면 이는 먼저 가르치고 이후에 스승으로 모시겠다는 것이니, 먼저 가르치고 이후에 스승으로 모시는 것은 논리에 어긋납니다.[114]

> 선생의 말씀은 논리에 어긋납니다. 나의 학문은 흰 말은 말이 아니라고 하는 것이 내용인데, 나에게 이를 거두라고 하면 가르

칠 것이 없어지니, 가르칠 것이 없는데 나에게 배우겠다는 것은 논리에 어긋납니다. 또한 나에게 배우고 싶다는 것은 지혜나 학문이 나만 못하다고 여기는 것입니다. 나에게 '백마비마' 이론을 거두라고 가르치는 것은 먼저 가르치고 이후에 스승으로 모시겠다는 것이니, 먼저 가르치고 스승으로 모시는 것은 논리가 성립되지 않습니다.[115]

위의 인용문에서 보면 공손룡의 반론은 공손룡 자신의 학문적 의의를 확립하는 부분과, 스승과 제자의 관계란 무엇인지를 설명하는 두 부분으로 나뉜다. 첫 번째 부분에서 우선 '공손룡' 자신에 대해 정의한다. 공손룡은 백마론으로 이름을 이룬 자이고, 그의 학문은 곧 '흰 말이 말이 아니'라는 주장과 떼려야 뗄 수 없다. 그리고 공천이 요구하는 것은 공손룡의 정의에 어긋나는 사항임을 밝힌다. 공손룡은 백마론을 주장하는 사람인데, 공손룡에게 백마론을 거둬달라고 하는 것은 공손룡 본인의 정의를 부정하라는 요구와 같다. 다시 말해 백마론을 주장하지 않는 공손룡은 더 이상 공손룡일 수 없는 것이다.

두 번째 부분에서는 우선 스승과 제자의 관계에 대해 정의한다. 스승은 제자보다 지혜나 학문이 뛰어난 자고, 제자는 스승보다 지혜나 학문이 모자란 자다. 공천은 공손룡을 스승으로 모시고 싶다고 말했으므로 자신의 지혜가 공손룡보다 모자라다는 것을 받아들여야만 한다. 다시, 이후로는 공천이 요구하는 사항은 스승과 제자 관계의 정의에 어긋나는 것임을 밝힌다. 공천은 제자가 되고 싶다고 말해놓고는 공손룡에게 백마론은 틀린 것 같다고 지적했으니 지혜가 모자란 자가 우월한 자를 가르치려고 한 셈이기 때문에, 공천은 제자의 역할에서 어긋났기 때문에 스승으로서 공손룡의 자리를 보장해 주지 않았다. 그렇다면 스승이 가르치는 내용을 고치려 드는 제자는 제자가 아니다.

공손룡과 공천의 대화에서 특이점은 공손룡이 백마론 자체를 옹호하거나 공천을 가르치는 것으로 둘 사이의 관계를 발전시키거나 공천을 설득하려는 시도를 하지 않는다는 것이다. 공손룡은 그저 자신의 영역을 침범하려고 하는 공천의 태도를 지적할 따름이다. 공손룡을 찾아와 백마비마의 시비를 따지겠다는 것은 공손룡이 스승으로서 자질이 있는가를 테스트해보고 싶다는 말과 같다. 공천은 애초에 공손룡의 제자가 될 생각이 없었고, 아마도 공손룡 또한 이를 모르지 않았을 것이다. 그러나 공손룡은 공천을 학문적으로 설득하려고 들거나, 아니면 불손한 목적이 있다면 물러가라고 호통을 치는 대신 그저 공천이 자신의 견해를 바꾸려고 하는 것의 부당함을 조목조목 지적한다. 그러한 지적은 일관성 있게, ① 공손룡이란·스승이란·제자란 이러이러한 조건을 갖춰야 하는데 ② 공천은 그러한 조건을 갖추지 못했으므로 잘못되었다는 논리 구도를 이루고 있다.

공손룡이 공천을 비난하기 위해 든 예시는 두 버전에서 각각 다른데, 첫 번째는 위에서 다룬 공자가 초나라 사람을 사람 일반과 다르다고 여겼음을 들어서 백마론은 공자의 가르침과 다르지 않음을 주장하는 부분이고, 두 번째는 제나라 왕과 윤문 사이의 일화다.

제나라 왕은 윤문에게 좋은 인재[士]가 없음을 한탄하였고, 왕에게 문제가 있음을 논리적으로 밝힌다.

윤문이 "사람이 하나 있는데, 임금을 모실 때는 충성스럽고, 부모를 대할 때는 효도하고, 친구와 교류할 때는 신의가 있고, 고향에 머무를 때는 온순하니 이 네 가지 실천항목을 갖추면 인재가 될 만하겠습니까?"라고 물었다. 제나라 왕이 "좋습니다! 이것이 진정 제가 말하는 인재입니다."라고 하였다. 윤문이 "임금이 이런 사람을 얻으면 신하로 삼으시겠습니까?"라고 하자, 왕이 "제가 원하는 것이나 이루어지지 않았습니다."라고 하였다.

이때, 제나라 왕은 용맹함을 좋아했다. 이에 윤문이 "이 사람이 넓은 광장의 군중 속에서 업신여김을 당하고도 끝내 결투를 하지 않는다면 왕은 신하로 삼으시겠습니까?"라고 묻자, 왕이 "어찌 인재라 하겠습니까? 업신여김을 당하고도 결투를 하지 않는다면 이는 치욕입니다! 치욕스러운 이는 과인이 신하로 삼을 수 없습니다."라고 하였다.[116] 윤문이 "업신여김을 당하고 결투하지 않는 것은 네 가지 실천항목에서 실수한 것이 아닙니다. 그 사람이 네 가지 실천항목에서 실수하지 않았다면 그가 인재다운 것입니다. 그런데 왕이 한편은 그를 신하로 삼겠다고 하고, 한편으로는 신하로 삼지 않겠다고 하니 방금은 인재라고 불러놓고 인재가 아니라는 것입니까?"라고 하자, 제나라 왕이 대답하지 못했다.[117]

이 경우에도 공손룡은 윤문의 목소리를 빌어 우선 인재[士]란 무엇인가를 정의하는 것으로 논의를 시작한다. 신하로서 갖춰야 하는 조건은 충忠, 효孝, 신信, 순順의 네 가지다. 왕이 이미 합의한 네 가지 조건에 해당하지 않는 다섯 번째 조건, 즉 용기[勇]를 내세워서 신하 자리를 주지 않겠다고 하자 윤문이 제나라 왕의 오류를 지적한다. 이 일화는 내용상으로는 "업신여김을 당하는 것은 치욕이 아니다"라는 궤변에 관한 것인 듯 보이지만 공손룡은 그런 의미에서 이를 인용한 것이 아니다. 그는 우선 신하란 무엇인가 정의하고, 그 정의에 맞지 않는 것을 반박하여 오류를 지적하는 패턴으로 논의를 전개한다.

공손룡은 제나라 왕에게 이미 정한 네 가지 조건에서 용맹하다는 조건까지 더해 신하를 뽑으려고 하는 것은 잘못되었음을 설명한다. 다시 말해 "용맹한 신하"와 "신하"는 서로 다르다는 말이다. 그러므로 이를 공손룡 식으로 표현하면 "용맹한 신하는 신하가 아니다[勇臣非臣]"라고 표현할 수 있다.[118] "용맹함"이라는 특정 성질에 의해 한정된 신하는 신하 일반과 다르며, 군주로서 자신의 개인적 취향을 반영하지 않고 '신하 일반'의 정의에 충실해야만 한다는 것이다.[119]

〈적부〉를 통해 공손룡은 특정 성질이나 관계에 한정되어 자신의 고유의 역할에서 벗어나는 군주·신하·스승·제자는 올바르지 않다는 주장을 일상에서도 적용하고 있음을 확인할 수 있다. 백마론을 버린 공손룡은 이전의 공손룡이 아니고, 스승의 가르침을 받아들이지 않는 제자는 제자가 아니며, 용기를 내세우는 인재는 정의한

대로의 인재가 아니다. 이 세 가지 일화에서 공손룡의 태도는 애초에 정의한 공손룡, 스승, 그리고 신하는 그 이외의 요소들에 의해 한정되거나 변형되어서는 안된다는 주장에 있어서 일관성을 갖는다. 공손룡은 타인의 조언을 받아들이지 않으며, 스승은 제자의 견해에 흔들리지 않고, 신하는 군주의 기준에서 분리되어 있어야 한다. 이렇듯 공손룡은 〈적부〉에서 기록하는 언행에서 일관성 있게 군주-신하, 스승-제자 각자의 분리된 자리와 역할을 주장하고 있는 것이다.

〈통변론〉에서 오방의 비유를 따르면 군주와 신하는 각자 자신의 자리를 지키며 서로 영향을 주지 않아야 한다. 신하의 덕목 네 가지를 정하고, 군주가 내키는 대로 자신의 호오를 적용하여 신하를 마음대로 등용하거나 내칠 수 없도록 기준을 삼았다는 것은, 군주의 독립된 지위뿐 아니라 신하의 독립된 지위 또한 보장한다는 점에서 의미가 있다.

스승-제자의 관계에서도 마찬가지다. 공손룡이 공천의 말을 듣고 백마론을 재검토하거나 상대를 설득하기 위해 노력하지 않는 것도 사실이지만, 스승으로서의 지위를 남용하여 내 제자가 되기로 하였으니 백마론을 있는 그대로 받아들이라고 윽박지르는 것도 아니다. 공손룡은 자신 또한 백마론을 재검토할 수 없고, 자신을 스승으로 모시겠다고 하고는 가르치려 드는 공천의 태도를 지적하며 그가 제자가 될 수 없음을 선언할 따름이다. 군주와 신하, 스승과 제자, 그들은 서로 분리되어 있고 서로 영향을 미치지 않는다. 각자의 조건을 충족시키며 서로 각자의 자리에 있다.

여기까지 보았을 때 마치 공손룡이 군주에 맞서 신하의 독립된 지위를 확보하려고 한 투사처럼 비춰질 수도 있으나, 각 계층, 각 역할의 인간들이 서로 평등하게 분리되어 존재한다고 하기에는, 공손룡에게 상하의 관계가 매우 뚜렷하다. 위에서 본 〈통변론〉3에 의하면 군주와 신하의 갈등 상황의 경우, 군주를 상징하는 흰색은 신하를 상징하는 푸른색을 온전히 뒤덮을 수 있어야만 한다. 즉, 가장 이상적인 상황이라면 군주와 신하가 각자 자신의 역할을 제대로 수행하는 것이겠지만, 혹시 군주가 제 역할을 제대로 못하는 경우라고 하더라도 둘 사이의 갈등이 생겼다면 군주의 영향력이 절대적인 것이 좋다고 보는 것이다.

〈통변론〉뿐 아니라 위에서 공손룡이 공천을 물리친 방법을 군주 관계에 반영하면 군주의 입장을 그대로 받아들이고 싶지 않은 신하가 간언을 하거나 부당함을 호소하거나 심한 경우 역성혁명을 일으키는 따위의 방법이 이론상으로라도 정당화되지 않는다. 주어지는 선택권이란 아마도 자리에서 물러나거나 나라를 떠나는 정도일 것이다. 스승과 제자의 관계에서 만약 스승은 제자보다 지혜가 뛰어난 자이기 때문에 제자는 스승의 견해에 아무런 반론도 제기할 수 없다고 한다면 제자가 스승에 대해 할 수 있는 선택은 그를 떠나거나 아니면 복종하거나 둘 중 하나밖에 없는 것이다.

비록 각자의 자리, 분리된 역할을 강조한다고 하더라도 상하관계가 명확할 경우 서로 아무런 영향을 미칠 수 없다면 그중 가장 지위가 높은 이를 저지할 수 있는 방법이 없다. 그런 의미에서 분리된 인간을 올바르게 여기는 군주론은 통치자가 폭군이 되는 것을 막을 수 없다는 점에서 위험 부담을 안고 있다.

이렇듯 〈통변론〉과 〈적부〉를 통해 인간과 인간 사이의 분리가 어떻게 적용되는지 살펴보았다. 곧 개체와 개체의 결합에 대한 논변은 하나와 하나가 함께하며 새로운 결합물을 만드는 것, 즉 사람과 사람이 더해져서 가족을 만들고 공동체를 만들고 사회를 이루는 것에 대한 이야기로 확대되고 있음을 확인할 수 있다. 군신관계의 올바름은 곧 분리되어 있을 때만이 올바른 것이라는 주장은 더 넓게 적용하면, 아버지와 어머니와 아들과 딸이 함께하면서 가족을 만들면 그 가족 안에는 아버지와 어머니 개인이 있을 수 있는가, 혹은 김씨 가족과 정씨 가족과 이씨 가족이 모여 만든 나라 내에서 각 가족의 개별적인 특징은 그대로 유지될 수 있는가에 대한 질문으로 이어진다. 그러므로 一획과 一획이 함께하며 二를 만드는 것의 비유로 시작한 〈통변론〉의 질문은 궁극적으로는 '인간관계'에 대한 것임을 확인할 수 있으며, 그 내용은 〈적부〉를 통해 일부 뒷받침 된다.

그렇다면 획과 획을 더해 또 다른 글자를 만들고, 색과 색을 더해 다른 색을 만들며, 인간과 인간을 더해 관계를 만드는 것을 같은 어휘와 논리구조로 엮어서 주장을 펴는 것은 공손룡 측에서는 어떤 의도를 가지고 전개하는 것인가? 전반부에서는 指의 이중성은 指라는 단어가 두 가지의 의미를 가질 수 있다는 언어철학적인 지적만을 하는 데서 그친 것인지, 아니면 인간의 기능과 변화 가능성에 대해 적극적인 주장을 하려고 한 것인지에 대해 일말의 애매함이 남아있었다. 그러나 〈통변론〉에서 공손룡의 논의 전개 방식을 보면 그가 사물의 결합과 변화의 예시를 통해 인간관계에서의 상호 영향과 변화에 대해 전달하고자 하는 것이 있음이 명확해진다.

단어의 올바른 사용에 대한 것에서부터 시작해서 인간이란 관계 내에서 어떻게 처신하는 것이 올바른가까지, 명백하게 서로 다른 관계에 대해 모두 동일한 어휘를 사용해서 설명하며, 색상과 군신의 비유에서는 노란색이라는 제3의 요소를 끌어들이면서 기존의 주장을 확대하고 있다는 것은 공손룡의 논변이 그저 언어 범주의 올바름에 대한 지적을 비유로 삼아 궁극적으로는 군주란 어떻게 나라를 지킬 수 있는가에 대한 군주론을 전달하려고 한 것이 아닐까 유추할 수 있게 한다.

다음 장에서는 공손룡의 극단적인 주장이 당대 사상가들에게는 어떻게 받아들여졌는지, 어떤 비판을 받았으며 이는 어떤 구체적인 이론의 차이 때문인지에 대해 살펴보려고 한다. 공손룡 역시 제자백가의 한 일원으로 당대 사상가들과의 교류 속에서 영향을 받아 자신의 생각을 키우고 정리하고 표현한 인물이다. 그의 주장은 당대의 담론에서 완전히 동떨어져 있을 수는 없으며, 그 이전의 학자들이 합의한 내용 위에 당대의 다른 이들이 활발하게 하던 논쟁의 영향을 받아 생성된 것임이 분명하다. 그러므로 위에서 분석한 공손룡의 사고의 틀과 유사하면서도 다른 주장을 전개하는 다른 학파들의 공손룡 비판을 검토하며 그 차이를 살펴보고, 또한 공손룡보다 후대에 활동하며 더욱 명시적으로 절대 권력을 누리는 군주를 묘사한 한비자의 군주론과 공손룡의 이론을 비교하는 것으로 공손룡의 정치철학적인 해석 가능성을 확인할 수 있을 것이다.

제자백가와 공손룡

2장을 통해서는 공손룡 특유의 궤변과 독특한 어휘들이 그 이면에 어떤 논리를 담고 있는지 보았다면, 3장에서는 공손룡의 이론이 당대의 제자백가들과 어떤 유사성이 있으며, 어떤 점에서 비판을 받았는지에 대한 분석을 통해 그의 주장 중 당대 제자백가의 담론에서 영향을 받은 것은 무엇이며 서로 어떤 차이를 보였는지 살펴보려고 한다.

위에서 살펴보았듯이, 순자와 후기묵가, 장자 등은 인간의 내면이 외부 자극에 영향을 받아 겪는 변화, 지知, 성性, 심心 등 당대에 주로 사용한 본성론 관련 어휘들의 이중적 정의 등에서 서로 공통점을 갖는다. 공손룡의 차이는 하나의 단어가 두 가지 의미로 정의되는 것을 인지하고도 이를 받아들인 당대의 다른 사상가들에 비해, 두 가지 의미로 정의되어서는 안 되며, 그러므로 대안이 필요하다는 점을 강조했다는 것이다.

소인으로 태어난 인간은 교육을 통해 모두 성인으로 변화해야 한다고 주장한 순자는 변화하기 이전과 이후의 인간을 동일한 개체로 볼 것인가에 있어서 공손룡과 가장 큰 차이를 보인다. 순자 입장에서는 변화하지 않은 사람도 변화한 사람도 모두 사람이다. 이러한 견해 차이는 백마비마 궤변에 대한 이해 차이로 나타난다. 후기묵가는 이러한 느슨한 정명론을 조금 더 명시적으로 드러내며, 같은 실재에 두 개의 이름이 있을 수 있고, 같은 형식의 명제라도 참·거짓이 달라질 수 있다고 주장한다. 그러나 묵자의

가르침만은 어떤 경우에도 참이라는 주장을 하며 공손룡식의 정명론을 도입하기도 하는 모순을 보인다.

　장자는 이름이란 실재의 손님일 따름이라는 입장을 취하며 강경한 정명론을 주장하는 공손룡을 "우물 안 개구리", "조삼모사" 등의 표현을 통해 비웃는다. 장자가 보기에 공손룡은 실재가 달라진 것이 없음에도 불구하고 이리저리 날뛰며 흥분하고, 자신만이 옳다고 우기는 지극히 편협하고 어리석은 존재에 불과하다.

　또한 공손룡보다 이전 시대에 활동한 맹자의 논변에서도 공손룡의 정명론으로 연결될 수 있는 이전 단계의 사고 흐름을 보이는 부분들이 발견된다. 맹자와 고자의 논변 속에서 흰 사물, 혹은 흰 사물의 힘이 본성론의 비유로 사용되는 것이다. 제자백가가 공손룡이나 공손룡의 주장을 언급하는 내용을 살피는 것은 당대의 배경에서 공손룡의 위치를 확인할 수 있기 때문에 중요하다. 그들이 공손룡을 직접적으로 비난하거나 혹은 공손룡과 유사한 주제를 다루는 태도를 미루어서 공손룡의 정명론이 어떤 인간 이해를 바탕으로 하고 있는지, 어떤 사상사적인 배경을 통해 형성되었는지 유추할 수 있다.

1. 맹자와 공손룡 비교

흰 말의 힘과 흰 돌의 힘은 같은가 다른가

맹자와 고자의 논변, 그리고 본성의 비유로 힘[白]의 사용

맹자(BC 372 ?-BC 289 ?)는 공손룡보다 활동 시기가 30-50년 정도 빠르다. 그러므로 공손룡이나 백마론을 비판한 내용이 있을 수는 없다. 또한 성선론을 주장했다는 점에서 공손룡 시기의 다른 제자백가들과 마음에 대한 이해에서 차이를 보인다.[120] 순자나 후기묵가, 장자 등에서 동일하게 드러나는 지각이나 본성 등의 동일한 어휘를 사용해서 외부사물과 결합한 것과 결합하기 이전의 것을 지칭하는 패턴은 보이지 않는다. 그럼에도 불구하고 제자백가 안에서 공손룡의 지위를 확인하는 데 맹자에서 논의를 시작하는 이유는 맹자가 고자와의 논변에서 힘 그 자체와 흰 사물들의 비유를 사용하여 본성에 대한 자신의 이론을 펼치는 것이 백마론을 이해하는 하나의 실마리가 될 수 있기 때문이다.

맹자와 고자는 네 개의 장에 걸쳐서 인仁, 의義 등의 덕목이 인간 본성의 일부인가 아닌가에 대해 논쟁하면서 본성에 대한 비유로 "사물의 힘"을 논하게 된다. 맹자의 제자들이 기록한 논변이기 때문에 고자의 입장은 완전한 형태로 전달되는 것이 아니기도 하고, 그 중에서도 첫째, 인간의 본성이란 살아있음에 불과하므로 다른 생명체의 살아있음과 다를 바가 없다는 점, 둘째, '흰 사물'을 본성론을 설명하기 위한 비유로 사용하는 것을 자연스럽게 받아들인다는 점은 명확하게 드러난다. 이 두 가지에서 유추할 수 있는 것은, 고자의 입장에서는 모든 생물체의 살아있음이 동일하다면 모든 사물의 '힘' 또한 동일하다는 결론이다. 여기에서 '힘 그 자체'에 대한 논의를 가능하게 하는 실마리를 찾아볼 수 있다.

"사물의 힘"에 대해 논의하는 맹자와 고자 사이의 논변을 살펴보자.

> 고자가 말했다. "살아있음을 본성이라 한다."
> 맹자가 말했다. "살아있음을 본성이라 하는 것은 힘을 희다고 하는 것과 같은가?"
> [고자가] 말했다. "그렇다."
> [맹자가] 말했다. "흰 깃털의 힘은 흰 눈의 힘과 같고, 흰 눈의 힘은 흰 옥의 힘과 같은가?"
> [고자가] 말했다. "그렇다."
> [맹자가] 말했다. "그렇다면 개의 본성은 소의 본성과 같고, 소의 본성은 인간의 본성과 같다는 말인가!"[121]

맹자가 말했다. "어찌 인仁은 내부에서 나오고 의義는 외부에 있다고 하는가?"

[고자가] 말했다. "저 사람이 어른이라 내가 그를 어른으로 대우하는 것이지, '어른임'이 나에게 있는 것이 아니니, 저것이 흰색이라 내가 그것을 흰색으로 여기는 것과 같다. 흼이 나의 외부에 있음을 따라 외부라고 하는 것이다."

[맹자가] 대답했다. "[자네가] 말의 힘을 희게 여기는 것이 사람의 힘을 희게 여기는 것과 다를 바가 없다고 하는 것과는 다르다. 잘 모르겠지만, 말의 나이 듦을 나이 든 대우를 하는 것과 사람의 나이 듦을 나이 든 대우를 하는 것이 다를 바가 없겠는가?"[122]

첫 번째 인용문에서, 고자가 "살아있음을 본성이라 한다[生之謂性]"라고 주장한 내용을 맹자가 이어 질문한 "힘을 희다고 하는[白之謂白]" 것을 미루어 유추해 보도록 하자. 고자는 "살아있음을 본성이라 하는" 것이 희다는 특징을 가진 것은 모두 동일하게 희다고 말할 수 있는 것과 마찬가지라고 인정했다. 그렇다면 이는 살아있다는 성질에 대해서는 그것이 어떤 종에 속했는지와 상관없이 모두 '본성'이라고 부를 수 있다고 주장한 것이다. 그러므로 고자에게 있어서 본성은 그 본성이 깃들어 있는 개체 혹은 종의 특징을 전혀 반영하지 않으므로, 인간이란 무엇인가, 무엇이 인간을 인간이게 하는가 등에 대한 이상이 담겨있지 않다. 그렇기 때문에 고자에게 있어서 본성은 곧 먹어서 개체의 생명을 유지하고, 짝짓기를 통해서 종을 번식시키는 것 이외에 아무런 의미가 없다. 이렇게 볼 때 인간의 본성과 개의 본성, 심지어 벌이나 달팽이와 같은 미물이라고 하더라도 그 본성은 다를 것이 없어진다.

맹자의 경우는 다르다. 맹자는 인의예지仁義禮智와 같은 도덕적인 욕구가 본성의 일부라고 보았기 때문에, 그에게 있어서 개의 본성과 소의 본성, 인간의 본성은 모두 다를 수밖에 없다. 이를 공손룡 식으로 표현하면 본성은 특정 종에 한정되면서 변하기 때문에, 종을 특정하지 않은 본성이 곧 먹고 번식하는 욕구를 의미한다면 본성 일반은 특정 종과 결합하면서 그 의미가 달라진다고 이해한 것이다. 그러므로 맹자에게 있어서 개의 본성은 이미 개와 결합하고, 인간의 본성은 이미 인간과 결합하였기 때문에 본성 그 자체와 다르며, 개의 본성과 인간의 본성은 서로 달라지게 된다.

공손룡의 경우 백마白馬의 마馬와 마馬 그 자체가 서로 다르다는 것을 거듭 강조하였을 뿐, 백마白馬의 마馬와 흑마黑馬의 마馬가 서로 다른가에 대한 논의는 명시적으로 드러난 것이 없다. 그러나 공손룡이 주장한 내용을 유추해 볼 수는 있다. 물론 공손룡은 일차적으로 '더해진 상태'인 것과 '더해지지 않은 상태'인 것이 서로 다른 위位인 것으로 판단하여 더해진 것들은 우양牛羊이든 아니면 두 획의 합이든 모두 二라고 부르는 등 분리되지 않은 것들을 모두 동일하게 취급하기도 한다. 그러나 다른 한편, 백마白馬 안의 마馬는 흰 말을 지칭하는 데 사용되고 흑마黑馬 안의 마馬는 검정 말을 지칭하는 데 사용되며, 지물관계에서 달을 가리키는 가리킴과 해를 가리키는 가리킴은 서로 다른 모습이 될 것이며, 또 인간관계에서는 간신의 영향을 받은 군주와 충신의 영향을 받은 군주는 다른 인간이 될 수밖에 없을 것이다.

첫 번째 인용문에서 힘의 비유는 맹자가 시작한 것이며, 맹자는 힘을 본성, 즉 인간 내면에 있는 고유한 것에 대한 비유로 사용하였다. 이 경우, 종과 상관없는 본성 그 자체에 대한 언급이 없기 때문에 힘 그 자체와 흰 말이 서로 같은가 다른가에 대한 논의를 하기는 어렵다. 그러나 흰 깃털의 힘, 흰 눈의 힘, 흰 옥의 힘 등을 분리해서 말할 수 있다는 것은 힘 그 자체를 따로 생각할 수 있는지, 힘 그 자체는 각 개체와 결합한 힘과 같을 것인지에 대한 의문을 낳기에 충분하다.

두 번째 인용문에서 힘에 대한 비유를 사용하는 쪽은 고자다. 이 경우 힘은 외부사물의 자극에 대한 비유다. '희다'라는 자극이 눈으로 들어오면 내면에서는 바로 '희다'라고 반응을 하게 된다는 점에서, 힘은 어느 경우에나 동일한 반응을 이끌어내는 자극의 한 예시로 사용되었다. 고자는 어른을 어른으로 모시는 공경의 마음을 의로움[義]의 한 예로 들면서, 어른에 대한 공경의 반응은 힘에 대한 반응과 같은 것이기 때문에 곧 의로움은 내면에서 우러나오는 것이 아니라 외부 조건에 대한 반응일 따름이라고 주장한다. 바람이 불면 소리가 나는 퉁소와 같이 인간 내면의 기제로 행동이 결정되는 것이 아니라 예禮와 같이 주어진 행동원칙에 따라 행동으로 옮길 뿐이라는 것이다.

맹자는 고자의 이러한 주장에 반대하여 인간이 자신에게 내재된 인의예지의 충동에 따라 움직인다는 것을 증명하기 위해 힘의 비유를 받아친다. 고자 입장에서는 모든 사물의 힘을 동일하게 희다고 여길 수 있을지 모르겠지만, 맹자에게는 나이 든 말에게 나이 든 대우를 하는 것과 나이 든 사람에게 나이 든 대우를 하는 것은 다르다. 말이든 사람이든 상관없이 '나이 듦'이라는 자극에 대한 단순한 반응으로 공경의 행동이 나오는 것이 아니라 공경의 행동은 인간에 내재되어 있는 의로움이라는 덕목의 발현이기 때문에 사람과 말의 나이 듦을 구분할 수 있다는 주장을 하기 위한 것이다. 그러므로 같이 '나이 듦'을 목격했다고 하더라도 그 결합의 대상이 누구인가에 따라 인간의 반응은 달라지게 된다. 이 경우, 맹자의 입장을 다시 힘의 비유로 환산하면 말의 힘에 대한 반응과 사람의 힘에 대한 반응은 동일한 '힘'이라도 어떤 것과 결합된 형태인가에 따라 달라진다는 것이다.[123]

  말의 힘, 사람의 힘, 흰 깃털의 힘 등 다양한 사물의 힘에 대한 논의가 전개되었고, 서로 학파가 다른 두 사람은 힘의 비유를 사용하여 자신이 주장하고자 하는 본성론을 뒷받침하였다. 각자 다른 사물에 깃들어 있는 '힘', 혹은 이에 대한 인간의 반응을 서로 비교한다는 것은 곧 그 사물과 힘을 분리해서 사유할 수 있는 가능성을 보여준다. 고자처럼 모든 사물의 힘은 동일하다고 생각한다면 더더욱 사물과 그 특성인 힘을 분리해서 추상화할 수 있는 가능성을 시사한다. 또한 본성은 어떤 종이나 개체에 한정되느냐에 따라 서로 다르며, 어떤 특징이 어떤 대상에 한정되느냐에 따라 이에 대한 인간의 반응도 달라진다는 맹자의 입장은 그렇다면 무엇과도 함께하지 않은 힘 그 자체, 나이 듦 그 자체, 혹은 인간 내면 그 자체와, 또 무언가와 함께하고 있는 것은 서로 달라질 수 있다는 의문으로 이어질 수 있는 실마리를 보인다. 맹자에게 있어서 개의 본성과 인간의 본성은 다르다. 고자가 주장하는 식색이라는 공통의 본성과도 다르다. "힘"의 비유를 사용하면 힘 그 자체와 흰 말의 힘은 서로 다르다고 표현할 수도 있을 것이다.

이렇듯 맹자와 고자 사이의 논변은 백마론으로 이어질 수 있는 사고의 가능성을 제공한다. 공손룡이 맹자와 고자 사이의 논변에서 직접적인 영향을 받은 것이 아니더라도 사물의 특징, 그리고 이에 비유한 인간 본성에 대한 추상적인 개념이 생성되는 시대의 흐름을 '흰 사물'에 관한 논변을 통해 읽어낼 수 있다.

명名 중심의 유가 정명론

맹자는 본성의 비유로서 '흰 깃털의 힘'과 '흰 옥의 힘'은 서로 다르다는 주장을 하여 백마론으로 이어질 수 있는 사고의 가능성을 제공한다. 그러나 공손룡의 인간 이해는 맹자의 성선론과는 완전히 다르다. 첫째로 맹자는 인간 내면은 선한 방향성을 지닌다고 생각하였다. 맹자에게 있어서 개의 본성 혹은 본성 일반과 인간의 본성이 다른 것은 인간의 본성에는 내면에 인의예지가 들어있기 때문이다. 공손룡은 비록 변화를 부정적으로 보지만 인간 내면이 있는 그대로 선하기 때문이라는 언급은 전혀 찾을 수 없다. 둘째로 맹자는 선한 방향성을 바탕으로 적극적인 노력을 더해 성인과도 같은 모습을 갖추기 위해 더더욱 증진해야 한다고 보았다. 더 긍정적인 방향의 변화를 추구하는 것이다. 이 또한 공손룡과는 다른 부분이다. 맹자의 경우는 본성 일반보다는 "인간의 본성"과 같은 형태로 결합된 것이 이상적인 모습이지만 공손룡에게는 그렇지 않다.

유가 특유의 이러한 도덕적 수양론은 정명론으로 연결되기 때문에, 맹자와 공손룡의 가장 큰 차이점은 정명론에서 드러난다. 우선 공자의 정명론부터 따져보도록 하자.

"고불고觚不觚, 고재觚哉! 고재觚哉!"[124]

이 문장은 공자가 당대의 혼란이 '이름이 올바르지 않음'에서 나왔음을 한탄하며 뱉은 말로, 공자의 정명론을 대표하는 문구 중 하나다. 이 문장의 첫 번째 "고觚(사각잔)"는 "고"라는 이름으로 불리는 물건을 지칭한다. 두 번째는 "고"가 마땅히 가져야 할 덕목, 즉 사각형 모양의 잔이라는 성질을 말한다. 보통 이 문장은 다음과 같이 번역한다.

"'사각 잔'이라 불리는 잔이 사각이 아니라면 사각 잔이라 할 수 있겠는가, 사각 잔이라 할 수 있겠는가!"[125]

여기에서 사각 잔에 각이 없어지면 더 이상 사각 잔이라고 부를 수 없을 것이라는 공자의 한탄은 '사각 잔'이라는 명칭을 폐기해야 한다는 주장 이상의 함의를 가지고 있다. 만약 '사각 잔에 각이 사라졌으므로 이를 이제부터는 다른 이름으로 부르도록 하자'는 것이 공자의 주장이었다면 공자의 정명론은 실재를 기준으로 이름을 바꾸는 것이 가능한 기표記標(귀로 감지할 수 있는 말의 외적 형식으로 소리의 측면을 가리킴)와 기의記意(언어가 담고 있는 의미)의 정확한 관계에 대한 언어학적 주장일 뿐, 정치나 수양을 위한 함의를 가진 실천적 도덕성을 요구하는 문장일 수는 없게 되기 때문이다.

그렇다면 사각 잔이라고 할 수 없는 사각 잔은 어떻게 해야 하는가? 다시 이름에 맞추어 각을 되찾든가, 그렇지 않다면 더 이상 제사에서 사각 잔의 역할을 할 수 없으므로 폐기해야 한다. 사각 잔이라는 이름 혹은 명분에 따라 그 잔은 사각이라는 성질, 즉 실재 계속 유지해야 할 의무를 갖는다. 그러므로 세월이 지나고 문화가 바뀌어 이름만 "고"로 남고 모양은 점점 각을 잃게 되었다고 해도 공자에 의하면 바뀌어야 하는 것은 이름이 아니라 곧 실재인 것이다. 공자의 이러한 성향 때문에 유가의 명실론은 명분 위주의 고리타분한 복고주의라는 비난을 받기도 한다. 그러나 공자 명실론의 본질은 정치에 있어서 지배층의 도덕적 수양을 강조한다는 데에 있다.

공자의 정명론을 대표하는 문구인 '군군君君, 신신臣臣, 부부父父, 자자子子'에서 이러한 모습을 확인할 수 있다.[126] 제 경공이 정치란 무엇인가 물었을 때, 공자는 임금이 임금답고 아버지가 아버지다울 것을 꼽았다. 임금이나 아버지라는 이름을 가진 자는 그에 걸맞은 실재, 즉 군주로서 또는 아버지로서의 도덕적인 가치를 제대로 갖추고 있지 않은 경우 이를 얻기 위해 노력해야 한다. 예컨대 임금은 임금다운 행동을 해야만 나라가 올바르게 다스려지는 정치가 이루어질 수 있는데, 정치가 이루어진다는 것은 곧 임금으로서의 역할을 제대로 수행하며 또한 임금으로서의 위엄이 서고, 그러므로 임금에 걸맞은 대우를 기대할 수 있게 되는 것이다. 여기에 대한 제 경공의 대답이, 이러한 조건이 이루어지지 않는다면 '내가 밥을 먹을 수 없을 것이다'임을 감안했을 때, 모든 이가 자신 몫의 역할을 했을 때만이 임금도 자신 몫의 권리를 누릴 수 있음을 이해했다고 볼 수 있다.

그러나 제 경공은 공자를 만나기 이전에도 도덕적 수양에 힘쓰는 인간은 아닌 것으로 보이고, 공자의 말에 깨달음을 얻은 듯 대꾸를 하였으나 결국 큰 변화를 일으키지는 못했다.[127] 이렇게 임금이 임금다움을 유지하지 못하는 상황에 대한 공자의 답은 나라를 떠나는 것이었다. 공자는 위와 같은 조언을 통해 제 경공의 행동을 변화시키려고 노력했지만 곧 포기하고 더 이상 그를 군주로 모시지 않기로 선택했다. 다시 말해 제 경공은 공자에게는 더 이상 군주의 역할을 할 수 없게 된 것이다. 이름에 맞추어 실재를 갖추기 위한 노력을 해야 하며, 실재가 없는 경우 그에 따른 지위 또한 누릴 수 없게 되는 것이다. 그러나 제 경공에게 있어서 공자에 한해 군주의 지위를 잃은 것은 그리 큰 상실로 여기지 않았다. 그러므로 후대의 보완이 필요하게 된다.

임금이 임금다워야 함을 주장한 공자가 제 경공에게 자신의 모자란 점들을 돌아보고 나라를 바로잡아 백성을 위한 정치를 하라고 다그친 것은 정명을 통해 신하가 임금의 행위를 통제하여 나라의 평온을 유지할 수 있는 하나의 방법이기 때문이다. 맹자는 이러한 공자의 태도를 이어받지만 정명의 원칙을 조금 더 적극적으로 적용한다. 다음 인용문을 보자.

제 선왕이 경卿에 대해 물었다. 맹자가 말했다. "왕은 어떤 경에 대해 물으시는 겁니까?"

왕이 말했다. "경이 다 같지 않습니까?"

[맹자가] 말했다. "같지 않습니다. 친척이라 경이 되는 것이 있고, 성이 같지 않아도 경이 되는 것도 있습니다."

왕이 말했다. "친척인 경에 대해 묻고 싶습니다."

[맹자가] 말했다. "군주가 큰 잘못을 하면 간언하고, [간언을] 반복하는데도 듣지 않으면 왕 자리를 바꿉니다."

왕은 완전히 얼굴색이 바뀌었다.[128]

제 선왕이 물었다. "탕 임금이 걸 임금을 추방하고 무왕은 주 임금을 벌했다고 하는데 그런 일이 있었습니까?"

맹자가 대답했다. "전傳에 나와 있습니다."

[제 선왕이 말했다.] "신하가 임금을 시해해도 되는 겁니까?"

[맹자가 말했다.] "어진 자를 해치는 것은 적賊이라는 말을 쓰고, 의로운 자를 해치는 것은 잔殘이라는 표현을 씁니다. 잔적하는 사람은 '한 사람 필부'라고 하지요. 한 사람 필부인 주를 죽였다는 말은 들었어도 임금을 시해했다는 말은 듣지 못했습니다."[129]

첫 번째 인용문에서 보면 같은 성을 가진 친척들에게 높은 자리를 맡겼을 때, 그들은 친척으로서 왕의 권력을 탄탄하게 하는 역할을 하는 것이 아니라 오히려 왕의 행동의 잘잘못을 따져보아 조언을 하고, 조언이 반복되어도 행동을 고치지 않는다면 왕의 자리에서 몰아내는 일까지 감행해야 한다. 왕의 역할을 제대로 못하고 신하들의 충고를 듣지도 않는 왕은 그 자리를 지킬 수 없다.

두 번째 인용문에서도 마찬가지다. 왕의 역할을 제대로 하지 못하고, 어진 자나 의로운 자를 해치는 행위를 한 하나라 걸왕과 은나라 주왕은 이미 왕이라고 불릴 수 없으며, 그러므로 왕으로서의 권리를 주장할 수도 없다. 맹자에게 있어서 걸왕과 주왕은 먼저 덕을 잃었기 때문에, 왕이라는 명칭 또한 잃게 되고, 이에 따라 지위와 목숨까지 잃을 수밖에 없는 필부들이었다. 덕이란 왕이 마땅히 갖추어야 하는 도덕적인 조건을 말하는데, 도덕적인 수양에 제대로 힘쓰지 않은 경우 왕이라는 이름에 걸맞은 실재를 갖추지 못하게 되므로, 결국은 이름을 잃고 그 이름에 해당하는 권리마저 박탈될 수 있음을 말한다.

공자의 정명론은 각각의 인물이 해당 지위에서 자신의 역할을 다 할 것을 종용한다. 이는 아들이나 신하처럼 지위가 낮은 이뿐 아니라 아버지나 임금처럼 권위를 가진 인물에게도 해당하는 규범이다.

공자의 정명론과 동일하게 맹자의 정명론 또한 실재란 이름에 맞추어야 하는 것이다. 이 경우 실재는 곧 인의, 즉 도덕성을 의미한다. 한 사람의 실제 성품, 즉 실재가 마땅히 갖춰야 할 인의에 걸맞지 못한 경우 지위마저 잃게 된다고 여겼다. 이러한 이름 위주의 정명론은 공손룡이 층위 위주의 정명론을 주장한 것과는 확연히 다른 것이다. 그러므로 유가와 공손룡은 표면적으로는 같은 일명일실을 주장하는 듯 보이지만 그 내용은 서로 완전히 다르다고 할 수 있다.

층위가 올바름을 결정한다는 공손룡의 정명론에서 층위는 사회적인 지위 그 자체를 의미하는 것은 아니며, 군주 혹은 특정 역할을 하는 인간이 외부 자극에서 자유로울 수 있는가의 여부를 말한다. 특정 성질에 한정되거나, 혹은 외부 자극에 의해 호오를 드러내거나, 아니면 자기 이외의 존재와 성질이 뒤섞이는 등 "함께하는" 과정을 겪지 않은 채, 자신의 고유한 성질을 그대로 유지하며 그 어떤 호오의 반응도 드러내지 않고 또 특정 성질에 자신을 한정시키지 않은 채 보편성을 유지하는 것이 곧 올바른 위位를 유지할 수 있는 방법이다. 그러나 그렇게 '분리된' 군주로서의 올바른 층위를 보임에 따라 군주는 자신의 사회적 지위를 지킬 수 있게 되기도 한다. 올바른 층위는 곧 권력 유지로 이어진다.

군주가 올바른 층위를 지킴에 있어서 명과 실의 관계보다 층위가 더욱 중요하다는 것은 군주가 신하와의 관계에서 어떤 은혜를 보이고 어진 정치를 베풀며 백성을 위했는가와는 상관없이 그가 얼마나 성공적으로 권력과 나라를 유지할 수 있는가에 대한 문제라는 것이다. 결국 분리의 층위는 사회적인 층위를 결정하며, 공손룡이 추구하는 것은 바로 도덕적인 올바름보다는 사회적인 지위를 추구하는 정명론이라는 점에서 유가적인 정명론과는 반대의 흐름을 갖는다.

한편, 같은 유가의 인물이지만 성악설을 주장한 순자는 맹자와는 달리 인간은 사회에 혼란을 일으키는 악한 존재로 태어나서 교육을 통해 선한 변화를 겪을 수 있다는 이론을 편다. 공자·맹자와 다른 정명론을 주장하며, 변화에 대해서도 다른 태도를 보인다. 순자는 백마론을 어떻게 접근하는지 살펴보자.

2. 순자의 공손룡 비판

변화 이전과 이후의 개체는 하나인가 둘인가

공손룡은 가리킴에 두 가지 의미가 있다는 것을 밝히는 데서 멈추지 않고, 그 둘은 의미상으로 서로 다를 뿐 아니라 의미의 층위에 있어서도 서로 다르며, 그러므로 어느 한 쪽은 올바르지 않아서 하나의 어휘로 두 가지 모두를 지칭하는 것은 옳지 않음을 적극적으로 주장한다. 그러나 당대의 다른 사상가들은 본성론과 연관된 단어들의 중의성을 있는 그대로 받아들인다. 다시 말해 공손룡이 "가리킴은 가리킴이 아니다"라고 주장했다면 순자, 장자나 묵가는 "지각은 지각이다", 즉 두 종류의 지각이 모두 지각에 포함되어 있다고 주장한 것과 같다. 공손룡은 내면은 외물의 자극을 받아 완전히 다른 것이 되기 때문에, 더 이상 흰 말에는 말이 없고 二에는 一이 없음을 주장했다. 그러나 순자나 묵가는 지각에 사물이 더해져서 무언가가 달라지는 것은 사실이지만 그럼에도 불구하고 지각은 여전히 지각이라고 여긴 것이다.

가리킴 혹은 지각은 모두 인간의 내면이 외부의 자극에 반응하는 모습이라는 점에서 서로 유사하다. 그러나 이 둘에 대한 태도의 차이는 곧 인간에 대한 이해의 차이로 이어진다. 순자와 공손룡의 사상적인 차이는 순자의 백마비마 비판에서 더욱 잘 드러난다. 지각 및 인간 내면의 기능에 대해 이중적인 의미를 받아들이는 순자와, 이중적인 의미를 부정하는 공손룡은 인간의 교육과 변화에 대해 서로 어떤 다른 견해를 가지고 있으며, 이것이 《순자》〈정명〉의 백마론 비판에서 어떤 식으로 드러나는지 살펴보도록 하자.

순자의 백마비마 비판 - 개체의 개수에 대한 오해

순자는 〈정명〉을 통해, 이름을 만드는 원칙에 대해 이해하면 세상의 다양한 궤변들을 분석하여 물리칠 수 있음을 설명하면서 궤변의 예시 중 하나로 백마비마를 제시한다. 공손룡의 이름이 직접 언급된 것은 아니지만 당대의 백마론 이해를 가늠할 수 있는 근거 중 하나가 될 것이다. 순자는 이름을 짓는 원칙 세 가지와 연결 지을 수 있는 언어의 세 가지 미혹을 논의하는데, 백마비마는 이름의 쓰임에 미혹되어 실재를 어지럽히는 세 번째 경우에 해당된다.

'화살이 기둥을 지나지 않는다', '백마는 말이 아니다' 등의 궤변은 이름의 쓰임에 미혹되어 실재를 어지럽히는 것이다. 이는 이름을 짓는 약속으로 증험하여 그 지키는 것을 가지고 그 단어를 기준에 맞추면 금지할 수 있다.

잘못된 이론과 치우친 말들로 정도에서 벗어나게 하고 제멋대로 만드는 것들은 이 세 가지 미혹에 분류되지 않는 것이 없다.[130]

말로 사람을 혼란시키는 세 가지 미혹은 우선 명과 실을 나누어서 이름의 쓰임에 미혹되어 이름을 어지럽히는 것, 실재의 쓰임에 미혹되어 이름을 어지럽히는 것, 그리고 이름의 쓰임에 미혹되어 실재를 어지럽히는 것이다. 백마비마는 이름의 쓰임으로 실재를 미혹하는 세 번째 종류에 해당한다. 다시 말해 순자에 의하면 "흰 말은 말이 아니다"라는 궤변은 말이라는 이름에 대한 혼란을 낳는 것이 아니라 말이나 흰 말의 실재를 혼란시킨다는 것이다.

반면 순자는 "성인은 [다른 사람을 사랑하고] 자신을 사랑하지 않는다", "도적을 죽이는 것은 사람을 죽이는 것이 아니다" 등 "사람[人]"이라는 단어의 언어에 대한 범주를 두고 말장난을 하는 궤변들에 대해서는 이름의 쓰임으로 이름을 미혹하는 첫 번째 종류의 궤변으로 분류한다. "성인이 자신을 사랑하지 않는다"는 궤변은, "성인은 다른 사람을 사랑한다"는 문장에서 인人이 자기 자신인 기己의 반대말로 사용될 수 있음에 착안하여 성인이 인人을 사랑한다면 자기 자신은 사랑하지 않는다는 결론을 왜곡되게 도출한 것이다.[131] 이 경우 인人은 인류 전반을 지칭할 수도, 기己의 반대말인 '타인'을 지칭할 수도 있는 중의성을 갖는다. 이 궤변과 백마비마는 순자의 분류에 따르면 둘 모두 '이름을 사용하여' 혼란을 일으키는 것이므로, 그 이름의 중의성을 도구로 하여 혼란을 일으켰다는 점에서는 동일하다.

"도적을 죽이는 것은 사람을 죽이는 것이 아니다"는 《묵자》〈소취〉에서 백마비마와 형태상으로는 유사하지만 참·거짓 분류가 달라지는 예시로 등장한 명제이기도 하다. 다시 말해 묵가에서는 같은 형태의 궤변으로 분류한 것을, 순자의 입장에서는 어느 한 경우는 말의 실재를 혼란시킨 것으로, 그리고 다른 경우는 사람이라는 이름을 혼란시킨 것으로 달리 분류한 것이다. 그렇다면 겉으로 보아서는 동일한 형태의 이 두 궤변을 다른 분류에 넣은 이유는 무엇인가?

위 인용문에 따르면 이 세 번째 미혹을 증험하는 기준은 "이름을 짓는 약속"인데, 순자는 세 가지의 미혹 각각에 맞춰 살펴봐야 할 기준 세 가지를 설명한다.

> 왕 노릇할 이가 일어난다면 옛 이름을 따르는 것도 있고, 새로운 이름을 만드는 것도 있을 것이다. 그러므로 이름이 있는 까닭, 같고 다름을 따지는 기준, 그리고 이름을 짓는 원칙을 살피지 않을 수 없다.[132]

이름이 있는 까닭과 같고 다름을 따지는 기준은 다음과 같다. 순자에 따르면 '도적을 죽이는 것은 사람을 죽이는 것이 아니다'라는 이름의 쓰임에 미혹되어 이름을 어지럽히는 것에 해당하고, 이 분류의 오류를 확인할 수 있는 방법은 곧 이름이 있게 된 근거를 확인하는 것이다.[133] 또한 순자는 이름이 있게 된 근거는 이름이 있어야 높고 낮음과 같고 다름을 분별할 수 있기 때문이라고 주장한다.[134] 이러한 이름의 존재 의의를 기준으로 보았을 때, '도적을 죽이는 것은 사람을 죽이는 것이 아니다'와 같은 궤변은 도적과 인간의 같고 다름, 즉 도적은 인간인가 아닌가를 확인함으로써 해결 가능하다.

같고 다름을 따지는 기준은 감각기관의 판단이다. 어느 하나는 도적이고 어느 하나는 도적이 아닌 인간이라고 하더라도 눈으로 사지를 살피고 귀로 그들의 말소리를 들었을 때 그 둘은 분명 같은 종에 속해 있고 그 둘은 모두 인간임이 틀림없다. 순자는 묵가의 '도적을 죽이는 것은 인간을 죽이는 것이 아니다'라는 궤변이 도적이라는 개체가 인간이라는 종에 속하는가 속하지 않는가를 따지는 언어의 범주 문제라고 분류한 것이다. 문제는 순자가 '백마비마'를 같은 범주로 분류하지 않았다는 것이다.

순자는 백마비마 궤변이 속한 이름의 쓰임에 미혹되어 실재가 혼란스러워지는 경우를 증험할 수 있는 '이름을 짓는 원칙'을 다시 세 가지로 나누어 설명한다. 첫 번째로는 단명單名 – 겸명兼名, 공명共名 – 별명別名 등 명사의 분류, 두 번째로는 원래부터 정해진 명실 관계란 없다는 언어의 자의성에 대한 설명, 그리고 세 번째로는 실재의 개수를 세는 기준에 대한 것이다. 언어의 자의성은 흰 말이 왜 말이 아닌지에 대해서는 아무런 설명이 되지 않으므로 우선 제외할 수 있다. 백마와 마의 차이는 곧 단명 – 겸명의 차이거나 실재의 개수의 차이가 된다.

그러나 백마비마 궤변이 곧 단명 – 겸명의 문제라고 하면 도둑을 죽이는 것은 인간을 죽이는 것이 아니라는 궤변과 무엇이 달라지는지 더욱 알 수 없게 된다. 순자는 도盜와 인人을 비교하고 있지만 《묵자》에서는 도둑을 도인盜人이라고 쓰고 있기 때문에 더욱 그렇다. 백마白馬가 마馬에 백白을 더한 겸명인 것과 마찬가지로 도인盜人은 인人에 도盜라는 조건을 더한 겸명이다. 그런데도 도둑 궤변은 언어를 혼란시키는 것이고, 백마 궤변은 이와는 달리 실재를 혼란시킨다고 하는 이유는 무엇인가? 실재의 개수에 관한 순자의 설명을 들어보자.

> 사물 중 형태가 같고 공간이 다른 것과 형태가 다르고 공간이 같은 것은 구분할 수 있다. 형태가 같고 공간이 다른 것은 비록 합칠 수 있더라도 두 개의 실재라고 한다. 형태가 변하였지만 실재가 구별되지 않는 것은 '다른 것'이라 하니 이를 변화[化]했다고 한다. 변화하기는 했지만 구별이 없는 것은 하나의 실재라고 한다. 이것이 바로 사물이 실재를 고찰하여 수를 정하는 방법이다.[135]

사물의 숫자를 정하는 법, 즉 이 사물이 하나의 동일한 것인가, 아니면 두 개 이상의 서로 다른 사물인가를 구별하는 방법을 설명하는 단락이다. 똑같은 모양의 흰 골프공 열 개가 있을 때, 그 열 개의 사물은 서로 구분이 불가능할 정도로 아주 똑같아 보이겠지만 형태가 같다고 해도 점유하고 있는 공간이 다르므로 이들은 서로 다른 개체들이다. 그러나 같은 골프공이 큰 충격을 받아 산산조각이 나버리거나 열을 받아 녹아버려 전혀 다른 형태가 되었다고 하더라도 같은 공간을 점유하고 있다면 이는 형태가 변하기 이전과 같은 물건이다.

이 경우 '공간이 다른 것'은 하나의 물체를 A 지점에서 B 지점으로 옮긴 것을 말하는 것은 아니고, 실재의 같고 다름을 판단할 수 있는 기준이라고 보면 연속적인 시간 내에서 차지하고 있는 공간의 동일성을 의미한다고 보아야 할 것이다. 위치상의 장소는 계속 변화하고 있지만 사라졌다가 다시 나타나거나 순간이동을 하지 않은 이상, 시간적으로 연결되어 있는 순간 내에서 그 사물은 동일한 공간을 차지하고 있다.

이렇게 같은 공간을 차지하고 있다면 그 사물의 외형이 바뀌어 달라진다고 하더라도 두 개의 개별적 실재인 것이 아니며, 다만 하나의 실재가 변화한 것이라고 설명한다. 어린 아이가 자라서 어른이 되는 것처럼 외형이 변화하였더라도 그 몸이 하나에서 다른 쪽으로 옮겨간 것이 아니라면 이는 같은 실재이고, 모습이 바뀌었지만 다른 것이 아닌 하나다. 색이 정해지지 않은 말이 색이 정해지는 변화를 겪었다고 한들, 색이 정해지지 않은 말과 색이 정해진 말이 서로 다르다고 아무리 설명하더라도 그 실재의 개수를 세자면 동일하다는 점이 명확하며, 그러므로 다르지 않다는 것이다.

다시 말해 순자는 외형이 변화하였더라도 개체가 바뀐 것은 아니며 그러므로 그 둘은 하나임을 주장했다. 이는 공손룡이 조금이라도 변했다면 그 둘은 완전히 달라진 것이며 더 이상 같은 이름으로 불릴 수 없다고 주장한 것과 반대된다. 이렇듯 공손룡과 다른 순자의 명실론은 본성론 및 사상 전반에서 어떻게 다르게 드러나는가?

본성과 변화에 대한 견해 차이 – 인간은 변해야만 하는가

순자는 성악설로 가장 잘 알려진 인물이다. 그러나 그 또한 유가의 사상가로서 인간의 변화 가능성을 믿었다. 인간은 누구나 악하게 태어나지만, 또한 누구나 교육을 통해 성인聖人이 될 수 있다고도 주장했다. 그에게 모든 선한 것은 성인을 통해 나온 인위에서 비롯된 것이고, 인간의 본성에서는 질서와 인의예지를 찾을 수 없다고 보았다. 다시 말해 인간은 태어났을 때의 모습과 완성된 이후의 모습이 다르다는 것이다.

> 질문자가 말했다. "사람의 본성이 악하다니, 그렇다면 예의는 어디에서 생겼습니까?"
> [순자가] 대답했다. "모든 예의라는 것은 성인의 인위적인 노력에서 생겼고 그러므로 인간의 본성에서 생긴 것이 아니다. (중략) 성인은 사려를 쌓고 인위적인 노력을 반복해서 습관화하여 예의를 만들고 법도를 일으켰기 때문에 예의법도라는 것은 성인의 인위에서 나왔고 사람의 본성에서 나온 것이 아니라고 하는 것이다."[136]

위의 인용문에서 명확한 것은, 순자는 인간의 타고난 모습인 본성[性]과 성인의 노력으로 얻은 결과물인 인위[僞]는 분명 서로 완전히 다르다고 보았다는 점이다. 인간의 본성은 본능적인 욕구와 이기적인 행동을 낳고 결국 쟁탈과 혼란으로 이어진다. 성인이 반복되는 시행착오를 통해 얻은 최고의 사회질서 법도인 예의를 따른다면 이러한 혼란에서 멀어질 수 있다. 그러므로 순자의 입장에서 보면 인간의 본성과 인위는 서로 다른 정도가 아니라 아예 서로 대척점에 있는 것이라고 할 수 있다. 하나는 악, 하나는 선이기 때문이다.

그러나 본성과 인위를 그저 서로 다른 것, 서로 반대되는 것으로 정의한다면 《순자》를 접하는 사람이라면 누구나 의심을 품을 것이다. 위에서 질문자 역시 "사람의 본성이 악하다니, 그렇다면 예의는 어디에서 생겼습니까?"라고 묻는다. 성인 또한 인간일 텐데, 그렇다면 그의 악한 본성의 어디에서 예의를 만들 수 있는 능력과 동기가 생겼는가? 본성과 인위를 서로 완전히 다른 반대되는 개념으로 설정한다면 답은 나올 수 없다. 본성은 어떤 식으로든 인위로 이어지는 지점이 있어야 하기 때문이다.

순자는 인간은 누구든지 학문을 통해 소인에서 군자로, 군자에서 성인으로 성장할 수 있다고 주장한다. 이는 인간에게 내재하고 있는 이치에 대한 깊은 깨달음의 순간에 생기는 변화도 아니고, 하늘에서 내려온 신의 계시에 의한 번개와도 같은 변신도 아니고, 외부에서 주어지는 자극과 가르침, 즉 스승과 법도를 꾸준히 학습하고 따르는 과정을 통해 생기는 성장과도 같다. 순자는 질서는 인간의 내면에서 끄집어낼 수 있는 것이 아니라 외부의 가르침을 통해서 얻어야 하는 것임을 거듭 설명하는데, 〈권학〉에서 그가 반복해서 사용하는 비유를 보면 순자가 생각하는 인간의 내면과 외부 자극 결합의 모델을 확인할 수 있다.

나는 하루 종일 생각을 해본 적도 있으나 잠시동안 공부를 한 것만 못했다. 발꿈치를 들고 멀리 보려고 한 적도 있으나 높은 곳에 올라 널리 본 것만 못했다. 높은 곳에 올라 부르면 팔의 길이가 더해지는 것은 아니지만 멀리 있는 이도 볼 수 있다. 바람을 따라 부르면 목소리에 속도가 더해지는 것은 아니지만 또렷하게 전달할 수 있다. 수레와 말을 잠시 이용하는[假] 이는 발이 빨라지는 것은 아니지만 천리에 다다르며, 배와 노를 잠시 이용하는 이는 헤엄을 칠 수 있게 되는 것은 아니지만 강을 건널 수 있다. 군자는 태어난 모습이 다른 것이 아니라 외부사물을 잘 이용하는 것이다.[137]

순자는 자신의 내면에 있는 정보만을 두고 하루 종일 생각을 하는 것과 외부의 정보를 끌어들여 공부하는 것을 자신의 키, 팔 길이, 목소리, 걸음 속도, 수영 실력 등 자신의 신체적인 능력만을 사용하는 것과 높은 언덕, 바람의 흐름, 수레와 말, 배와 노 등의 도구를 사용하여 효과를 증폭시키는 것에 비유한다. 공손룡이 가리킴[指]과 사물에 대한 가리킴[物指]을 비교한 것과 마찬가지로 순자는 인간의 능력 그 자체와 능력에 도구를 더한 것을 서로 비교하고 있다. 그리고 순자의 경우, 후자가 훨씬 우월한 것이라고 평가한다.

인간이 자신의 능력에 도구를 더하는 것을 순자는 가假라는 글자를 사용해서 표현한다. 가假는 거짓, 임시, 빌리다 등의 의미를 가지고 있는데, 완전히 내 것이 되는 것은 아니지만 일시적으로 그 효용에 기대어 빌려 사용하는 것을 말한다. 수영을 못하는 사람이

뗏목을 가지고 강을 건넌다고 해서 인간의 능력 그 자체가 변화하는 것은 아니다. 다만 뗏목이 더해졌기 때문에 강을 건너는 결과의 차이가 생긴 것이다. 순자에게 있어서 가假는 공손룡의 "함께하다[與]"와는 달리 일시적인 효과를 가질 뿐이고, 순자는 인간 본연의 상태는 전혀 바뀐 것이 없음을 거듭 강조한다. 높은 곳에 오른다고 해서 키가 달라진 것도, 바람에 목소리를 실어 보낸다고 해서 목소리가 달라진 것도, 말을 타고 달린다고 해서 실제 속도가 빨라진 것도 아니라는 것이다.

이러한 비유가 학문을 통해 인간이 어떻게 변화할 수 있는가에 대한 설명이었음을 감안하면 빨리 달리지 못하는 인간은 학문을 하기 전 소인의 상태, 수레를 타고 빨리 목적지에 도착할 수 있게 된 인간은 학문을 습득한 이후 군자 혹은 성인의 상태를 말한다. 그러므로 순자는 소인과 군자의 차이점은 외부사물의 효용을 얼마나 잘 "잠시 이용하는가[假]"에 달려있다고 한다. 소인의 상태는 본성 그대로지만 군자는 본성에다가 스승의 가르침이나 예의법도의 기준을 이용하여 잠시 빌린[假] 것이라고 할 수 있다. 비록 본성과 인위는 그 결과에 있어서는 서로 다른 것이지만, 그렇다고 인간 그 자체가 달라진 것은 아니다. 소인과 군자·성인은 그 행위는 다르지만 그 내면이 바뀐 것은 아니다.

그러므로 순자는 성인과 일반대중의 차이를 다음과 같이 설명한다.

그러므로 흙을 쌓아 산을 만들고, 물을 모아 바다를 만든다. 아침 저녁의 시간을 쌓으면 1년이 된다. 지극히 높은 것은 하늘이라고 하고, 지극히 낮은 것은 땅이라고 하며, 우주의 여섯 방향은 극이라고 부르고, 길가의 보통 백성이 선을 쌓아 이를 온전하게 끝까지 하면 성인이라고 부른다. 이는 구한 이후에 얻을 수 있고 행한 이후에 이룰 수 있으며 쌓은 이후에 높아지고 끝까지 한 이후에 성인이 되니, 그러므로 성인이라는 것은 사람이 쌓은 것이다.[138]

그러므로 성인은 본성을 교화하고 인위를 일으키니, 인위를 일으키면 예의가 생기고, 예의가 생기면 법도가 제정된다. 그렇다면 예의법도라는 것은 성인이 만든 것이다. 그러므로 성인이 대중과 같으며 대중과 다르지 않은 것은 본성이고, 대중과 다르며 더 많이 이룬 것은 곧 인위다. 이익을 좋아하고 얻고자 하는 것은 사람의 원래 감정이며 본성이다.[139]

흙을 쌓아 산을 만드는 것과 같이 길을 지나면서 만날 수 있는 일반 백성 누구라도 선을 쌓으면 성인이 될 수 있다는 것이 순자의 주장이다. 이익을 좋아하며 얻고 싶어 하는 기본적인 욕망은 성인이나 대중이나 동일하다. 배가 고프면 밥을 먹고 싶고, 추우면 이불을 덮고 싶고, 피곤하면 눕고 싶은 본능은 성인이 되어도 그대로다. 성인이 된다고 해서 좋은 것을 갖고 싶어 하는 욕구 자체가 사라지는 것은 아니기 때문이다. 그러므로 성인은 대중과 동일한 본성 위에 인위를 얹은 형태의 인간이 된다.

다시 말해 공손룡에게 외부 자극으로 인해 변화된 인간이 "가리킴이 사물과 함께한[指與物]" 상태였다면 순자에게 있어서 외부 자극으로 변화된 인간의 형태는 "본성이 인위를 이용하는[性假僞]"것이라고 할 수 있을 것이다. 이 둘을 비교하면 변화 이후의 상태에는 이전의 요소들을 찾을 수 없는 "함께함"이 곧 완전한 변화라고 할 수 있다. 이에 반해 가假는 일시적인 차용일 뿐이라서 인위가 덧대어진 이후의 인간에게도 여전히 그 이전의 본성은 변하지 않고 그대로다. 그러므로 공손룡은 二는 一획에 一획을 더한 결과물이지만 二에는 一이 없다고 주장했고, 아무것도 함께하기 이전의 순수한 상태만이 올바르다고 하였지만, 순자는 이와 다른 주장을 하게 된다. 순자에게 있어서 성인은 본성과 인위를 [일시적으로] 합친 결과물이고, 성인에게는 인위도 있지만 그 내면에는 소인일 때의 본성이 그대로 있다.[140]

이렇게 보았을 때 공손룡과 순자의 결정적인 차이점은 '함께하는·더해지는' 과정에서 벌어지는 변화가 과연 그 존재의 연속성을 파괴하는가 여부의 문제다. 공손룡에게 있어서 한정된 가리킴은 가리킴이라는 기능 자체와는 완전히 다른 것이기 때문에, 한정된 가리킴 안에는 기능으로서의 가리킴은 더 이상 없다. 가리킴의 문제에서 인격인 군자의 문제로 넘어갔을 때, 군신관계에 속한 군주는 더 이상 군주로서의 역할을 상실하였기 때문에, 그를 어떤 수양과 교육을 통해 다시 올바른 분리된 군주로 되돌릴 수 있는 방법은 없으며 그저 새로운 권력으로 교체하는 것이 차라리 나은 것이다. 이는 비록 소인과 성인을 완전히 다른 인물로 보고 있음에도 불구하고 소인이 성인으로 거듭날 가능성을 항상 염두에 두고 있는 순자와는 완전히 다른 인간 이해의 방식이다.

그렇기 때문에 순자는 공손룡을 비판하면서 하나의 실재가 비록 다른 모습을 띠게 되더라도 그 존재가 연속성을 갖는가 여부를 기준으로 비판하게 된다. 존재의 연속성 문제는 과연 순자의 사상 전체에서 어떤 역할을 하는가? 〈정명〉에서 순자는 사물이 차지하고 있는 장소는 그대로인 채로 모습만 바뀌는 것은 화化이며, 이는 다른 사물이 되는 것이 아니라고 주장했다. 〈정명〉 이외에도 화化라는 개념이 자주 등장하는 편이 있는데, 바로 〈성악〉이다. 인간은 비록 악한 본성을 가지고 태어나지만 성인이나 스승, 혹은 모범의 교화[化] 작용을 통해 바뀔 수 있다.

> 사람에게 스승이나 모범이 없으면 본성이 융성해지고, 스승이나 법도가 있으면 쌓인 것이 융성해질 것이다. 그리고 스승이나 모범이라는 것은 쌓인 것에서 얻는 것이고 본성에서 받는 것이 아니니, 본성은 그것만으로 바로 서서 질서를 잡기엔 부족하다. 본성이라는 것은 내가 어찌할 수 없는 것이지만 교화될 수 있다. 쌓은 것은 내가 가지고 태어난 것은 아니지만 어찌 할 수 있는 것이다.[141]

본성은 억지로 어떻게 할 수 있는 것이 아닌 갖고 태어난 그대로의 것이지만 외부 자극에 의해 교화될 수 있다. 교화는 성인과 예의법도에 의해 벌어지는 일이며, 소인을 군자로 또 성인으로 바꾸는 것이다.

화化의 과정은 주로 마법처럼 외형이 바뀌는 것으로 묘사되는데,

청대의 왕선겸은 화化를 "이전 형태를 바꾼다는 말로, 들쥐가 변하여 메추리가 되는 것과 같은 류[化者, 改舊形之名, 若田鼠化爲鴽之類]"라고 주석하였다. 장자는 꿈에서 나비가 되기도 하는 등 모습을 바꾸는 화化의 과정에 대해 여러 번 언급한다. 이 경우 화化는 자신이 나비인지 나비가 장자의 꿈을 꾸는지도 알 수 없을 정도로 하나로 통합되어버린 존재에게 벌어지는 탈바꿈이다.[142] 다시 말해 화化는 동일한 개체에서 벌어지는 변화라는 것이다. 소인에서 성인으로 변하는 것은 아무리 마법처럼 그 행동과 모습이 바뀌었다고 하더라도 그 실재가 둘인 것은 아니다. 가假라는 덧댐을 통해 본성에 인위가 더해졌다고 하더라도, 공손룡의 경우 함께하는 과정을 겪으면 곧 그 결과물에는 이전의 부분들이 없어진다고 주장하는 것과는 다르다.

순자는 성악설을 주장했고, 비록 성인이라고 해도 그 본성은 다른 사람과 마찬가지라고 주장했지만, 그렇다고 해서 그 행위가 영원히 변할 수 없다고 여긴 것은 아니었다. 오히려 순자는 인간의 본성이 혼란을 불러온다고 생각했기 때문에, 더더욱 교육을 통한 변화의 가능성을 중요하게 여겼다. 그런 그에게 과거의 성왕들은 보통 인간과 완전히 단절된 존재가 아니다. 순자는 그들 또한 일반인과 동일하게 내면의 욕구를 가지고 있음에도 불구하고 이를 극복하고 성인의 경지에 올랐다는 점을 강조했다. 모든 인간에게 교화의 가능성이 있다고 믿는 것은 그에게도 그가 교화하려고 한 대상에게도 중요하기 때문이다. 그러므로 순자는 악한 본성을 강조하면서도 모든 인간은 소인으로 태어나지만 곧 군자가 되고 성인이 될 가능성이 있다고 주장한다. 그렇게 성인이 된 자는 비록 소인의 짐승 같은 모습과는 완전히 달라졌지만 이는 형태의 변화일 따름이고 그의 내면에는 여전히 과거의 본성이 남아있다. 소인과 성인은 두 개의 다른 실재가 아니라, 다만 외부 자극에 대해 반응하는 결과가 달라졌을 따름인 하나의 실재인 것이다.

  이러한 순자의 입장에서 공손룡의 백마론은 더해진 결과물에는 더 이상 과거의 부분이 없으며, 외부 자극이 더해진 인간은 더 이상 과거의 인간이라고 할 수 없다는 완전한 단절의 선언이 궤변의 가장 큰 문제점으로 보였을 것이다. 그러므로 순자는 공손룡의 궤변이 언어의 범주 문제가 아니라 실재의 변화에 대한 내용임을 이해하고 있었고, 그렇기 때문에 본인의 주장과 다른 부분을 지적한 것으로 추측할 수 있다.

3. 후기묵가의 공손룡 비판

도둑은 사람인가 아닌가

명실 관계에 대한 견해 차이
-하나의 이름은 하나의 실재만을 지칭하는가

《공손룡자》의 내용 중에는 후기묵가의 기록과 같은 주제를 다루거나, 문장이 거의 일치하거나 유사한 대목이 다수 등장한다. 이러한 유사성 때문에 공손룡과 제자백가를 연결하는 기존 연구는 주로 후기묵가와의 비교에 집중되어 있었다. 《묵경》에는 단단함과 흼은 분리되는가, 소와 말은 서로 같은가 다른가, 이것과 저것의 관계는 일대일로 연결될 수 있는가, 그리고 눈과 빛으로 불을 볼 수 있는가 등 《공손룡자》에서 다루고 있는 주제뿐 아니라 문장까지 거의 그대로 일치하는 대목들이 발견된다.[143]

이러한 유사성에 대해 그레이엄은 《공손룡자》의 후반부는 《묵경》의 내용을 잘못 이해하고 거칠게 베낀 위작에 불과하다고 평가하고, 이에 반해 전반부에는 《묵경》과 비슷한 대목이 발견되지 않는다고 설명한다.[144] 그러나 한센이나 임만열 등은 전반부의 〈백마론〉 또한 후기묵가가 설명하는 우마牛馬 그리고 견백堅白이라는 두 가지 복명의 생성 방식에 대한 공손룡의 비판으로 이해하기도 한다.[145] 또한 〈지물론〉에서 공손룡의 지指는 《묵경》에서의 지知 정의와 매우 비슷한 형태를 띠고 있기도 하다. 다시 말해 《공손룡자》 후반부와 〈백마론〉·〈지물론〉 등의 전반부는 모두 후기묵가와 유사한 문장으로 같은 주제를 다루고 있지만 상반되는 주장을 담고 있다는 말이 되므로, 묵가와의 유사성을 기준으로 전후반부의 진위를 나누는 것은 무의미해진다.

한편 김철신은 후기묵가가 공손룡의 궤변들을 비판하고 있다고 해석하는데, 공손룡의 정명론은 하나의 이름은 하나의 실재만을 가리킨다고 주장했다는 점에서 유위설唯謂說이라고 볼 수 있다. 그러나 후기묵가는 이러한 유위설을 부정하며 곧 '피는 차일 수 있고, 차는 피일 수 있음[則彼亦且此, 此[亦此彼]也]'을 주장했다고 이해한다.[146] 또한 공손룡이 견과 백을 분리한 것에 대해 이는 감각만을 기반으로 판단한 것이므로 잘못되었다고 비판한다고 해석하고 있다.

《묵경》과 《공손룡자》 중 어느 쪽이 먼저 생성되었으며 어느 쪽이 영향을 받은 것인지에 대해서는 이렇듯 학자들 간에 의견이 갈린다. 그러나 후기묵가에 비해 공손룡이 더 강경한 형태의 명실론을 주장하고 있으며, 이러한 명실론의 차이를 기반으로 두 학파의 상호 비판이 이루어지고 있다는 점에서는 대략적인 합의가 있다.[147] 그렇다면 후기묵가와 공손룡 간의 이러한 차이점이 함의하는 것은 무엇인가?

위에서도 짚었듯이 후기묵가와 《공손룡자》는 유사한 시대적 사상적 배경에서 생성된 것으로, 외부 자극을 받아 호오가 생겨나는 인간 내면의 반응인 지指와 지知의 구도를 유사하게 파악하고 있다. 그러나 다른 한편, 공손룡은 이것은 이것을, 저것은 저것을 지칭하는 데 국한되어야 한다고 주장한 반면에, 후기묵가는 이것은 이것을 지칭할 수도 저것을 지칭할 수도 있고, 저것 또한 이것을 지칭할 수도 저것을 지칭할 수도 있다는 조금 더 느슨한 명실관계를 주장한다. 느슨한 명실 관계란 대체 무엇인가? 후기묵가는 소를 말이라고 부르고, 말을 소라고 불러도 된다고 여겼다는 것인가? 하나의 이름이 두 가지 이상을 지칭할 수도 있다는 사실을 받아들인다는 것은, 첫 눈에는 의사소통을 불가능하게 할 것처럼 보인다.

기억할 점은 《공손룡자》에서 주로 다루는 이것 – 저것의 불일치는 소와 말처럼 명칭이 지칭하는 실재가 서로 확연하게 다른 경우가 아니라는 것이다. 사실은 말이라는 종 전체와 그중 특정한 성질을 가진 말이라는 두 가지 모두를 '말[馬]'이라고 불러도 되는가 하는, 일반적인 기준에서 보아서는 구분이 무의미한 두 실재의 차이에 대해 집중적으로 논의하고 있다. 말이라는 종도 말이고, 그중 특정한 성질을 가진 말도, 적어도 일반적인 명실 기준으로 보았을 때는 말이다. 그러므로 공손룡은 일반적인 명실 기준으로 보면 이미 명실이 일치된 대상에 대해 논의를 집중하고 있다.

그렇다면 이것과 저것의 관계를 느슨하게 보는 후기묵가의 경우는 어떤 것을 논의 대상으로 삼고 있는가? 후기묵가의 명실론을 이해하기 위해서는 다음 예시를 살펴볼 수 있다. 《묵경》에서는 개를 부르는 두 가지 단어, 강아지[狗]와 개[犬]를 비교하면서 다음과 같이 말한다.

《묵경》 B53
경 강아지는 개다. 강아지를 죽이는 것은 개를 죽이는 것이 아니라고 해도 성립한다. 겹침에서 설명이 된다.
설 강아지는 개다. [강아지를 죽이는 것을] 개를 죽이는 것이라고 해도 된다. 양쪽 다리와도 같다.[148]

강아지는 개 중 어리거나 작다는 특정 성질을 가진 것이다. 강아지는 강아지라고 불러도 되고 개라고 불러도 된다. 강아지와 개는 두 가지의 이름으로 특정 동일한 대상을 부르는 것이다. 그러므로 강아지를 죽였을 때, 개를 죽이는 것과 다르다고 할 수도 있고 같다고 할 수도 있다. 비록 공손룡에 비하면 느슨하다고 할 수 있지만, 하나의 이름에 완전히 동떨어진 두 개의 실재를 해당시켜 의사소통에 혼란을 일으킬만한 정도는 아니다. 이러한 입장을 백마나 지물 관계에 적용하면 후기묵가는 흰 말도 말이라고 부를 수 있고, 말이라는 종 전체도 말이라고 부를 수 있으며, 사물을 인지하는 능력 자체도 가리킴이라고 부를 수 있고, 그중 특정 사물에 대한 인지도 가리킴이라고 부를 수 있다. 이는 지각에 대한 《묵경》의 정의와도 일치하는 태도다.

이렇게 볼 때는 후기묵가의 주장이 공손룡보다 훨씬 상식적인 듯 보이지만, 하나의 단어로 아무 것도 한정하지 않은 대상 일반, 그리고 특정한 대상을 둘 다 부를 수 있다는 것을 그대로 받아늘이고 그 둘을 구분하려는 시도를 하지 않는 것은 또 다른 상식에 어긋나는 궤변을 만들어낸다.

다음 장에서 후기묵가의 태도가 어떤 궤변을 만들어내는지 살펴보도록 하자.

묵가의 백마비마 비판
－항상 참인 것은 묵자의 가르침 뿐이다

후기묵가는 공손룡과 같이 강경한 일명일실의 관계를 주장한 것은 아니다. 이러한 명실론의 차이가 '흰 말은 말이 아니'라는 명제에 대한 두 학파의 차이를 결정한다. 그러나 거듭 강조했듯이 제자백가에 있어서 주장의 차이를 낳는 것은 곧 언어 자체에 대한 태도만은 아니다. 명실론 혹은 정명론은 사상의 전체 구도 중 일부를 차지하는 부분이며, 인간과 사회를 이해하는 틀을 반영하고 있다. 인간을 어떻게 변화시킬 것이며, 변화하지 않는 인간을 어떻게 평가할 것인가 하는 문제가 정명론과도 연결되어 있으며, 각 학파 특유의 논변 배경이 된다.

순자의 경우, 소인은 누구나 변화를 겪어 군자가 될 수 있는 가능성을 가지고 있다고 하지만, 그렇다고 모든 소인이 군자가 되는 것은 아니다. 외부 자극에 대해 반응하여 변화하는 것을 긍정적으로 평가하는 성악설 계열의 사상가는 끝내 소인으로 남는 자, 즉 제도화되지 않은 인간을 부정적으로 평가하는 것이 논리적 귀결인 것으로 보인다.

순자에게 있어서 성악性惡만큼이나 중요한 개념은 권학勸學, 즉 악한 인간에게 학문을 종용하는 것이다. 모든 인간은 짐승과도 같은 모습으로 태어난다고 주장하면서도, 이는 벗어날 수 없는 절대적인 악이 아니다. 결국은 유가의 일원인 순자는 누구나 학문을 통해서 혼란의 상태에서 벗어날 수 있다고 생각하기 때문이다. 이와 같은 순자의 성악설 구도 상에서는 학문, 혹은 학문을 통한 사회화를 거부하고 소인의 상태로 그대로 남아있기로 하는 자를 인간 이하로 판단하고 이상적인 사회의 구성원으로 받아들이기를 거부하는 것은 궤변이라 여겨질 정도로 문제되는 태도는 아니다. 예禮의 궁극적인 목표는 질서와 분별이 있는 사회며, 이에 어긋나는 행위를 거듭하는 인간을 비난하고 심지어는 사회에서 몰아내기로 결정하는 것은 논리적으로 문제가 없다.

그러나 순자와 유사하게 외부 자극에 의해 변화한 인간을 긍정적으로 평가하며 제도화를 거부한 인간을 부정적으로 바라보는 묵자의 경우는 조금 다르다. 묵가의 경우, 가르침의 핵심으로 내세우는 것은 겸애兼愛다. 천하의 어떤 인간의 목숨이나 이익을 평등하고 동등하게 소중히 여겨야 하는데, 그중 타인의 목숨 혹은 이익을 소중하게 여기지 않는 자의 목숨은 어디까지 소중하게 여겨야 할 것인가에 대한 문제가 발생한다.

묵자가 다른 이의 목숨과 재물을 소중히 하지 않는 대표적인 인물로 꼽는 것이 곧 도둑과 강도다.

세상에 도둑과 강도가 된 이들까지도 마찬가지다. 도둑은 자신의 집은 아끼고 다른 집은 아끼지 않는다. 그러므로 다른 집을 도둑질하여 자신의 집을 이롭게 한다. 강도는 자신의 몸만 아끼고 다른 이는 아끼지 않는다. 그러므로 다른 이에게 강도질하여 자신의 몸을 이롭게 한다. 이것은 왜인가? 모두 서로 아끼지 않는 마음이 일어났기 때문이다.[149]

여기에서 강도[賊]는 단순히 재화를 훔치는 도둑이 아니라 제도권 밖에서 사회를 이루고 활동하며 폭력을 사용하여 약탈하는 무리를 말하기 때문에 재물뿐 아니라 타인의 신체에 대해서도 아끼지 않는다고 표현하였다. 산적山賊, 해적海賊 따위가 여기에 속한다. 단순한 도둑질 또한 타인에게 금전적인 손해를 입힌다는 점에서 묵자의 가르침에 어긋난다. 그러나 강도야말로 타인의 생명이나 소유물을 약탈하고 해치며 생산 활동을 하는 사회의 일원이 되기를 거부한다는 점에서 묵가가 추구하는 인간상과는 완전히 대치된다. 겸애의 교리는 천하에 있는 모든 인간을 동일하게 사랑할 것을 종용하지만, 이렇듯 전체의 이익을 해치는 도둑 혹은 강도의 무리는 사회 내에서 생명의 총량을 줄이는 범죄를 저지르는 가해자다. 그만큼 아껴야 하는 소중한 것을 해친다는 점에서, 묵가의 입장에서는 가해자의 생명을 억울하게 손해 본 피해자의 생명과 동일하게 아낄 수는 없는 노릇인 것이다.

그러므로 "모든 사람의 생명을 동등하게 아낀다"는 원칙을 깨지 않으면서도 동시에 도둑의 무리에게 사형을 내릴 수 있도록 하기 위해 묵가는 "도둑을 죽이는 것은 사람을 죽이는 것이 아니"라는 궤변을 내세우는데, 이는 위에서도 보았듯이 순자의 비판 대상이 되기도 한다.

〈소취〉에서 묵가는 비록 유사한 형태의 명제라 할지라도 참과 거짓은 달라질 수 있다면서 "흰 말은 말"인 것이 맞고, 대신 "도적 떼를 죽이는 것은 사람을 죽이는 것이 아니다"라고 주장한다. 이것은 이것일 수도 있고 저것일 수도 있다는 느슨한 명실론은 명제에 대한 참과 거짓에도 적용되는 셈이다. 그러나 한편 이를 통해 '묵자의 말은 항상 참'임을 밝히려는 시도를 하기도 한다.

> 흰 말은 말이다. 흰 말을 타는 것은 말을 타는 것이다.
> 검은 말도 말이다. 검은 말을 타는 것은 말을 타는 것이다.
> 획은 사람이다. 획을 사랑하는 것은 사람을 사랑하는 것이다.
> 장은 사람이다. 장을 사랑하는 것은 사람을 사랑하는 것이다.
> 이것들은 곧 주장이 참인 것들이다.[150]
>
> 획의 부모는 사람이다. 획이 그 부모를 모신다고 사람을 누구나 모시는 것은 아니다.
> 그 동생이 아름다운 사람일 때, 그 동생을 사랑한다고 아름다운 사람을 누구나 사랑하는 것은 아니다. (중략)
> 도적은 사람이다. 도적이 많다고 사람이 많은 것은 아니다. 도적이 없다고 사람이 없는 것은 아니다.
> 세상 사람들이 모두 이를 옳다고 할 텐데, 만약 그렇다면 비록

도적이 사람이지만 도적을 아끼는 것은 사람을 아끼는 것이 아니다. 도적을 아끼지 않는 것은 사람을 아끼지 않는 것이 아니다. 도적을 죽이는 것은 사람을 죽이는 것이 아니다.

묵자에 이런 주장이 있다고 하여 비난하는 것은 근거가 없는 것이다. 말하자면 내면은 단단히 하고 외부 공격에는 닫혀있어서 마음에는 빈 곳이 없으니, 내면이 단단해져 풀어지지 않는다.

위의 예시들이 바로 주장하면 거짓인 것들이다.[151]

위의 인용문은 표면적으로는 같은 형태의 문장이라도 어떤 것은 참이 성립하고 어떤 것은 거짓임을 밝히려는 시도다. 흰 말은 말 집합의 일원이고, 도적은 사람 집합의 일원이지만, 앞의 요소에 참인 명제가 곧 전체 집합에 참이 되는가 따졌을 때 그러한 경우도 있고 아닌 경우도 있다는 것이다. 흰 말은 말이라는 전체 집합에 속하고 도적 또한 사람이라는 전체 집합에 속하지만, 흰 말을 타는 것은 말을 타는 것이 맞는 데 반해 도적을 죽이는 것은 사람을 죽이는 것이 아니라고 주장하는 것이다. 이렇듯 같은 형식의 명제라고 하더라도 참과 거짓이 달라질 수 있다는 것을 몇 개의 예시를 들어서 설명하고 있다.

다시 말해 묵가는 "흰 말은 말이 아니다"라는 공손룡의 주장이 틀렸고 "흰 말은 말"임을 선언하려는 것이 아니다. 흰 말은 말이 아닐 수도 있고 말일 수도 있다. 그러므로 공손룡이 "흰 말은 말이 아니다"라고 지나치게 강경한 주장을 하는 것만이 잘못됐을 뿐이다. 이렇듯 명제는 참일 경우도 있고 참이 아닐 경우도 있다는 주

Ⅲ. 제자백가와 공손룡 | 225

장을 뒷받침하기 위해서 우선 같은 형식의 문장이 참인 경우, 다음은 거짓인 경우를 순서대로 나열한다. 그리고는 이러한 시비판단은 상식적인 것이며 누구라도 동의할 수 있는 것이므로, "도적을 죽이는 것은 사람을 죽이는 것이 아니다"라는 묵가의 주장은 반박할 수 없는 탄탄한 것이라고 논리를 펼치고 있다.

문제는 명실 관계나 시비 판단 모두 정해진 것은 없으며 상황에 따라 달라진다는 주장과 어느 경우에도 묵가의 이론만은 참이라는 주장은 서로 상반된다는 것이다. 시비는 경우에 따라 바뀔 수 있다는 주장을 기반으로 묵가의 주장은 절대 무너지지 않는다는 결론을 도출하려고 하니 애초에 모순을 바탕으로 한 불가능한 도전일지도 모르겠다. 더 혼란을 가중시키는 것은 여기에 참으로 언급한 문장들이 필연적으로 참인 것도 아니고, 거짓으로 언급한 문장들이 필연적으로 거짓인 것도 아니라는 점이다.

우선 같은 '사람'이라는 단어를 두고 논리를 전개하는 "획을 사랑하는 것은 사람을 사랑하는 것이다"와 "도둑을 죽이는 것은 사람을 죽이는 것이 아니다"를 비교해보자. 획은 사람이다. 도둑 또한 사람이다. 획을 사랑하는 것이 '사람을 사랑하는' 것과 동일하다고 주장하는 경우 사람은 획이라는 개인을 지칭하는 다른 이름일 뿐, 획을 사랑하는 것이 곧 인류 중 어느 누구라도 사랑할 수 있는 가능성을 제시하는 것은 아니다.

획이나 장은 한국어에서 갑·을과 같이 불특정한 대상을 예시로 언급할 때 쓰는 표현이다.[152] 그러므로 '획을 사랑한다'는 표현은 그 자체로 특정인을 지정하여 그 사람만을 사랑한다는 한정적인 의미가 없이, 전체 무리 중 누군가 하나를 익명으로 짚어내는 셈이기 때문에 언급된 대상이 사실은 하나의 개인이라는 것이 잘 드러나지 않는다. 그렇지만 이는 획이라는 표현이 갖는 특수성일 따름이고, 논리적으로 따지자면 획으로 대표되는 특정 개인을 사랑하는 것은 인人이라는 이름으로 지칭되는 인류 전체를 사랑하는 것과 동일하지 않을 여지는 얼마든지 있다. 획이나 장을 예시로 언급한 이름으로 보지 않고 특정 개인으로 볼 때, 획의 어머니나 부인은 평생 다른 누구도 사랑한 적 없이 획만을 아끼고 사랑했을 수도 있다. 그 경우 "획을 사랑하는 것은 사람을 사랑하는 것이다"라는 명제는 사람을 "한정된 사람"으로 이해했을 때만 참이며, 획을 사랑한다고 해서 아무 사람이나 다 사랑하는 것은 아니다.[153]

만약 이 경우에 '사람'이 인류 전체거나 인류 중 어느 누구라도 포함할 수 있다고 이해하기 위해서는 획이 최악의 인물이라서 획 같은 인간도 사랑할 수 있다면 세상 누구라도 사랑할 수 있을 것이라는 주장이거나, 아니면 겸애를 너무나도 잘 실천하고 있는 인물들에 한정되어 세상 어느 한 명을 사랑한다면 그 인류 전체를 사랑할 수도 있을 것이라는 특수한 주장이 반영되어야 한다. 그러므로 이 명제는 '획을 사랑하는 것은 특정 사람을 사랑하는 것이지만, 획을 사랑한다고 해서 사람 중 아무나를 사랑하는 것은 아니다'라고 구체적으로 밝혀야 완전한 참이 될 수 있다.

이와 같이 인人이 갖는 두 가지 의미를 구분해서 보면 도적을 죽이는 것은 분명 사람 중 누군가 특정인을 죽이는 것이 맞지만, 도적을 죽인다고 해서 아무 사람이나 죽이거나 인간이라는 종 전체를 죽이겠다는 것은 아니다. 제도의 틀에 벗어난 숲의 로빈 후드를 사형하는 것은 사람을 죽이는 것이 맞지만, 이 경우 "사람"은 로빈 후드라는 특정인을 에둘러 지칭하는 것에 불과할 뿐, 그 "사람"이 인류 전체를 말하는 것도 인류 중 아무나를 말하는 것도 아니기 때문이다.

도적은 사람이다. 그러나 이 경우 人은 한정된 사람이다. 특정 성질에 한정된 인간은 人1, 인간 전체는 人2로 대입하면 도적이 많다고 사람이 많은 것은 아니고, 도적이 없다고 사람이 없는 것은 아니라는 명제는, "人1이 많다고 人2가 많은 것은 아니고, 人1이 없다고 人2가 없는 것은 아니다"라고 고쳐 쓸 수 있다. 다시 말해 人1 非人2, 한정된 특정 부류의 인간은 곧 한정되지 않은 인류 전체 혹은 인류 중 아무나와 같을 수는 없다는 주장의 다른 표현에 불과하며, 이는 공손룡의 궤변들과 동일한 형태가 된다.

"도둑을 죽이는 것은 사람을 죽이는 것이 아니다"가 참이 되려면 '사람'은 인류 전체 혹은 인류 중 아무나라는 의미로 사용되어야만 한다. 도둑을 죽이는 것이 인류 전체를 죽이거나 인류 중 아무나 죽인다는 의미인 것은 분명히 아니다. 그렇지만 '사람'을 어느 특정한 명이라고 이해하자면 도둑을 죽이는 것은 그 도둑이라는 한 사람을 죽인 것이 분명히 맞기 때문에, "도둑을 죽이는 것은 사람을 죽이는 것이 아니다"는 거짓이 된다.

이는 '흰 말은 말이다' 혹은 '흰 말을 타는 것은 말을 타는 것이다'의 경우, 말이 흰 말이라는 특정 말을 지칭하는 경우에는 참이지만 말이라는 종 전체거나 전체 중 아무 것이라는 의미로 사용된다면 거짓인 것과 마찬가지다. 그러므로 후기묵가의 논리를 따라가자면 이 편이 담고 있는 주장은 일부 명제는 참이고 일부 명제는 거짓이라는 것이 아니라, 어떤 명제든지 참으로 해석될 수도 거짓으로 해석될 수도 있는 꼴이 된다는 것이다.

그러므로 후기묵가는 인人을 어떤 경우에는 '특정인'으로, 어떤 경우에는 '인류 전체·인류 중 아무나'로 해석하면서 이중적인 의미로 사용하고 있음을 밝히지 않은 채 듣는 이를 논리로 현혹시키려고 하고 있는 셈이 된다. 또한 막상 비판하려고 하는 백마비마白馬非馬와 비교할 때, "도둑을 죽이는 것은 사람을 죽이는 것이 아니다"라는 묵가의 주장이 참이 되어야 하는 근거가 조금도 더 탄탄한 것이 없음을 밝힌 셈이다.

묵가의 진의와는 상관없이 어떤 명제든 참으로 볼 수도 있고 거짓으로 볼 수도 있다는 의미라고 가정해 보도록 하자. 이는 위에서 살펴본 후기묵가의 명실론과도 일치하는 태도라고 할 수 있다. 피는 차일 수도 있고 피일 수도 있는 것과 마찬가지로 흰 말은 말일 수도 있고 말이 아닐 수도 있다.

그렇다면 도둑 역시 사람일 수도 있고 사람이 아닐 수도 있는 것인가? 김영건은 도둑을 죽여도 되는 것은 도둑이 곧 겸애라는 묵가적인 교리를 실천하는 인간이 아니기 때문이며, 겸애를 실천하려는 의지를 위해서 도둑을 죽일 수 있는 것이라고 해석한다.[154] 그러나 도둑의 인간성을 겸애라는 교리를 통해 정의한다면 도둑은 인간이 아니어야 옳다. 그러므로 "도둑은 인간이다"라고 전제를 세운 것을 설명할 수 없게 된다. 적혀있는 것을 기반으로 판단하면 후기묵가에게 도둑은 인간이기도 하고, 인간이 아니기도 하다.

이것은 후기묵가 또한 人을 한 편으로는 특정 인간으로, 또 다른 한 편으로는 인류 전체라는 의미로 사용하고 있으면서 이를 명시적으로 구분하지 않기 때문에 벌어지는 일이다. 도둑은 특정 인간이라는 의미에서 인간이다. 그러나 도둑은 인류 전체 혹은 인류 중 아무나일 수는 없다. 왜냐하면 도둑질을 하며 타인에게 피해를 입혔다는 점에서, 혹은 묵가가 어느 누구나 받아들여야만 하고 받아들일 수 있다고 생각한 겸애라는 가치를 받아들이지 않았다는 점에서 한정되기 때문이다.

그러므로 도둑은 인류에 속한다는 점에서 인간이지만 한정되는 특성을 가졌다는 점에서 한정되지 않은 인간 전체와는 다르다. 그런 의미에서 묵가는 도둑은 곧 사람이 아니라고 치부하며, 또 "도둑을 죽이는 것은 사람을 죽이는 것이 아니"라고 주장하기도 한다. 이렇게 볼 때, 후기묵가 또한 공손룡의 "흰 말은 말이 아니다"와 같은 주장을 전달하려는 듯이 보인다.

그러나 결정적인 차이점이 있다. 공손룡은 분리되지 않은 것과 분리된 것, 한정된 것과 한정되지 않은 것을 명확하게 구분하지만, 후기묵가의 경우 그렇지 않다는 것이다. 그러므로 후기묵가의 경우 "도둑은 사람이다"와 "도둑을 죽이는 것은 사람을 죽이는 것이 아니다"라는 두 명제를 함께 나열하는 것이 문제가 된다고 생각하지 않으며, 사람을 한 편으로는 특정인, 그리고 다른 한편으로는 인류 전체라는 의미로 사용하면서 자신이 원하는 논리를 전개하기도 한다. 공손룡이 가리킴이나 말을 이중적인 의미로 사용하면 어떤 혼란이 벌어지는지를 조금 더 명시적으로 드러내면서 지비지指非指, 백마비마白馬非馬를 주장한 반면, 후기묵가는 지각이라는 하나의 단어에 여러 가지 의미가 들어있을 수 있음을 받아들여 이중적으로 정의하고, 도둑은 사람이면서 동시에 사람이 아닐 수 있다고 말하기도 하는 것이다.

정리하면 묵가 또한 외부 자극에 더해지기 이전의 지각과 그 이후의 지각을 구분해서 정의하기는 하지만, 그 둘은 분리되어야 할 것이 아니라 하나의 이름하에 공존할 수 있는 것으로 인지하고 있다. 또한 후기묵가는 피차의 구분이 명확할 필요가 없다고 주장하며, 같은 형식의 명제에 대한 시비 또한 달라질 수 있음을 받아들인다. 마馬, 지指 등이 이중적인 의미를 가지고 있다면 반드시 그 둘은 구분되어서 사용되어야 하며, 서로 다르다는 것이 명시적으로 밝혀져야 한다는 공손룡의 주장은 순자나 후기묵가와 같이 이중성을 인지하면서도 구분하지 않으려고 하는 당대 명실론 및 이에 따른 인간 이해의 문제점을 지적하고 비판하려는 시도로 보인다.

공손룡과 비교할 다음 제자백가의 사상가는 후기묵가보다도 시비의 기준을 더욱 느슨하게 보는 장자다. 장자는 노자와 같은 도가로 분류하지만 무궁한 열린 가능성을 추구하는 노자와 달리 오히려 효용을 최소화하는 것이 이득이라고 주장한다. 이런 장자에게 자신만이 올바르다고 주장하는 공손룡은 조소의 대상이 될 따름이다.

4. 장자의 공손룡 비판

자만에 빠진 우물 안 개구리

무쓸모의 쓸모를 추구하는 장자

특정 성질에 한정되지 않고 일반 전체를 포괄하는 상태가 올바르다는 공손룡의 사상은 말로 표현할 수 없으므로 어느 상황에나 통용되는 도를 추구하는 노자의 사상과 유사하다. 노자가 추구하는 특정 모양으로 깎지 않은 그대로의 통나무나 아직 사회화되지 않은 어린아이는 그 어떤 모습으로도 변할 수 있으며 모든 역할을 포괄하고 있다는 점에서 궁극의 쓸모를 가진다. 무엇으로든 사용될 수 있는 무한의 가능성이 잠재되어 있으므로 이를 추구해야 한다는 점에서 공손룡의 태도와 유사하다.

　반면 같은 도가의 사상가로 분류되는 장자 또한 잘라져서 모양이 정해지지 않은 목재의 훌륭함을 극찬하지만, 장자의 경우는 도리어 무엇으로도 쓰일 수 없는 무쓸모의 쓸모를 강조한다. 다듬어지지 않은 통나무와 잘라서 특정한 그릇으로 만드는 통나무를 서로 대치시켰던 노자와는 달리, 장자는 아예 잘라서 사용하기에 부적합한 목재라는 소재를 들어 험난한 세상에서 오래도록 살아남을 수 있는 처세술에 대해 이야기하는 것이다. 노자가 어떤 경우에도 통용될 수 있는 궁극의 쓸모를 이야기했다면 장자는 아무 경우에도 사용될 수 없는 무쓸모가 오히려 쓸모 있음을 주장한다.

혜자가 장자에게 말했다. "우리 집에 큰 나무가 한 그루 있는데, 사람들이 가죽나무라고 부르더군. 그 큰 줄기는 옹이가 여기저기 튀어나와서 먹줄에 맞게 곧지 않고, 작은 가지들도 굽어서 컴퍼스나 직각자에 맞지 않으니, 길 한가운데에 서있는데도 장인들이 돌아보지 않는다네. 지금 자네 말은 크고 효용이 없으니, 사람들이 다들 자네 말을 거부하는 걸세."

장자가 말했다. "자네는 족제비도 못 봤단 말인가? 몸을 낮추고 엎드려 있다가 벌떡 일어나고, 동서로 뛰어 놀며 높은 곳이고 낮은 곳이고 피하지 않지만 덫에 걸려서 그물 속에서 죽는다네. 그렇지만 들소는 크기는 하늘에 드리운 구름과 같으니 이것이야말로 크다고 할 수 있겠으나 쥐 한 마리 잡지 못하네. 지금 자네 한테 큰 나무가 있는데 그 쓸모없음을 걱정하다니, 어찌 아무 할 것 없는 시골 마을에 심어서 넓은 들에 놓고 유유자적 옆을 거닐면서 그 그늘 아래에서 낮잠을 자며 노닐지 않는가. 도끼를 걱정할 필요도 없고 다른 사물이 해칠 일도 없으니, 써먹을 데가 없다고 해서 어찌 괴로워하겠는가!"[155]

아무데도 쓸모없기 때문에, 그 밑에서 노닐고 낮잠을 자더라도 아무도 나무를 베러 올 리 없는 든든한 방어막이 되어줄 나무, 아무도 탐내지 않기 때문에 그렇게 크게 자랄 수 있었고 그 동안 도끼를 피할 수 있었던 나무를 칭송하면서, 장자는 이를 자기 자신에게 비유하고 있다. "말이 너무 크지만 효용이 없다"고 혜자가 장자를 비난하면서 장자의 말이 쓸모없는 가죽나무와 같다고 했기 때문이다.

장자는 자신의 말이 어떤 의미인지 이해하기 힘들며 그러므로 효용이 없어 보이기 때문에 누구도 자신을 등용하거나 그 사상을 이용하여 나라를 다스릴 수 없으며, 그러므로 이로 인해 책잡혀 쉽사리 해칠 수도 없음을 이야기한다. 그러므로 쓸모없어지는 것은 곧 험난한 세상에서 약자로서 오래 살아남기 위한 방법이며, 현명한 처세술이 된다. 이와 유사한 얘기는 〈인간세人間世〉에서 여러 번 반복된다.

그중 한 우화에서는 목수 석이 제자에게 사당의 커다란 나무를 아무 것도 만들 수 없는 쓸모없는 나무라고 말하고 집으로 돌아와 잠이 들자, 사당의 나무가 그의 꿈에 나타나서 다음과 같이 말한다.

> 자네는 나를 뭐에 비교하려고 하는가? 무늬가 좋은 나무들에 나를 비교하려는가? 아가위나무, 참배나무, 귤나무, 유자나무 등은 열매가 익으면 따가니, 따가는 것은 곧 치욕이네. 큰 가지는 꺾이고, 작은 가지는 찢기네. 이는 자신들의 기능 때문에 삶을 괴롭게 하는 것이네. 그러므로 하늘이 내린 천수를 다 누리

지 못하고 중간에 죽음을 맞이하고, 세상 풍파에 자기 발로 들어간 셈이네. 세상 사물이 이렇지 않은 것이 없네.

　나는 쓸모없어지기를 구한지 오래됐다네! 거의 죽을 때가 된 지금에 이르러 그 경지에 이르렀으니, 이것이 나의 큰 쓸모일세. 내가 쓸모가 있었다면 이렇게 크게 될 수 있었겠는가?[156]

　사당의 커다란 나무는 자신을 쓸모없다고 말한 목수를 찾아가서 자신의 쓸모를 설명한다. 아니, 자신의 입장이라기보다는 오히려 자신과 같이 현명하게 살지 못한 다른 이들이 겪은 끔찍한 고통에 대해 묘사했다고 하는 것이 옳을 것이다. 나무라는 비유를 통해 이야기해서 그렇지, 당대의 정치적인 상황과 오랜 전쟁 및 정치 갈등으로 희생된 수많은 인재와 그 주변 인물들의 이야기를 빗대어 보면 그 사당의 나무가 '쓸모없음'을 얻기 위해 왜 그토록 노력해야 했는지 공감할 수 있다. 열매를 맺으면 열매를 따가고, 곧은 가지를 키우면 가지를 베어가고, 머지않아 원줄기나 뿌리까지 뽑아가 버렸다는 것은 나라를 위해 공을 세우고 큰 역할을 하는 이들이 재능이 있으면 있는 만큼 권력 있는 자들을 위해 노력 봉사했던 이들에 대한 비유다. 힘이 좋은 자들은 병사가 되었을 것이고, 그중 무력이 뛰어난 이들은 장군이 되었을 것이고, 기술이 있는 자들은 무기를 만들고 성을 쌓느라 재능이 많으면 많은 만큼 더욱 열심히 일해야 했을 것이다. 그러나 그 공에 걸맞은 상을 받는 대신 전쟁터에서 죽임을 당하거나, 공이 큰 자는 견제의 대상이 되어 본인은 물론 가족이나 가까운 이들까지도 목숨을 빼앗겨 '원줄기나 뿌리까지' 뽑히는 일을 당했을 것이다.

　장자는 혼란의 시대에는 자신의 효용을 드러내어 착취를 당하거나 목숨까지 위태로워지는 대신에, 최대한 자신의 쓸모를 감추는 것으로 타인의 견제에서 벗어나는 것이 최상의 쓸모라고 주장하는 것이다. 이렇듯 장자는 한정되지 않은 인간이 한정된 인간보다 우월하다는 판단을 넘어서서 아예 한정이 불가능한 존재가 되어야 함을 주장한다.

　분리된 것과 분리되지 않은 것, 한정되지 않은 것과 한정된 것만의 이분법으로 본다면 장자는 노자와 마찬가지로 특정 성질과 결합하여 어느 한 성질로 한정된 것보다 분리된 상태로, 아무 것에도 한정되지 않은 쪽을 더 '쓸모 있는' 것으로 보았다는 점에서 일치하는 듯 보인다. 다만 장자의 경우는 한정되지 않은 것이 그 어떤 것과도 결합할 수 있는 무궁한 가능성을 가지는 것이 아니라 애초에 결합이나 쓸모의 가능성이 없다는 점에서 공손룡과는 다르다. 효용을 최대화하기 위해 통나무의 상태를 추구하는 것이 아니라 아예 효용이 없는 굽은 나무의 상태를 포용하는 쪽이다.

　이렇게 '한정'을 거부하는 것을 인간 본성에 적용한다면 곧 교육에 의한 사회화, 혹은 외부사물에 대한 호오 반응을 거부했다는 의미로 이해할 수 있기 때문에 이는 도가의 사상가들과 공손룡에게 모두 적용된다. 그러나 다른 한편, 장자가 이상적으로 보는 굽은 나무는 노자의 통나무와는 달리 아무 것도 될 수 없다는 점에서 차이가 있다. 공손룡의 비유에 적용하면 흰 말과 말을 비교하고, 가리킴 그 자체와 특정 대상에 대한 가리킴을 비교할 수 없이 그저 말 그 자체, 가리킴 그 자체만이 있고 아무런 결합이 가능하지 않은 것이다.

이렇듯 장자에게 있어서 아무런 효용에도 한정되지 않는, 그러므로 착취당하거나 고생하지도 않는 굽은 나무는 곧 아무런 명분에도 한정되지 않는 자연스러운 실재 그 자체를 즐기는 명실론으로 이어지며 공손룡과의 차이점이 조금 더 극명하게 드러난다. 장자가 이해하는 명실 관계와 그의 명실론에 입각한 공손룡 비판에 대해 알아보자.

장자의 공손룡 비판

장자는 공손룡을 직접 이름으로 들어 비판하기도 하고, 또 《공손룡자》에서 반복되어 사용된 어휘나 표현 등을 들어 비판하기도 하는데, 대부분 명실 관계의 옳고 그름에 대해 지나치게 강경한 태도를 취하는 공손룡 특유의 명실론 때문이다. 장자는 자신의 주장만이 옳다고 주장하는 공손룡의 모습을 "우물 안 개구리"로 비유하며 비판하기도 한다.

> 공손룡이 위모에게 물었다. "나는 어려서는 선왕의 도를 공부하고, 장성해서는 인의의 행위에 밝아져서 같고 다름을 하나로 합치고 단단함과 힘을 분리하며 안 그런 것을 그렇다고 하고 성립하지 않는 논리를 성립하게 하여 백가의 지혜로운 이들을 곤궁

에 빠뜨리고 온갖 말 잘한다는 이의 논변을 막히게 하였으니, 나는 스스로를 통달한 사람이라고 여겼소. 그런데 이제 와서 장자의 말을 들으니 아득하고 괴이하기만 하오. 나의 논변이 그에게 미치지 못하는 것인지 지혜가 그만 못한 것인지 알 수가 없소. 이제 내 주둥이를 열지도 못하겠으니, 어떻게 해야 할지 묻고 싶소."

공자 위모가 탁자에 기대어 크게 한숨을 짓더니 하늘을 우러르며 미소 짓고 말했다. "자네는 우물 안 개구리 이야기도 못 들었는가! (중략) 지혜는 옳고 그름의 경계도 알지 못할 수준인데 장자의 말을 깨닫고 싶어 하다니. 이는 모기가 산을 지고 노래기가 황하를 건너고 싶어 하는 수준이니 감당할 수 없을 것이네. 지혜는 지극히 오묘한 말을 논의하기에 부족하면서 한순간의 이익에 스스로 만족하고 있으니, 이것이 곧 우물 안 개구리가 아닌가!"[157]

위의 인용문에서 공손룡은 같음과 다름, 아닌 것과 맞는 것, 되는 일과 안 되는 일의 경계를 무너뜨리며, 제자백가의 지혜롭고 말 잘하는 이들을 혼란에 빠뜨리고는 자신의 지혜에 자만하지만, 장자의 말 앞에서는 이를 이해할 수도 꺾을 수도 없어서 좌절하는 모습으로 그려진다. 위모는 여기에 공손룡을 좁은 우물에 갇혀 큰 바다는 상상할 수도 없으면서도 자신의 삶이 최고라고 착각하는 우물 안 개구리에 비유하면서 "옳고 그름의 경계", "지극히 오묘한 말" 등을 이해하지 못한다고 비판한다. 위모에 의하면 어차피 공손룡은 장자의 스케일을 이해하고 싶어도 할 수 없는 수준에 불과하다.

《장자》의 다른 우화들처럼 공손룡과 위모의 대화 또한 실제로 있던 대화라고 볼 수 없고, 이는 장자의 입장에서 공손룡에게 부여한 일종의 캐릭터. 물론 완전히 허구라기보다는 당대 인물들이 어느 정도 합의를 보고 있는 공손룡의 특성 등에 기반을 둔 것이겠지만, 장자가 묘사하는 공손룡이 곧 공손룡의 실제 모습이라고 할 수 없다는 말이다. "같고 다름을 하나로 합치고 단단함과 힘을 분리하며 안 그런 것을 그렇다고 하고 안 되는 일을 되게" 하는 것으로 당대의 말 잘한다는 이의 입을 막았다는 것은 아마도 공손룡에 대한 당대의 평가였을 것이다. 공손룡은 백마를 말이 아니라고 하는 등 같아야 하는 것을 다르다고 하기도 하고, 또 견과 백을 한꺼번에 인지할 수 없다는 말로 견과 백을 나누는 등 틀린 것은 맞다고 우기고 맞는 것은 틀리다고 우기는 인물로 비춰졌음이 틀림없다. 그러므로 장자의 입장에서 공손룡은 곧 옳고 그름을 제대로 판단하지 못하면서도 자신의 지혜의 크기에 자만하는 인물로 비춰진 것이다.

그렇다면 공손룡과 어떤 점에서 시비 판단의 기준이 다르기 때문에 장자는 공손룡을 이렇게 비판한 것인가? 비록 제도화된 인간, 혹은 인간을 제도화하기 위해 가해지는 교육 과정 등을 긍정적으로 바라보지 않은 장자지만, 공손룡처럼 절대적인 시비是非가 정해져 있으며, 그러므로 명실 관계에 있어서 위位까지 올바른 오직 한 가지만이 정명을 이룰 수 있고 나머지는 모두 잘못된 명실 관계에 속하게 된다는 강경한 입장에는 반대하였다.

명실 관계뿐 아니라 천하의 모든 것에 대해서 상대적임을 주장하는 것이 장자 철학의 특징 중 하나라고 할 수 있다. 어느 한 가지가 절대적으로 옳기 때문에, 어느 경우에도 그 올바름을 지켜야 한다는 원칙은 장자와 맞지 않을 수밖에 없다. 장자는 시비是非가 상대적인 것이며, 그러므로 문의 지도리처럼 뱅글뱅글 돌아갈 수 있는 것이라고 생각했다. 이러한 상대성은 "옳고 그름", 또 "이것 저것"의 관계에도 해당된다.

> 사물은 "저것"이 아님이 없고, 사물은 또 "이것"이 아님이 없다. "저것"의 입장에서는 보이지 않던 것이 자신의 입장에서 알려고 하면 알게 된다. 그러므로 '저것은 이것에서 나오고, 이것 또한 저것으로 인한 것이다'라고 하는 것이다. (중략) 이것은 또한 저것이고, 저것은 또한 이것이기도 하다. 저것은 또 하나의 옳고 그름이고, 이것 또한 하나의 옳고 그름이니, 과연 "저것·이것"이 있는 것인가, 아니면 과연 없는 것인가? 이것과 저것은 짝이 정해지지 않으니, 이를 도의 지도리(축)라고 한다. 지도리는 뱅글뱅글 도는 가운데에 있으니, 끝이 없음이 당연하다. "이것" 또한 끝이 없고, "저것" 또한 끝이 없다.[158]

장자는 어느 입장에서 보는가에 따라 이것은 저것이 될 수 있고 저것이 이것이 될 수도 있으며, 그렇게 무한하게 돌고 돌기 때문에 각자 자기의 기준을 중심으로 삼는 '도의 축'과도 같다고 여긴다. 공손룡이 이것과 저것 사이의 관계가 일대일로 정해져야 한다고 여기고, 묵가는 여기에서 이것이 이것일 수도 있고 저것일 수도 있다고 주장한 것에서 한 발 더 나아간 셈이다. 모든 것이 이것이 될 수 있고, 모든 것이 저것이 될 수 있다는 것이다. 이러한 장자의 세계관에서 "이것"과 "저것"은 각각의 옳고 그름이 있고, 각자의 중심이 되기 때문에, 스펙트럼 안에서의 극단이라고 할 수 있는 궁窮이 없는 상태가 될 수 있다.

장자는 이러한 문장을 통해 공손룡뿐 아니라 유가와 묵가의 틀에 박힌 시비판단과 편협함을 조롱하는 것이지만, 그 비판의 대상에 공손룡 또한 함께 포함되어 있다. 이 책을 통해 살펴본 내용에 의하면 시비 판단을 극단적으로 끌고 가는 것은 공손룡이기 때문에, 장자의 이런 상대적인 도의 기준에서 보았을 때 가장 문제되는 것은 공손룡일 가능성이 크다. 장자는 위의 단락에서는 자신만의 옳고 그름을 주장하는 무리로 유가와 묵가를 예시로 들고 있고, 바로 연결되는 단락에서는 공손룡의 주장을 반박하는 대목이 등장한다.

> 가리킴을 가지고 '가리킴의 가리킴 아님'을 설명하는 것은 가리킴 아닌 것을 가지고 '가리킴의 가리킴 아님'을 설명하는 것만 못하다. 말을 가지고 '말의 말 아님'을 설명하는 것은 말 아닌 것을 가지고 '말의 말 아님'을 설명하는 것만 못하다.[159]

"지는 지가 아니다" 혹은 "말은 말이 아니다"라는 주장을 하려면 "지" 혹은 "말" 등의 어휘를 가지고 주장할 것이 아니라 "지가 아닌" 혹은 "말이 아닌" 다른 어휘를 가지고 설명했다면 더 좋았으리라는 것이다. 지指와 마馬라는 글자를 연결 지은 것은 물론, "지는 지가 아니다" 혹은 "말은 말이 아니다"라는 명제에 접근하는 태도 등을 논하고 있는 것으로 보아, 한눈에 보아도 공손룡의 〈지물론〉과 〈백마론〉에 대한 비판인 것이 명확하다.

그레이엄은 이 문장들이 '가리킴은 가리킴이 아니다', '[흰] 말은 말이 아니다' 등의 문장을 증명하려면 '가리킴', '말' 등 이미 사용하고 있는 어휘를 그대로 활용하지 않고 '가리킴이 아닌 것', '말이 아닌 것', 즉 기존 용어가 아닌 새로운 어휘를 먼저 소개해서 이를 사용한다면 더욱 쉽게 설명할 수 있음을 지적하는 것이라고 해석한다. 만약 공손룡이 '말'이라는 어휘 대신 '일반마' 등의 새로운 용어를 만들어서 결합 이전의 순수한 상태의 말을 표현하는 데 사용했다면 '일반마는 백마와 다르다'는 문장은 독자가 훨씬 이해하기 쉬웠을 것이며, 이를 궤변이라고 부를 일도 없었을 것이다. 굳이 기존의 어휘들을 설명하거나 새로운 어휘를 제시하지 않은 채, "지는 지가 아니다", "말은 말이 아니다"라고 주장을 반복하는 것은 오히려 혼란만을 가중시킬 뿐이라는 것이다.

> 천지는 하나의 지이다. 만물은 하나의 말이다. 되는 것은 된다고 하고, 되지 않는 것은 되지 않는다고 한다. 도는 실행되어 이루어지고, 사물을 일컬으면 그리 된다. 어찌 "그렇다"고 하는가? 그러한 것에 그렇다고 한다. 어찌 "그렇지 않다"고 하는가? 그렇지 않은 것에 그렇지 않다고 한다. 사물에는 원래 그러한 것이

있고, 원래 되는 것이 있다. 어떤 사물도 안 그런 것이 없고, 안 되는 것이 없다.[160]

장자는 사물 각자 고유의 특성을 인정해서 원래 그러한 것과 원래 되는 것을 있는 그대로 받아들여서, "그런 것은 그렇다고 하고, 안 그런 것은 안 그렇다고 하면 된다[可乎可, 不可乎不可]"고 설명한다. 이는 위에서 공손룡에 대해 "그런 것을 안 그렇다고 하고 되는 것을 안 된다고 한다[然不然, 可不可]"고 설명했던 것을 염두에 두고 이를 비판한 문장으로 보인다. 장자가 말하는 천지에 드러난 가리킴, 만물 그대로의 모습인 말은 보편자나 사물 일반과 같은 형이상학적인 개념이 아닌 있는 그대로의 것이다. 그러므로 자연의 있는 그대로의 사물만을 보았을 때, 함께하는 요소의 여부를 기준으로 한정된 것들은 이미 불완전하며 바르지 못하다고 비판하는 것은 무의미한 일이라고 할 수 있다. 시비의 기준을 세워서 그중 하나만이 올바르고 나머지는 모두 그르다고 하거나, 그중 하나는 "이것" 나머지 하나는 "저것"이라는 기준이 절대적이어서 이것은 항상 이것이고 저것은 항상 저것이 되도록 "이름을 바로잡는" 행위 또한 쓸데없는 일이다.

장자의 입장에서 이렇듯 실제로 명·실 관계가 어긋난 것이 아님에도 새로운 기준을 만들어 명실을 따지고 타인을 혼란으로 몰아넣는 말장난은 곧 조삼모사와도 같다. 조삼모사 비유는 공손룡 논변의 허점을 지적하고 공손룡의 태도를 비난한 직후에 연결되며, 명실 관계에 대한 언급이 있는 것으로 보아 공손룡에 대한 비판의 연장선상으로 받아들일 수 있다.

> 신명을 하나로 하려고 노력하면서도 같다는 것을 모르는 것을 조삼이라고 한다. 조삼이 무엇인가? 원숭이 조련사가 상수리를 주면서 '아침에 세 개 저녁에 네 개를 주겠다'고 하니 원숭이들이 모두 화를 내다가 '그럼 아침에 네 개를 주고 저녁에 세 개를 주겠다'고 하니 모두 좋아했다. 명실이 이지러지지 않았는데도 기쁨이나 노여움을 삼으니, 이 또한 이것 때문이다.[161]

널리 알고 있는 '조삼모사'의 비유는 원숭이들에게 아침에는 상수리 세 개, 저녁에는 네 개를 주겠다고 했더니 화를 내다가, 그렇다면 아침에 네 개를 주는 것으로 바꾸겠다고 했더니 좋아했다는 이야기로, 원숭이들의 어리석음을 드러내는 우화다. 상수리를 '아침에 세 개 저녁에 네 개' 주는 것과 '아침에 네 개 저녁에 세 개' 주는 것은 결국 하루에 일곱 개를 준다는 점에서 손해를 보지 않았고, 또한 일곱 개를 주겠다고 말하고 일곱 개를 주었으므로 명과 실 사이의 관계에 어긋남이 있는 것도 아니다. 여기에서 결국 원숭이들에게 일곱 개의 상수리라는 실재는 전혀 바뀐 것이 아니며, 명실 관계에 문제가 있는 것도 아니다. 그럼에도 불구하고 화를 낸다는 것은 무엇인가?

'조삼모사'는 신명이 이미 같아져있는 것을 모른 채 노력을 쏟아부으며 감정만 허비하고 있는 어리석은 상태이다. 다시 말해 장자의 입장에서는 말을 말이라고 불렀으면 이는 명실 관계에 아무런 어긋남이 있는 것이 아니기 때문에, 이를 굳이 시비를 구분하여 판단하며 궤변을 삼을 이유는 없는 것이다.

이렇듯 장자는 상수리를 일곱 개 얻었다는 현실적인 이해관계를 중시하며, 그 이외의 문제에 대해 감정을 일으키는 것은 어리석은 일이라고 치부한다. 현실적으로는 동일하거나 심지어 손해를 보는 일이 있더라도 규범상 명분상 꼭 지켜야 할 일들이 있다는 식의 유가적인 명실론이나, 실재가 동일하게 보이더라도 무엇에도 한정되지 않는 분리된 상태를 지켜야 하므로 올바른 층위를 따져야 한다는 공손룡의 명실론은 장자에게는 그저 우스워보였을 것이다.

이러한 장자의 명실론은 요임금이 허유에게 천하를 맡아줄 것을 부탁하는 대목에서 조금 더 자세하게 드러난다. 요임금은 허유의 덕이 더 크기 때문에 자신은 있으나 마나 할 것이라고 치사를 했다. 그러나 허유는 이를 거절하며 다음과 같이 말한다.

> 당신이 천하를 다스려서 천하는 이미 안정되어 있소. 내가 이를 대신한다면 나는 이름만 되란 말이오? 이름은 실재의 손님일 뿐이오. 앞으로 나보고 손님 역할만 하란 말이오?[162]

천하는 요임금의 영향력으로 이미 혼란이 다스려진 상태다. 허유가 그 통치권을 이어받는다면 허유는 더 이상의 수고를 하지 않고도 안정된 사회를 통치할 수 있게 된다. 허유는 별다른 노력을 하지 않고도 그저 천자의 지위만을 얻는 것을 '실재는 없이 이름만 얻는 것'이라고 이해하며, '이름은 손님이며 실재는 주인'이라고 덧붙이고

Ⅲ. 제자백가와 공손룡 | 245

있다. 그렇다면 장자에게 있어서 천자로서의 실재는 천하를 안정되게 만드는 행위이며, 이름은 곧 천자로서의 지위와 이에 따른 특권을 말한다. 허유가 요임금의 뒤를 이어 천자가 된다면 좋은 음식을 먹고 좋은 궁궐에 살면서 천하 백성의 세금을 걷어 권력을 누릴 수 있겠지만, 허유는 이 모든 것을 그저 '손님 역할'이며 이름에 불과하다고 칭하고 있기 때문이다.

그러므로 장자의 입장에서 시비를 칼같이 따지며 명실이 맞더라도 그 이상의 층위를 추구하는 공손룡의 명실론 및 정명론은 공격의 대상이 될 수밖에 없다. 공손룡은 물론 '우물 안 개구리' 등의 소리를 들으며 직접적인 비난을 받기도 하지만, 공손룡의 논변에서 사용된 표현들을 들어 비꼬기도 하면서 공손룡의 강경한 정명론을 비판하고 있는 것이다. 여기에서 장자가 층위 혹은 올바름 등의 구체적인 어휘들을 사용한 것은 아니지만, 단순히 명실 중 이름을 더 중요하게 여기는 태도를 비판한 것뿐이 아니라 명실이 일치하는 경우를 두고도 화를 내는 조삼모사의 우화를 통해 공손룡의 잘못된 시비판단을 문제 삼는 것으로 미루어, 장자는 층위의 개념을 내세워 정명론을 더 강화하려고 한 공손룡의 주장을 비판하려고 한 것임을 확인할 수 있다.[163]

공손룡은 최대한의 효용을 가진 한정되지 않은 상태만이 올바르며 그러므로 분리를 추구해야 한다고 본 반면, 장자는 아예 한정될 수 없는 무쓸모의 상태를 긍정적으로 보았다. 공손룡에게 있어서 깎이지 않은 통나무는 특정 효용에 한정되지 않았다는 '올바른 층위'의 나무지만, 이를 깎아서 나무 그릇을 만든다면 특정 효용에 한정되어 버렸기 때문에 더 이상 올바르지 않다. 그러므로 공손룡은 명·실만을 따지는 것으로는 정명을 바로잡을 수 없으므로 층위의 개념까지 끌어들여야 했다. 그러나 장자는 명·실·위까지 모두 계산하는 공손룡과는 달리 아예 실재만을 보기로 한다. 그러므로 아무런 효용에도 구애받지 않는 자연의 상태 그대로를 유지할 수 있게 되는 것이다.

이제 마지막으로 공손룡의 틀에 맞추어 한비자의 사상을 해석하는 것으로 공손룡의 정명론은 한비자를 통해 조금 더 구체적으로 이해할 수 있음을 밝힐 것이다. 한비자가 공손룡에게 직접적인 영향을 받았다는 주장을 하려는 것은 아니다. 그러나 한비자는 노자에게서 영향을 받았다고 밝히고 있는데, 공손룡 또한 노자의 영향력 하에 사상을 형성했음을 유추해 볼 수 있다.

IV

한비자와
분리된 군주의
우월함

　한비자는 공손룡보다 후대의 인물로 진시황의 천하통일에 바탕이 된 법가의 사상가다. 그러나 한비자의 법가사상은 현대인이 생각하는 법치주의보다는 자신의 의견을 베일 뒤에 가린 절대군주가 절대 권력을 유지하고 휘두를 수 있는 방법에 대한 조언에 가깝다.

　한비자에 의하면 상과 벌이라는 두 개의 자루를 잡고 있는 자가 곧 권력을 잡기 때문에, 군주는 절대로 타인과 이 권력을 나눠서는 안 된다. 신하는 군주의 자리를 뺏기 위해 호시탐탐 노리는 자이며, 그렇지 않다고 하더라도 신하에게 자신의 역할을 나눠주었다가는 백성들의 충성이 모두 그에게 향해버릴 수도 있기 때문이다. 이렇듯 권력을 유지하기 위해 군주는 신하의 주장에 영향을 받아서도 안 되며, 군주 본인의 호오를 드러내 보여서도 안 되고, 구체적인 역할에 자신을 한정시켜서도 안 된다. 타인의 영향력에 자신의 견해가 바뀌거나, 특정 기호나 성향에 한정되거나, 하나의 역할에 한정되지도 않은 군주는 곧 공손룡이 말한 올바른 군주의 모습이다. 다른 색과 섞이지 않고 고유의 색을 유지하는 정색, 특정 사물에 한정되지 않은 인지 능력, 혹은 특정 색에 한정되지 않은 사물 일반 등 공손룡의 논변에 등장하는 다양한 비유들이 한비자가 주장하는 이상적인 군주의 모습에 유사하게 반영되어 있다고 할 수 있다.

　한비자가 곧 공손룡의 영향으로 이러한 주장을 했다는 것은 아니다. 한비자는 자신

의 사상은 노자로부터 영향을 받아 생성되었다고 밝힌다. 노자는 사회의 각박한 제도나 사물의 욕망에 제약받지 않는 자유로운 인간을 꿈꿨다. 그러나 노자가 추구하는, 특정한 시공간에 한정되지 않고 어느 상황에나 통용될 수 있는 도[常道], 모양이 정해지지 않았기 때문에 어떤 모습으로든 변화할 수 있는 무한한 가능성을 가진 통나무[樸] 등은 타인에게 자신의 모습을 감추고 절대 권력을 유지하는 처세술로 해석할 수 있는 여지가 있다. 한비자와 공손룡은 노자의 처세술에 영향을 받아 형성된 유사한 계열의 사상이라고 할 수 있는 것이다.

1. 노자와 공손룡

제도에 한정되지 않는 인간에 대한 칭송

법가의 사상가인 한비자는 신분에 상관없이 법 앞에 평등해야 하며 인간은 누구나 동일한 호오를 갖고 있기 때문에 상벌에 의해 제도화된다고 주장했지만, 그 상벌을 장악하고 법을 집행하는 인간인 군주에 대해서는 다른 기준을 적용한다. 호오에 의해 지배되며 그러므로 제도화되는 대부분의 인간과는 달리 법을 넘어서는 하나의 인물인 군주의 행동원칙을 설명하기 위해서 그는 노자의 가르침을 인용한다. 도가에 있어서 외부의 제도인 인의예지 등은 그저 자연의 최고 원리인 도를 대체하고자 인위적으로 만들어진 것이다. 외부 제도를 강제하려는 통치자에게 쉽게 훈련당해 버리는 인간은 그만큼 도에서 멀어지게 된다. 통치자는 피통치자의 호오를 자극하는 상벌을 통해 피통치자를 통제하려고 하므로, 호오에 솔직하게 반응하는 것은 곧 통제의 대상이 됨을 의미한다. 도에서 멀어지지 않기 위해서는 제도화되거나 교육을 적극 받아들여 특정 문화에 한정되면 안 되는 것이다. 그러므로 한비자가 그려내는 피통치자는 법가적인 인물이지만 통치자는 도가적인 인물에 가깝다.

먼저 제도화되지 않은 인간을 노자가 어떻게 이해하고 있는지 살펴보자. 이는 《도덕경》의 도입부이자 가장 유명한 구절에서부터 확인할 수 있다.

> 무어라 말할 수 있는 도는 어디에나 통용되는 도가 아니다. 이름 지을 수 있는 이름은 어디에나 통용되는 이름이 아니다.[164]

구체적인 말로 설명될 수 있는 도, 어느 하나의 이름으로 한정된 이름은 그 특정 상황에는 딱 맞는 것이지만, 특정 형태로 고정되게 되면 나머지 모든 상황에는 맞지 않을 가능성이 생긴다. 그러므로 가공되지 않은, 외부의 영향력이 미치지 않은 자연 그대로의 것은 곧 특정 시대적, 문화적, 공간적인 특성에 의해 한정되지 않았다는 점에서 시공간을 초월할 수 있다는 장점을 갖는다. 한 순간에 가장 절실하게 느껴지는 요구에 호응한다면 그 순간에는 최고의 인기를 누릴 수 있고 가장 열렬한 반응을 얻을 수 있지만, 그 순간의 욕구가 지나가버린다면 당장 버려질 수 있기 때문에 특수성을 갖는 것은 항상 한계가 있을 수밖에 없다. 그러므로 아무런 특성에도 한정되지 않는 가장 추상적인 것이 곧 가장 포괄적이며, 무한대의 가능성을 지닐 수 있다.

이렇듯 도가에서 추구하는 이상적인 인간, 덕목, 혹은 이상적인 사회는 인위적인 노력이나 가공이 더해지지 않은 자연 그대로의 모습을 추구한다는 점, 또한 특정 성질에 한정되는 것으로 인하여 포괄성을 잃지 않는다는 점에서 '변화 이전의 모습'의 우월성을 강조한다. 이렇듯 무엇이 '함께하지 않은' 자연 그대로의 모습의 특성을 노자는 어린아이[嬰兒], 생명주[素], 통나무[樸] 등의 개념을 사용해 나타낸다. 이들은 본래의 모습을 그대로 유지하고 있으며, 한정된 이름이나 형태가 없다는 점에서 시공간을 초월하여 작용할 수 있는 힘을 얻는다.

《도덕경》 19장의 내용을 보면 인의예지 등 제도화된 덕목들을 버림으로써 생명주와 통나무를 얻을 수 있음을 알 수 있다.

> 성인을 잘라내고 지혜를 버리면 백성의 이익이 백배가 되고, 인을 잘라내고 의를 버리면 백성이 다시 효도와 자애의 길로 돌아온다. 기교를 잘라내고 이익을 좇는 것을 포기하면 도둑과 강도가 사라진다. 이 세 가지는 겉꾸밈일 뿐이라고 여기는 것이라 부족하니, 속하는 곳이 있도록 시키는 것이다. 염색하지 않은 명주실의 모습을 보이고, 다듬지 않은 통나무의 모습을 품으며, 사사로움을 적게 하고 욕심을 줄이라.[165]

성인은 사회와 제도를 만들어내는 인간이다. 성인과 지혜, 인과 의, 기교와 이익추구 등은 모두 인위적이고 부자연스럽게 인간을 변화시키는 외부적인 요소들을 말한다. 그래서 그들은 문文, 즉 내면의 질박함과 대조되게 외부를 꾸미는 요소를 추구하는 것들이라고 설명하는 것이다. 외부를 보기 좋게 꾸미는 것은 그것만으로는 무의미하다. 내면에 실질적인 무언가가 뒷받침이 되어야만 가치를 가질 수 있다. 그리고 노자에게 있어서 아무 것도 꾸미기 이전, 내면의 자연스러움을 그대로 유지하는 모습을 대변하는 것은 '염색되지 않은 생명주', '다듬지 않은 통나무' 등이다.

그렇다면 인의예지 등의 덕목과 대비되는 생명주와 통나무의 이점이란 대체 무엇인가? 외부를 꾸미지 않았다는 것은 어떤 장점을 가지고 있는 것인가? 이를 확인하기 위해 《도덕경》의 28장과 32장을 비교해보자.

> 강한 힘을 알면서도 약함을 유지하면 세상의 협곡이 된다. 세상의 협곡이 되면 모든 곳에 통용되는 도가 떠나지 않고, 갓난아기와 같은 상태로 돌아갈 수 있다. 힘을 알면서도 검정을 유지할 수 있으면 천하의 법규가 된다. 천하의 법규가 되면 모든 곳에 통용되는 덕에서 어긋나지 않고, 끝이 없는 무극의 상태로 돌아갈 수 있다. 영예를 알면서도 치욕스러움을 지키면 천하의 골짜기가 될 수 있다. 천하의 골짜기가 되면 모든 곳이 통용되는 덕이 충분해지고, 자르지 않은 통나무의 상태로 돌아갈 수 있다.
>
> 통나무를 쪼개면 그릇이 되니, 성인이 이를 사용하여 관리도 만들고 장수도 만든다. 그러나 가장 위대한 마름이란 아무것도 잘라내지 않는 것이다.[166]

> 도는 어디에나 통용되기 때문에 정해진 이름이 없으니, 다듬지 않은 통나무 덩어리는 비록 작더라도 천하가 그를 신하처럼 부

릴 수 없는 것과 같다. 제후나 왕이 이러한 도를 지킬 수 있다면 만물이 스스로 찾아와 손님이 될 것이다. 천지가 서로 합하여 단비를 내리며, 명령하지 않아도 백성들이 저절로 균형을 찾을 것이다.

통나무 덩어리를 마름질하기 시작하면 이름이 생긴다. 이름이 생기고 난 이후에는 멈출 줄 알아야 하니, 멈출 줄 알면 위태롭지 않을 수 있다. 천하에 도道가 있는 것은 개천이나 골짜기의 물이 강과 바다로 흘러가는 것에 비유할 수 있다.[167]

28장에서 알 수 있는 것은 자웅으로 대변되는 강한 것과 약한 것, 혹은 백과 흑, 영예와 치욕 등 서로 상반되는 것을 둘 다 알면서도 약한 쪽에 머물면서 양 극단을 포괄할 수 있는 포용성을 가진다면 '어디에나 통용되는' 도와 덕을 갖출 수 있다는 것이다. 두 극단 중 어느 한 쪽만을 알고 있거나 강한 쪽에 머물고자 한다면 제한될 수밖에 없을 것이다. 이렇게 치우침이 없다는 것은 곧 강하거나 밝은 면을 모르는 것이 아님에도 불구하고 약하고 어두운 면에 대해서도 이해를 유지하고 있는 포용성을 말하는 것이다.

이러한 포용성은 특정한 하나의 성질에 의해 한정되거나 정의되지 않았기 때문에 가능해진다. 그러므로 "갓난아기", "통나무" 등은 아직 아무런 제도화나 꾸밈의 과정을 거치지 않았으며, 아무런 모양으로 정해지지 않았기 때문에 어떤 모양으로든 될 수 있는 가능성을 가지고 있다는 점에서 무한한 것을 말한다. 그렇기 때문에 쪼개기 이전, 다듬기 이전의 통나무는 아무런 마름질을 가하지 않앉기 때문에 최고의 마름이 되고, 통나무를 쪼개서 특정한 그릇의 형태로 만드는 것은 비록 관리며 장수와 같이 좋은 것에 쓰이기도 하지만 이미 한정되어 버렸기 때문에 최고는 아니라는 것이다.

32장 역시 이렇게 쓰임이 한정되지 않은 다듬지 않은 통나무 덩어리를 무명無名이라고 부르고, 반대로 마름질을 시작하여 특정 쓰임이 한정된 통나무는 유명有名이 된다. 여기에서 이름이란 곧 쓰임과 같다고 할 수 있다. 이름이 정해진다는 것은 특정 소용에 한정된다는 것이며, 그 특정 상황에 맞는 요구가 사라지면 더 이상 사용될 수 없는, 즉 통용될 수 있는 영역이 제한되어 있는 것을 말한다.

다듬지 않은 통나무는 거칠지만 앞으로 무슨 모양이 될지 알 수 없는 무궁무진한 가능성을 가진 것이다. 어린아이도 생명주실도 마찬가지다. 아직 아무런 다른 요소도 함께하지 않은, 그러므로 변화하지 않은 있는 그대로의 것은 아무 것도 더해지지 않았기 때문에 어떤 무엇이 더해질 수도 있는 것이다. 노자는 이에 대해 "신하 삼을 수 없다[莫能臣]"고 평가하는데, 이렇듯 정해진 형태가 없는 것은 어떻게 다스리고 꺾어야 하는지 파악이 불가능하기 때문에, 투박해 보이지만 쉽게 부리거나 다스릴 수 없다는 것이다. 신하처럼 부릴 수 없다면 어떻게 해야 하는가? 다스릴 수 없는 것은 반대로 군주처럼 모셔야 할 것이다. 분리된 것은 이미 결합한 것과는 달리 결합의 가능성이 무궁하다는 점에서 우월하다고 본다는 것은 공손룡식으로 표현하면 특정 색에 한정된 백마, 흑마, 황마는 한정되지 않은 마馬 그 자체와 같지 않으며 그것만이 옳다는 주장에 해당한다.

2. 한비자와 공손룡

베일에 가린 군주의 절대 권력

한비자의 정명론

한비자는 상벌에 따른 인간의 제도화를 가장 강력하게 주장한 법가의 사상가임에도 불구하고 제도화되는 인간을 오히려 열등한 존재로 본다. 물론 피통치자들이 제도화를 거부하는 것을 긍정적으로 판단한다는 것은 아니지만 오직 군주만은 외부 자극에서 완전히 자유로운 모습을 추구해야 한다고 본 것이다. 이러한 군주만이 권력을 온전하게 유지할 수 있다고 주장했다는 점에서 궁극적으로는 변화를 부정적인 것으로 이해하고 있다는 반전을 보인다.

한비자가 주장하는 군주의 권력이란 유가가 주장하는 도덕적인 명분, 즉 명名 중심의 개념인 것도 아니고, 또 도가에서와 같이 통치자가 평화를 유지하기 위해 맡아 처리하는 임무들, 즉 실재 중심의 개념인 것도 아니다. 윤찬원은 한비자가 말과 행실의 일치를 추구했다는 점에서 명 위주의 정명론을 폈으며, 그러므로 유가의 정명론을 그대로 받아들인 것이라고 해석한다.[168] 그러나 신하에게 스스로 계획을 말로 밝히게 하고, 그 이후 그 계획을 실천하지 못하면 벌을 내리는 한비자 식의 '정명'은 비록 이름에 실재를 일치시켜야만 한다는 점에서 유가와 유사한 이름 위주의 정명론이라고 해석할 수도 있겠으나, 그 명과 실의 실재 내용이 무엇이며, 일치를 판단하는 기준은 또한 무엇인지에도 이견이 있을 수 있다.

명과 실을 정확히 일치시켜야 한다는 한비자 식의 정명에 대한 다음 설명을 보자.

> 신하가 일을 계획하여 말을 할 때는 군주는 그 말을 기준으로 일을 내리고, 그 일을 처리하는 것만을 기준으로 공을 따져야 합니다. 공이 그 일에 맞고 일이 그 말에 맞으면 상을 내리고, 공이 그 일에 맞지 않고 일이 그 말에 맞지 않으면 벌해야 합니다. 그러므로 뭇 신하의 말이 더 크고 공은 그에 못 미칠 때는 벌해야 하는데, 공이 적은 것을 벌하는 것이 아니라 공의 실재가 이름과 다른 것을 벌하는 것입니다. 뭇 신하가 말은 적게 하고 공을 크게 세우는 것도 역시 벌해야 하는데, 공이 큰 것을 기뻐하지 않기 때문이 아니라 이름에 맞지 않기 때문입니다. 그 폐해가 큰 공을 세우는 것보다 심하기 때문에 벌하는 것입니다.[169]

위 인용문에서 한비자는 벌을 내리는 기준은 공의 크기에 달려 있는 것이 아니라 신하가 내세운 기약과 결과물의 일치 여부에 있어야 한다고 주장한다. 말을 아끼거나 겸손하게 표현하는 대신 행동으로 가치를 증명하는 것을 덕목으로 여기는 것과는 전혀 다른 태도다. 법가가 아닌 유가에서도 도를 지나치는 것을 긍정적으로 평가하지 않지만, 결과적으로 군주와 나라에 이익을 가져왔더라도 애초에 내세운 약속을 넘어서면 벌해야 한다는 칼 같은 명실 일치를 주장한 것은 아니다.

또한, 유가에서 신하의 신하다움이나 아들의 아들다움을 추구하는 것은 언사의 일치가 아니라 이름에 맞는 도덕을 갖추기 위한 수양의 문제라는 점에서도 차이가 있다. 유가에서 말하는 정명론은 자신이 맡은 역할에 주어진 덕목을 기준으로 정명을 판단하기 때문에, 아들의 경우를 예로 든다면 효라는 덕목에 어긋난다고 판단되지 않는 이상 자신이 약속한 것 이상을 행한다고 해서 아들의 자리를 박탈당할 일은 없다. 그러나 한비자가 추구하는 명·실의 일치는 유가적인 도덕적인 방향성의 일치, 수양의 지향성의 일치를 말하는 것이 아니라 결과물에 있어서 조금의 모자람도 과함도 없는 수량적인 일치를 말한다.

이렇듯 한비자의 정명론은 유가와 같이 도덕성을 말하는 명 위주의 정명론과는 다른 것이며, 모자람도 과함도 없도록 타인을 평가하는 지위에 있는 군주에게는 해당되지 않는 것이기도 하다. 그렇다면 한비자의 군주가 따라야 하는 이상은 어떤 것인가? 한비자가 주장하는 이상적인 군주란 자신의 권력을 나누지 않으며, 상벌이라는 두 개의 손잡이를 놓지 않으며, 누구에게도 자신의 호오를 드러내거나 약점을 보이지 않는다는 특징을 갖는다. 자신의 자리를 타인과 나누지 않고, 상벌에 의해 제도화될 수 있는 자신의 호오는 최대한 감춘 채 타인의 호오를 지배할 수 있는 제도를 최대한 활용한다는 것은 곧 공손룡이 주장한 다른 영향력과 더해지지 않는 군君의 모습과 유사하다고 볼 수 있다.

고은강은 피통치자와 통치자를 대하는 한비자의 이중적인 잣대를 '자유'의 측면에서 접근하여, 신하 및 피통치자들은 그저 간섭에서 벗어나기를 추구하는 소극적인 자유만을 가질 수 있지만, 군주는 무위를 통해 자기 자신의 호오에서, 그리고 가까운 이들과의 인간관계에서 자유로워야만 한다는 점에서 구분된다고 설명한다. 고은강이 명시적으로 나열하는 군주의 자유는 타인에게서 간섭 받지 않는다는 소극적인 자유를 기본으로 그 위에 자신의 본능적인 반응에서 자유로워야 한다는 것, 그리고 가족이나 친지와의 인간관계에서 자유로워야 한다는 두 가지 요소가 더해지는 것이다. 그러나 군주의 무위란 각각의 역할을 맡아 행동으로 말을 증명해야 하는 신하와 대조된다는 설명이 거듭 반복되고 있으므로, 한비자의 군주는 한정된 역할에서부터도 자유로워야 하는 것이라는 해석을 덧붙일 수 있겠다.[170]

타인의 간섭, 가까운 이들과의 인간관계, 또 한정된 역할에서부터도 자유로운 군주는 곧 공손룡이 주장한 무엇에도 한정되지 않은 군주 고유의 모습에 해당하는 것이라고 볼 수 있을 것이다. 한비자가 생각하는 이상적인 군주의 모습에 대해 더 자세하게 살펴보자.

군주는 신하와 의논하지 않는다

공손룡은 청색과 백색이 서로 자리를 지키며 섞이지 않듯이 옆에 있으면서 더해지지도 한정되지도 자신의 색을 드러내지도 싸우지도 않는 군신관계를 이상적인 것이라고 주장한다. 군주에게 있어서 신하는 자신의 지위만을 제공하는 대상일 뿐, 서로 완전하게 분리되어 있어야 하며, 군주는 자신의 호오를 자극하는 외부 요인뿐 아니라 올바른 길로 이끌어주려는 도덕적인 기준에서도 독립되어 있어야만 한다. '올바름'은 행위의 도덕적인 올바름이나, 명과 실이 일치하는 올바름을 말하는 것이 아니라 오로지 다른 영향력으로부터 분리되어 있는 상태를 지키는 것에만 해당하는 가치가 된다.

공손룡의 결합으로 인해 원래의 올바름을 잃었다는 의미는 크게 세 가지로 볼 수 있는데, 첫째로는 청靑-백白이나 一획과 다른 획의 경우처럼 서로 함께하며 영향을 주고받고 변화시켜서 아예 다른 이름과 실재가 되는 것이다. 둘째로는 백白-마馬의 경우처럼 하나의 특성에 한정되어 지칭의 대상이 좁아지는 것이다. 셋째로는 지指-물物의 경우처럼 인간 내면이 외부 자극을 받으며 반응하여 특정 제도에 사회화된 인간이 되는 것이다.

공손룡이 군신이 서로 함께하는 관계에 대해서 사용하는 표현들을 미루어보면 서로 말다툼을 하면서 각각의 영향력이 둘 다 드러나는 것, 즉 군주와 신하가 서로 논쟁을 펴고, 각자의 정치적 견해를 꺾으려 들면서 생각을 굽히지 않고 서로를 설득하여 결국 중간 지점에서 타협을 해나가는 것을 "함께한다[與]"고 표현한 듯 보인다. 그러나 공손룡이 이러한 타협이 절대로 벌어져서는 안 되는 일인 양, "하늘색이 되느니 차라리 노란색"이 되어야 한다고 우기는 것처럼 한비자는, 군주는 신하에게 절대로 자신의 진실된 견해를 드러내 보여서도 안 되며, 신하의 견해에 타협해서도 안 된다고 여겼다.

한비자에 의하면 신하는 언제라도 체제를 뒤집고 본인이 군주가 되기 위해 호시탐탐 노리는 자이다. 또한 나라의 중요한 정책을 신하가 결정하게 된다면 백성들의 마음 또한 권력을 가진 신하에게 돌아갈 것이다.

> 사랑받는 신하가 너무 가까워지면 군주의 신변을 반드시 위태롭게 하며, 신하된 자를 너무 귀하게 여기면 군주의 지위를 반드시 뒤집으려고 합니다. 본처와 첩 사이에 등급을 두지 않으면 반드시 적자를 위태롭게 하고, 형제간에 상하관계가 확실하지 않으면 사직을 위태롭게 합니다. 제가 듣기에, 천승 규모 나라의 군주가 방비되어 있지 않으면 백승 규모 나라의 군주가 그 옆에 나타나 그 백성을 뺏어가고 나라를 기울어뜨리며, 만승 규모 나라의 군주가 방비되어 있지 않으면 천승 규모 나라의 군주가 그 옆에 나타나 위엄을 뺏어가고 나라를 기울어뜨린다고 했습니다. 이렇게 하여 간신은 힘을 키우고 왕도는 쇠망합니다.[171]

군주된 사람으로서 상벌의 위엄과 이익이 자기 자신에게서 나오도록 하지 않고 신하의 말을 듣고 이에 따라 상벌을 행한다면 그 나라의 사람들이 모두 그 신하를 두려워하고 군주는 쉽게 여기며, 신하에게 돌아가고 군주에게서 떠날 것입니다.[172]

신하를 너무 가까이하고 귀하게 여기면 신하는 반드시 군주의 지위와 권력을 탐한다는 것이다. 그러므로 중요한 역할을 하는 신하일수록 더 경계해야만 한다. 또한 상벌을 내리는 것과 같은 중요한 결정에서 신하의 말을 듣고 그에 따라 판단을 하게 된다면 자신의 권력을 그에게 내주는 것과 같아서 백성들의 충성심 또한 신하에게 갈 것이라는 것이다. 그러므로 한비자는 군주가 신하와 상의하고 타협하여 큰 결정을 내리는 것은 곧 군주로서의 지위를 내주는 것과 마찬가지라고 여긴다.

군주는 호오를 드러내지 않는다

그러나 정치적 결정의 분리 상태를 유지하기 위해서 한비자에게 더욱 중요한 것은 자신의 호오好惡로부터의 분리다. 호오를 드러낸다는 것은 곧 자신의 내면이 외부 자극에 의해 반응하고 변화할 수 있는 가능성을 내보이는 것이기 때문에, 타인에게 호오를 보이는 것은 곧 타인에게 자신을 통제할 수 있는 힘을 내주는 것과 마찬가지다. 공손룡에서는 그저 내면이 외부사물과 결합하는 것과 비교했을 때, 내면이 오롯이 분리되어 있는 상태만이 '올바르다'라는 평가에 그쳤다면 한비자에서는 내면이 외부 자극과 결합하는 반응을 타인에게 보이는 것이 얼마나 큰 위험을 가지는가에 대해 구체적으로 설명한다.

한비자가 생각하는 이상적인 군주는 타인과의 관계에서 완전히 분리되어 있으며 오로지 자기 자신의 권력 유지만을 위해 행동한다. 한비자에게 있어서 군주가 권력을 유지할 수 있는 가장 중요한 이유는 그가 타인의 호오를 통제하지만 본인의 호오는 타인에게 드러내지 않기 때문이다. 한비자는 〈해노解老〉에서 노자의 말을 인용해 자신의 주장에 맞게 해석하면서 통치자란 피통치자에게 자신의 감정이나 생각을 드러내지 않기 때문에 권력을 유지할 수 있는 것이라고 설명한다.[173]

> 사람을 다스릴 줄 안다는 것은 사려가 고요하다는 것이고, 그 내면이 비어있다는 것이다. 사려가 고요하기 때문에 덕이 떠나지 않으며, 내면이 비어있기 때문에 조화로운 기운이 나날이 유입된다. (중략) 도를 체득했기 때문에 그 지혜가 깊고, 지혜가 깊으면 멀리까지 계획할 수 있으며, 멀리까지 계획하면 보통 사람들은 그 한계를 볼 수 없다. 사람들이 그가 하는 일의 한계를 보지 못하게 해야 자신의 몸을 보전하고 나라를 유지할 수 있다. 그러므로 "그 끝을 모르게 하라", "끝을 모르게 해야 나라를 유지할 수 있다"고 하는 것이다.[174]

군주는 첫째로는 생각이나 감정이 들끓지 않고 고요하며, 둘째로는 자신이 하려는 일이 무엇인지의 정체를 타인에게 쉽게 보이지 않는다. 타인에게 자신의 내면에서 벌어지는 희로애락의 감정을 보이지도 않고, 자신이 어떤 의도를 가지고 어떤 일들을 계획하고 있는지 또한 타인에게 보이지 않는 것이다. 군주란 쉽게 파악되지 않는 베일에 싸인 존재다. 한비자에 의하면 자신의 감정이나 의도는 숨긴 채 타인의 감정과 의도를 파악할 수 있어야만 우위를 유지할 수 있다.

> 그러므로 군주는 원하는 바를 드러내지 말고 남들이 원하는 것을 지켜보기만 하면 신하는 스스로를 갈고 닦게 되며, 군주는 뜻을 보이지 않고 그저 남의 뜻을 지켜보기만 하면 신하들이 스스로 다른 점을 드러내게 된다는 것이다. 그러므로 "호오를 없애면 신하들이 본심을 보이며, 지략을 없애면 신하들이 스스로 정비한다"고 하는 것이다.[175]

> 기뻐하면 이것저것 일이 많아지고, 싫어하면 원망이 생긴다. 그러므로 기뻐하는 것도 싫어하는 것도 반응을 없애고, 마음을 비워서 도에 머무는 것처럼 해야 한다. (중략) 군주는 빗장을 단단히 잠그고 방 안에서 정원을 내다보듯이 하면서 각자 자리에 있는 것을 상세히 살펴보아야 한다.[176]

위의 인용문을 보면 군주는 자신이 원하는 것이 무엇인지를 드러내지 않으며 호오를 드러내지도 않는다. 즉 군주는 반응이 없는 사람이어야 한다. 아랫사람이 하는 말이나 일에 대해서 일일이 반응을 보이지 않는 것으로, 군주가 어디까지 알고 있으며 모르는 것은 무엇인지, 좋아하는 것은 무엇이며 싫어하는 것은 무엇인지를 숨기는 것이다. 만약 군주가 아는 것에 아는 척을 한다면 아는 척을 하지 않을 때는 잘 모른다는 것이 티가 날 것이고, 그렇다면 신하들이 군주가 잘 모르는 부분에 대해서는 거짓말을 하여 속일 수도 있을 것이다. 또한 군주가 좋아하는 것이 무엇이고 싫어하는 것이 무엇인지 피통치자들이 쉽게 파악할 수 없도록 해야 하는데, 좋아하고 싫어하는 것을 이용해서 군주의 마음에 들려고 하거나 그를 조종하려고 들 수 있기 때문이다.

다시 말해 모든 호오는 타인의 행동을 지배할 수 있는 도구가 되기 때문에, 한편으로 타인의 호오를 통제할 수 있는 모든 도구들을 최대한 혼자서 잡고 있으면서 다른 한편 자신의 호오를 통제당할 수 있는 가능성은 막는 것이다. 인간의 내면이 외부 자극에 반응하는 것, 그리고 그 반응을 통해 교육되고 사회화되는 변화를 겪는 것에 대해, 한비자는 내면에 외부 자극이 함께하며 변화를 겪은 이는 하등한 존재로, 그 변화를 거부하고 아무런 반응도 드러내지 않는 이는 우월한 존재가 될 수 있다고 본다. 그러므로 비록 군주라는 지위를 가지고 태어났다고 하더라도 외부 자극에 반응하는 호오를 드러내고, 또 자신이 생각하는 바가 무엇이고 계획하는 바가 무엇인지를 피통치자들에게 들킨, 즉 외부 자극으로부터 분리된 위位를 잃은 군주는 더 이상 군주일 수 없게 된다는 것이다.

군주로서 타인에게 훈련받지 않기 위해서 한비자는 〈팔간八姦〉에서 잠자리를 같이 하는 부인이나 자식, 심지어 가족과 같은 애착

관계도 신하들이 뇌물을 주거나 아첨 등을 통해 군주의 마음을 사사로이 바꾸도록 할 수 있는 빌미이므로 삼가야 한다고 주장한다. 취미생활 또한 마찬가지여서, 정원을 꾸미고 사냥을 좋아하는 따위도 좋은 선물을 하여 아첨하거나 사냥터에 쫓아가서 취미를 공유하며 설득하는 등 공정하지 못한 판단이 스며들 수 있는 여지가 있다고 경계한다.[177]

군주는 가까운 친구나 가족에 대한 호오, 누릴 수 있는 취미에 대한 호오 등을 철저하게 감추거나 없애야 하며, 이러한 호오에는 심지어 능력 있는 신하를 선호하거나 더 현명한 이야기를 듣기 위해 유세가들의 말을 듣기 좋아하는 지적호기심, 성군이 되고자 하는 의지 등 나라를 더 잘 다스리기 위한 욕심마저 포함되어 있다. 현명하거나 유능한 신하를 등용하고 싶은 마음도 숨겨야 하는 호오에 들어간다. 다시 말해 유가에서 훌륭한 군주라면 당연히 갖추어야 할 '도덕적으로 올바른' 호오 또한 한비자에게는 '분리된' 층위를 망치는 잘못된 요소일 따름이다. 그러므로 한비자에게 충성, 자애, 인의 따위의 덕목들은 모두 무용지물에 불과하다. 군주가 지켜야 하는 것은 위엄과 권세인데, 이는 곧 자신의 호오를 감추고 상벌만을 무기로 삼는 '분리된 층위'에서 오는 것이다.

> 세상의 보통 학자라는 이들은 군주에게 유세하기를 "위엄의 권세를 타고 간악한 신하를 곤란하게 하라"고 하지 않고, 다들 "어짊과 의로움, 은혜와 사랑으로 다스릴 따름이다"라고 한다. 세상의 보통 군주들 또한 어질고 의롭다는 명성을 아름답게 여

기고 그 실질적 이득을 따지지 않는다. 그러므로 크게는 나라가 망하고 몸이 죽임을 당하며 작게는 땅을 빼앗기고 군주의 권세가 낮아지는 것이다. (중략) 그러므로 어짊과 의로움, 사랑과 은혜는 정책으로 사용하기에 부족하며, 엄격한 형과 무거운 벌만이 나라를 다스릴 수 있음이 분명하다고 여긴다.[178]

한비자에 의하면 인의나 자애와 같은 덕목을 갖추었다는 소문이 나면 군주로서 명성을 날릴 수 있고, 그러므로 이러한 덕목을 유세하는 이들에 대한 수요가 있던 모양이다. 그러나 이러한 덕목들을 유세하는 학자들이 많고, 군주들이 포퓰리즘의 유혹에 넘어가 이러한 정책을 택하더라도 결국은 간사한 신하들에게 속아 나라를 잃게 될 것이라는 것이 한비자의 주장이다. 결국 나라를 제대로 다스릴 수 있는 방법이란 조금이라도 잘못을 저지른 이들에게는 엄중한 형벌을 내려서 아무도 법을 어기지 못하게 하는 것이다. 그리고 오직 군주 자기 자신만이 상을 좋아하고 형벌을 싫어하는 호오를 드러내지 않는 것으로 타인에게 통제당할 수 있는 가능성에서 빠져나와야 한다.

이렇듯 한비자에게 있어서 군주는 어떤 호오나 특성도 겉으로 드러내지 않음으로써 법의 판단보다 위에 있을 수 있는 인간이며, 군주를 제외한 나머지 모두는 법의 잣대 내에서 호오의 지배를 받아야 하는 대상이다. 외부 자극에 대한 반응이 생기는 순간 군주는 더 이상 군주일 수 없게 되며, 그러므로 도덕적으로 올바른 반응을 추구하며 법에 맞는 삶을 사는 군주는 성립하지 않는다. 유가적인 명名 위주의 정명론, 즉 마땅히 갖추어야 하는 덕목을 갖추기 위해 노력하는 수양론 따위는 아무런 소용이 없다.

군주는 역할이 한정되지 않는다

여기까지 자신의 호오는 감추고 타인의 호오를 이용하여 타인을 통제할 수 있는 방법은 최대한 활용하는 것이 곧 '분리된 군주'의 모습임을 확인할 수 있었다. 이렇게 군주가 그 누구에게도 양도해서는 안 되는 권력은 한비자가 두 개의 자루[二柄]라고 부르는 상벌의 권한이다. 상벌을 내릴 수 있는 권한은 상 받기를 원하고 벌 받기를 싫어하는 세상 모든 사람을 통제할 수 있는 힘이기 때문이다.

> 현명한 군주가 자신의 신하를 이끌고 다스리는 방법은 두 개의 자루일 뿐이다. 두 개의 자루란 형벌과 덕이다. 무엇을 형벌과 덕이라고 하는가? 사형과 체벌을 형이라고 하고, 녹을 내리고 상을 내리는 것을 덕이라고 한다. 신하된 자는 사형과 벌을 두려워하고 녹과 상을 이익으로 여기니, 그러므로 군주된 자가 형과 덕을 직접 사용하면 뭇 신하들이 그 위엄을 두려워하여 그 이익이 되는 것으로 돌아온다.[179]

신하에게 절대로 양도해서는 안 되는 조금이라도 나눠서는 안 되는 궁극의 권력은 바로 상과 벌을 내릴 수 있는 군주의 권한이다.

상과 벌의 권한을 신하에게 나누어 주어서는 안될 뿐 아니라 군주 또한 상벌 이외의 역할을 떠맡아서도 안 된다. 군주는 그저 판단만을 해야 하며, 어떠한 행위를 하여 타인의 판단을 받게 되는 자리에 서서는 안 되기 때문이다.

군주는 판단을 하고 신하는 판단을 당하는 자리에 있어야 하므로, 신하와 군주의 역할은 서로 완전히 나뉘어져 있어야 한다. 이는 그저 신하에겐 신하의 몫이, 군주에겐 군주의 몫이 있는 정도의 분할이 아니다. 군주는 그 어떤 '구체적'인 역할을 맡아서 그 역할이 제한되어서는 안 되며, 반대로 신하는 자신의 구체적인 역할을 넘어서는 보편성을 가져서는 안 된다는 한정이 있는 것이다. 다시 한 번 한비자는 특정 성질과 함께하며 한정되어버린 올바르지 않은 층위를 가진 것은 진정한 군주의 모습이 아님을 강조한다. 아니 그러한 군주는 곧 나라와 지위, 그리고 목숨마저 잃을 것이기 때문에 더 이상 군주일 수가 없다. 그러므로 올바르지 않은 위位의 군주란 존재가 불가능하거나, 적어도 오래 생존해 있을 수는 없는 셈이다.

다시 말해 한비자가 주장하는 '분리된 군주'는 그의 권력을 어떻게든 빼앗으려고 하고 그에게 영향을 미쳐 자신의 권세를 극대화하려고 하는 간신들의 영향력에서의 분리에 국한된 것이 아니다. 한비자의 군주는 타인의 조언이나 견해와 분리되고, 자기 자신의 호오 반응에서 분리되며, 또한 한정된 특정 역할에서 분리되어 전체 나라의 운영을 지켜볼 수 있는 위치를 독점해야 하는 것이라고 주장한다.

특정 역할에 한정되어서는 안 되며, 전체를 관망하고 상벌을 내리는 역할만을 해야 한다는 것은 〈백마론〉에서 말을 구하면 어떤 말이든 올 수 있지만 흰 말을 구하면 흰 말이 아닌 것은 해당되지 않는다는 의미의 분리된 층위와 유사하다. 군주가 특정 구체적인 역할을 맡게 되면 군주는 그 역할에만 한정되기 때문에 그 이외의 일에 대해서는 잘 모르게 된다. 그러므로 다른 역할을 맡은 이들에게 속거나 술수에 빠지는 것이 가능해진다. 또한 구체적인 역할을 맡는다면 성패가 갈리므로 군주 또한 상벌의 대상이 될 수 있다.

군주 노릇하는 자는 눈이 이루처럼 밝아야 '눈 밝다'는 말을 듣는 것이 아니고, 귀가 사광처럼 밝아야 '귀 밝다'는 말을 듣는 것이 아니다. 세세한 일을 남에게 맡기지 않고 눈으로 직접 밝게 보기를 기대하고 있으면 보는 것은 적기 때문에 술수에 넘어가지 않을 수 없다. 기세를 타지 않고 귀로 직접 밝게 듣기를 기대하고 있으면 듣는 것이 부족하기 때문에 말에 속지 않을 수 없다. 그러므로 현명한 군주란 천하가 자신을 위해 볼 수밖에 없도록 하고, 천하가 자신을 위해 들을 수밖에 없도록 해야 한다.[180]

군주는 눈이나 귀의 역할과 같은 세세한 실무를 담당해서는 안 된다. 이는 군주의 역량이 세상 모든 것을 다 듣고 볼 수 없기 때문이기도 하지만, 그가 아무리 좋은 능력을 갖추고 있다고 하더라도 군주란 온 세상의 다른 인간들을 피통치자로 두고 있으니 그 다른 힘들을 활용하고 이후에 판단하는 위치에 있는 자이며, 각각의 실무를 담당하여 성공 여부에 의해 판단 받는 위치에 있어서는 안 되기 때문이다. 이렇듯 역할이 한정되어버린 채 다른 어떤 역할에 대해서도 판단이 가능한, 즉 분리된 상태를 유지하지 않는 군주는 지위를 빼앗기고 목숨도 잃게 될 수 있기 때문에, 특정 역할과 결합해버린 군주는 어느새 더 이상 군주일 수 없으며, 그러므로 결합한 상태의 군주는 존재가 위태로워질 것이다.

> 군주는 타인과 역할을 공유하지 않으니, 백성들이 곧 다른 이를 따르게 될 것이기 때문이다. 군주는 타인과 의논하지 않는다. 오직 일을 시킬 따름이다.[181]

군주는 신하에게 군주로서 자신의 역할을 나누지 않는다. 다시 말해 자신의 자리를 지키고 서서 신하가 그 자리에 침범하는 것을 용인하지 않는 것이다. 군주가 자신의 역할을 나누지 않아야 하는 이유는, 역할을 나누는 것은 곧 지식과 정보의 공유고, 이는 곧 권력의 공유가 되며, 백성들은 군주의 권력을 나눠가진 이를 따르게 되기 때문이다. 그러므로 세세한 역할을 담당해서는 안 되는 군주와는 반대로, 신하란 항상 구체적인 역할만을 담당해야 한다. 신하들에게는 각각의 한정된 역할이 있기 때문에, 군주를 위하는 의도였더라도 애초에 자신이 맡은 역할을 넘어선 자는 벌해야 한다.

옛날 한 소후가 술에 취해 잠이 들었는데, 관을 담당하는 자가 군주가 추운 것을 보고 군주 위에 옷을 덮어주었다. 잠에서 깨어서는 주변 이들에게 물어서 "누가 나에게 옷을 덮었는가?"라고 하자, 주변 이들이 "관 담당자입니다."라고 했다. 군주는 어의 담당자도 함께 처벌하면서 관 담당자는 사형에 처했다. 어의 담당자를 처벌한 것은 일을 놓쳤기 때문이고, 관 담당자를 처벌한 것은 맡은 바를 넘어섰기 때문이다. 추운 것이 좋아서가 아니라 관직을 침범하는 것의 폐해가 추위보다 더 크다고 여겼기 때문이다.[182]

군주가 추울까봐 옷을 덮어준 관 담당자에게 심지어 사형을 내린 것은 자신의 관직을 넘어서서 타인의 일을 자신이 행했기 때문이다. 물론 관 담당자가 어의까지 챙기려고 한다면 이는 어의 담당자의 일을 뺏는 일이고, 관을 맡는 자신의 일에는 장기적으로 소홀해질 수 있는 일이다. 한낱 관이나 어의의 문제가 아니라 만약 외무부장관이 교육부의 일에 참견하다가 자신의 일을 소홀히 하는 일이 생긴다면 이 역시 나라에 큰 영향을 줄 수 있으므로, 각자 자신의 역할에 충실해야 한다는 것은 부인할 수 없는 일이다. 그러나 이보다 더 중요한 것은, 관 담당자는 그저 어의 담당자의 일을 넘본 것이 문제가 아니라 특정 역할이 지정된 "신하"로서 자신의 직분을 넘어서는 오류를 범한 것이다. 자신의 역할을 넘어서 다른 일의 필요성을 파악했다는 것은 전체를 총괄하는 자의 몫이기 때문에 그는 군주의 권력을 넘본 셈이 된다. 구체적이고 세세한 일들을 벗어나 전체를 볼 수 있는 판단력은 오직 군주에게만 주어진 것이기 때문이다.

다시 말해 한비자의 군주론에서, 군주는 전체를 총괄하고 있으며 그 어떤 하나의 역할에 자신을 한정시키지 않는다는 점에서 신하들과 구분된다. 하나의 역할에 한정되지 않기 때문에 나라 전체를 다스릴 수 있는 시야를 유지할 수 있으며, 신하들 중 그 누구도 그 전체를 볼 수 있는 힘이 없기 때문에 군주가 자신의 권력을 뺏기지 않을 수 있다. 어느 하나에도 한정되지 않기 때문에 어디에든 적용될 수 있는 분리된 자의 모습인 것이다.

공손룡의 위位 위주의 정명론은 이 경우에도 적용된다. 군주와 신하의 역할을 나누는 데에 있어서도 한비자는 그 분리된 역할을 유지하는 것이 신하가 도덕성 위주의 정명을 지키는 것보다 더욱 중요하다고 여기는 것이다. 유가의 대표적인 성인 중 하나인 백이와 숙제에 대한 한비자의 평가에서 그러한 모습을 엿볼 수 있다.

> 옛날에는 백이와 숙제라는 이들이 있었는데, 무왕이 천하를 양도했는데도 받지 않고 두 사람은 수양산에 가서 굶어죽었다. 이런 종류의 신하는 무거운 형벌을 두려워하지 않고 큰 상을 이익이라 여기지도 않아서 벌로 행위를 금할 수도 없고 상으로 일을 시킬 수도 없다. 이런 것을 무익한 신하라고 하는 것이다. 나는 이들을 가치 없게 여겨 배척하는데, 세상의 군주들이 그들을 대단하게 여겨 구하는 것이다.[183]

신하는 자신의 호오에 의해 군주에게 통제되는 인간이어야 하기 때문에, 백이와 숙제처럼 상벌로도 지조를 꺾을 수 없고, 자신만의 옳고 그름의 기준이 명확한 사람은 다스릴 수도 없고 쉽게 다룰 수도 없다는 점에서 오히려 "무용"한 신하라고 여긴다. 한비자는 모든 인간이 이익을 추구하기 때문에 내면의 덕을 기준으로 목숨도 버릴 수 있는 사람이 존재하지 않는다고 주장한 것이 아니다. 도덕성을 먼저 추구하는 사람이 있을 수도 있지만 이는 칭송의 대상이 아니라 오히려 통치의 대상으로는 쓸모없는 불필요한 가치라고 생각한 것이다.

한비자에게 있어서 사회가 평온해질 수 있는 이유는 인간이 법, 즉 상벌로 다스려지기 때문이고, 상벌로 다스려지는 것은 인간에게 상을 좋아하고 벌을 싫어하는 정해진 호오가 있기 때문이다. 그러므로 다스림의 대상은 누구나 호오를 갖고 있어야 하며, 다스림의 주체인 군주만은 아무런 호오도 드러내지 않아야 한다. 호오를 드러내는 것은 곧 통제될 수 있다는 말이기 때문이다.

인간의 호오를 통해, 상벌로 인간을 다스릴 수 있다는 사실을 기반으로, 군주는 한편으로는 상벌의 권력을 타인과 나누지 않고, 다른 한편으로는 자신의 호오를 드러내서는 안 된다는 한비자의 가르침이 분리된 군주의 모습을 드러내고 있다고 볼 수 있다. 그러므로 한비자는 현명하거나, 유능하거나, 어질거나, 충성심이 강한 신하라고 할지라도 군주의 역할은 군주만이 수행해야 하며, 군주가 맡아야 하는 일을 나눠주는 것은 심각한 혼란을 불러일으킨다고 주장한다. 이는 군주의 일을 나눠가질 신하가 얼마나 현명하고 어진가와 무관하다. 간사한 신하들은 이제 권력을 가진 자에게 아첨할 것이며, 성공하고 싶은 신하들은 실제로 공을 세우기 위해 노력하는 대신 권력을 가진 자와 유사하게 행동하여 자신도 통치자의 마음을 얻으려고 노력할 것이다.

어쩌면 제일 큰 문제는 군주보다 실제로 더 현명하고 어질며, 나라를 안정시킬 수 있는 힘을 가진 신하가 나타나는 경우일 것이다. 예를 들어, 나라가 위험에 처해있을 때 목숨을 바쳐 전장에서 싸우고 나라를 구한 장수는 비록 큰 공을 세우고 수도 없이 많은 목숨을 구했지만, 무력을 가지고 있는 군사나 백성의 민심이 군주보다 오히려 그 장수에게 향할 수 있다는 점에서 군주에게는 크나큰 위협이 될 수 있다. 고려말 이성계는 국민적 영웅인 자신의 지위를 활용하여 실제로 쿠데타를 일으키기도 했으니, 선조가 이순신이 큰 공을 세운 이후에도 그를 귀양 보낸 것은 나라가 감당하기엔 너무 큰 공을 두려워했기 때문일 수도 있다. 한비자라면 고려가 망하고 이성계가 조선을 세운 것은 너무나 당연한 결과였으며, 선조가 이순신을 귀양 보낸 것은 아주 현명한 처사였다고 칭찬할 것이다.

이렇듯 한비자는 군주는 신하와 견해를 나누어 합의를 볼 수도 없으며, 군주의 내면은 외부의 자극에 반응하거나 호오를 통해 훈련이 되어서도 안 되고, 또한 특정 역할에 한정되어 전체를 총괄하는 힘을 잃어서도 안 된다고 주장했다. 실상 한비자의 입장에서 군주로서 이런 모습은 당위라기보다는 타협하거나 호오를 드러내는 모습을 보이는 즉각 권력을 잃고 목숨도 잃는 것이 현실이라고 생각했기 때문에 '분리된 군주' 이외의 군주는 존재할 수 없다고 여겼을지도 모르는 일이다. 그러므로 한비자의 이론상으로는 오히려 군주에는 다른 어떤 요소도 함께할 수 없으며, 어떤 요소가 함께하는 순간 더 이상 군주가 아니다. 한비자에게 군주는 아무 것도 함께 하지 않은 그 고유의 상태만이 존재하는 셈이다.

이와 같이 보았을 때, 한비자의 사상은 본성론 및 정명론에서 공손룡과 일치하며, 공손룡이 주장한 분리된 것만이 올바른 군주의 모습이라는 것은 한비자의 군주론과 유사한 형태였을 것임을 유추할 수 있다. 인간의 내면은 외부 자극에 쉽게 반응하지만 그 반응을 그대로 드러내며 제도화되는 인간보다는 호오를 숨기는 것으로 타인의 통제에서 벗어나는 인간만이 권력을 잡을 수 있으며, 그러므로 군주로서의 지위를 유지할 수 있다. 이렇듯 공손룡의 정명이란 이름을 위주로 실재를 맞춰가는 것도 아니고, 실재를 중심으로 이름을 그저 손님처럼 보는 것도 아니다. 외부 자극으로부터 분리된 독립된 내면을 유지할 수 있는 상황이란 명과 실의 일치와 상관없이 그 자체로 올바른 것으로 여겨지기도 하는 것이다.

〈적부〉를 통해 확인했듯이 공손룡은 오직 군주만이 분리된 지위를 유지할 수 있다고 여긴 것은 아니다. 공손룡은 제자와 스승의 관계에 대해서도, 그리고 신하 노릇을 할 수 있는 인재에 대해서도, 그리고 공손룡 본인에 대해서도 다른 성질에 한정되지 않고 고유의 성격을 유지하며 타인의 영향력에 휘둘리지 않는 것을 중요하게 여기는 모습을 보인다. 그러므로 공손룡은 군주 이외에도 각 계층마다, 그리고 사제 관계로 대표되는 인간의 각 역할마다, 아버지로서, 아들로서 모두 각자의 분리된 자리를 유지할 것을 주장했다고 이해할 수 있다.

한비자의 세계관에서 신하 또한 자신의 지위를 확보하려고 노력한다. 그러나 이는 군주로부터 독립된 영역을 구축하는 것으로 자신의 지위를 확보하려고 노력하는 것과는 다르다. 신하는 다만 군주의 독립성을 무너뜨리고 어떻게든 그의 호오를 파악해서 군주를 통제할 수 있는 방법을 찾으려고 시도할 따름이다. 권력은 군주에게 있고, 신하는 그 권력을 뺏으려고 노력하는 자이기 때문에, 군주의 이상적인 상태는 분리된 지위의 유지지만 신하는 그렇지 않다. 이렇게 보았을 때 공손룡이 그려내는 군신관계는 한비자에 비해 서로 동등한 입장에 있는 것으로 볼 수도 있다.

다만, 공손룡이 〈통변론〉의 푸른색과 흰색의 비유에서 밝혔듯이 공손룡은 오방에 의해 흰색은 금속을 상징하고 도끼는 풀을 베는 도구로서 푸른색보다 강한 것이기 때문에, 그 둘이 섞인다면 오직 흰색만이 남는 것이 가장 좋은 결과일 것이라고 여겼다. 이렇듯 서로 영향을 미칠 수 없는 분리된 것들로 이루어진 세상에서, 그 분리된 것들 사이에 힘이나 지위의 차이가 존재한다고 설정한다면 곧 그중 가장 힘이 센 것이 나머지 모두를 완전히 지배하는 결과를 피하기 힘들 것이다.

오히려 한비자의 군주는 신하들이 호시탐탐 자신의 호오를 파악하여 자신을 통제할 방법을 찾고 있는 데에 맞서 끊임없이 긴장하고 자신의 권력을 유지하기 위해 노력해야 하지만, 공손룡이 그려내는 군주론이라면 군주는 자신의 역할만을, 신하는 자신의 역할만을 충실하게 수행하며 서로 아무런 영향력을 미치지 않을 수도 있다. 이런 관계라면 아무런 갈등도 생기지 않을 수 있을 것이다. 그러나 이는 이상에 불과하고, 현실은 군주의 영역을 넘보는 신하와 군주의 역할을 제대로 수행하지 못하는 군주로 가득하다. 그렇다면 군주의 역할을 제대로 수행하지 못하는 군주에 대해 신하는 신하의 영역을 넘어서서 조언을 할 수 있는가? 힘이 센 군주가 폭군이 되었을 때 그를 통제할 수 있는 방법이 전혀 없을 수도 있다. 표면적으로는 분리된 군주와 분리된 신하의 균형 잡힌 공존을 지향하고 있지만, 현실적으로는 한비자와 유사하게 오직 군주만이 분리된 지위를 누리게 될 가능성이 높은 것이다.

공손룡이 그리는 군신관계는 이러한 위험성을 안고 있으나 이는 당대의 현실을 가장 잘 반영한 것일 수도 있다. 험난한 시대에 일말의 권력을 유지하며 살아남기 위한 처세술에서 권력을 유지하기 위해 호오를 숨겨야 한다는 가르침은 오히려 유가나 묵가 등의 사상보다 그 시대에 가장 널리 퍼져있는 상식이었을 수도 있다. 비록 공손룡이 주장하고자 하는 바와 같은 부류로는 한비자의 사상을 꼽을 수 있지만, 이는 공손룡이 법가의 일부였다거나 혹은 법가와 직접적으로 영향을 주고받은 결과라고 보기는 어렵다. 다만, 도가의 영향에서 시작되어 전쟁과 혼란의 시대에 증폭된 생존 위주의 처세술로서 당시에 큰 파급력을 가진 가르침으로, 당대의 여러 학파들이 공유한 개념이라고 볼 수 있다.

공손룡은 이렇듯 널리 퍼져 있는 처세술을 바탕으로, 인간관계의 문제를 〈백마론〉과 〈견백론〉 등 다양한 관계의 논변으로 풀어내고, 이를 일관성 있는 하나의 정명론으로 엮어냈다는 점에서 독보적인 사상가라고 할 수 있으며, 다른 한편으로는 본성론, 정명론, 그리고 처세술 등 당대의 제자백가들이 활발하게 논의한 담론에 참여하여 극단적인 한 축을 차지하고 있었다는 점에서 속해있는 시대와 문화에 충실한 사상가였다고도 할 수 있는 것이다.

나가는 말

 필자는 이 책을 통하여 《공손룡자》의 정치론적인 함의를 파악해 보려고 시도하였다. 이를 위해 여러 논변에서 반복적으로 사용되는 몇 개의 어휘들을 중심으로 《공손룡자》 여섯 편 전체를 관통하는 논리를 발견하고, 당대에 활동한 제자백가의 다른 사상가들과 비교하여 제자백가 내에서 공손룡의 위치를 확인하는 방식으로, 자칫 궤변처럼 보이는 문장들 뒤에 공손룡 또한 이상적인 군주의 모습을 제시하고 있음을 밝히려고 하였다.

 이러한 시도는 공손룡이 앞으로 내세우는 궤변보다 그 궤변을 펼치게 되는 공손룡 행간의 논리를 파악하는 것이 그의 본의를 더 잘 드러낼 수 있으리라는 생각에서 시작하였다. 현대를 살고 있는 우리와 완전히 다른 시대와 문화적 배경을 가진 인물이 하는 말을 이해하려면 명시적으로 언급된 내용만으로는 의미를 파악할 수 없다. 우리에게는 생소하지만 그 시대 사람들이 당연하게 여긴 개념이나 논리에 대해서는 굳이 설명하거나 언급하지 않고 넘어갈 수도 있고, 자기 자신도 인지하지 못하는 신념이나 전제로 깔고 있는 논리가 있을 수도 있기 때문이다.

그런 의미에서 이 책에서는 각 논변을 개별적으로 분석하는 것보다 논변들 간의 공통점을 찾고, 반복되는 어휘, 개념, 논리구조 등을 통해 공손룡의 사상 전반의 체계를 잡아 논변들에 직접적으로 드러나는 사물과 사물의 관계, 인간 의식과 사물의 관계를 넘어서서 비유로만 잠시 언급되는 인간과 인간, 혹은 인간과 사회의 관계를 공손룡은 어떻게 이해하고 있었는지에 대해서도 분석을 시도하였다.

공손룡은 〈백마론〉, 〈지물론〉, 〈통변론〉, 〈견백론〉, 〈명실론〉이라는 다섯 편을 통하여 각기 다른 내용을 전개하는 듯 보이지만, 모두 함께한다[與]는 단어를 사용하여 두 개 이상의 요소들이 함께하면서 함께하기 이전과 달라진다는 내용을 전개하고 있다. 그 과정에서 아니다[非]라는 글자를 함께하는[與] 과정에서 무언가가 달라졌다는 의미로 사용하여 듣는 이가 혼란을 느끼도록 유도한다. 그러나 공손룡은 그저 상이한 요소가 함께했을 때 변화가 생긴다는 것을 지적하는 데서 그치지 않고, 아무런 다른 요소도 함께하지 않은 그 자체 고유의[自] 상태부터 해당 성질을 가지고 있으며, 오직 그 상태만이 올바르다[正]고까지 주장한다.

〈백마론〉에서는 말이라는 사물이 힘이라는 성질에 의해 지칭 대상이 한정됨을 보이고, 〈지물론〉에서는 가리키다라는 인간의 기능이 하나의 외부사물에 한정될 때와 그렇지 않을 때를 구분하고, 〈통변론〉의 전반부에서는 一이라는 독립된 글자에 획이 하나 더 그어지면서 二라는 다른 글자가 되는 관계를 보여준다. 이 세 가지 예시는 말이라는 종 전체와 그중 흰 털이 난 말, 그리고 외부사물을 가리키고 인지하는 인간의 기능 전반과 그 기능이 외부 특정 사물을 가리키고 있을 때의 경험, 그리고 개별적인 하나의 획과 획들이 더해져서 만든 다른 글자라는 서로 완전히 상이한 것들이다. 그러나 공손룡은 이렇게 두 가지(혹은 그 이상)의 요소들이 만나서 새로운 무언가가 만들어지는 과정에서 공통점을 뽑아내고, 같은 용어를 사용해서 그 관계 내에서의 변화를 부정적으로 평가한다.

예를 들어 말[馬]은 말이라는 종 전체를 가리키는 것이 옳지만, 때로는 흰 말이 있을 때에도 "말이 있다"고 특정한 성격으로 한정된 것을 지칭하면서도 일반적인 대상을 가리키는 어휘를 사용하기도 한다. 또한 "가리킴"이란 특정 대상에 대한 가리킴일 수도, 또한 대상이 정해지지 않은 가리킴의 행위 그 자체일 수도 있으나 명확한 구분 없이 혼용되기도 한다. 또한 二라는 글자 안에서 한 부분을 이루고 있는 一은 그 자체로 분리되어 있는 一자와 동일하다고 볼 수 없음에도 불구하고, 일반적으로 그렇게 상세한 구분은 하지 않은 채 둘 모두를 一이라고 부른다.

순자나 후기묵가 등 공손룡 전후로 활동한 당대 제자백가들의 기록을 보면 그들 또한 지각이나 본성 등 본성론 연관 어휘들 및 사람과 말 등의 일반 명사들 또한 이중적인 의미로 사용될 수 있음을 인지하고 있는 것으로 보인다. 그러나 그들은 이러한 중의성을 받아들이고 또 이를 활용하여 자신들의 주장을 펼치기도 했다. 그러나 공손룡은 그 둘의 미묘한 차이점에 집중하여 자신만의 명실론을 확립해나간다.

공손룡에 의하면 흰 말의 말과 분리되어 있는 말 그 자체, 사물을 가리키는 가리킴과 분리되어 있는 가리킴 그 자체, 二자 안에 있는 획인 一과 분리되어 있는 一자는 서로 다르다. 그리고 그 다름은 분리되어 있는 것에 무언가 새로운 요소가 함께하면서 생긴 변화에 따른 것이다. 공손룡은 말이라는 단어는 말 그 자체, 곧 색이 없는 말이 아니라 색이나 특징이 특정되지 않은 말 일반을 지칭하는 것이 옳다고 주장한다. 다른 요소로 한정되지 않은 말 그 자체만이 올바르며, 이를 기준으로 일명일실一名一實의 정명을 추구해야한다고 설파한다.

그렇다면 공손룡이 예시로 들고 있는 위의 몇 가지 경우에서 과연 하나의 이름으로 지칭할 수 있는 대상은 두 가지 다른 실재인 것인가에 대한 질문이 있을 수 있다. 一획과 一자는 다르다고 볼 수 있는가? 가리킴 그 자체와 특정 사물을 가리키는 가리킴은 완전히 다른 실재인가? 적어도 순자나 후기묵가 등 그 시대를 산 다른 사상가들은 그렇게 생각하지 않은 듯하다. 그렇다면 그들이 생각하는 실재와 공손룡이 생각하는 실재에는 어떤 차이가 있는가?

공손룡은 의미의 층위를 의미하는 위位라는 개념을 도입하여 동일해 보이는 실재이지만 사실은 두 개의 다른 층위를 가질 수 있으므로 조금 더 상세하게 구분해야 정명을 이룰 수 있다고 주장하게 된다. 자리란 하나의 단어가 가지고 있는 의미의 층위를 뜻하며, 공손룡의 경우에는 분리되어 있는 상태인가(실재의 올바른 자리), 아니면 다른 요소와 함께하고 있는 일부분으로서의 상태인가(실재의 올바르지 않은 자리)를 구분하는 기준이 된다. 공손룡의 〈명실론〉에서는 자리가 사물의 실재와 올바름 사이의 매개가 되는 단계로 등장하는데, 곧 다른 요소가 전혀 더해진 것이 없는 해당 실재의 올바른 자리여야만이 해당 이름과 연결되어 올바른 명실 관계를 이룰 수 있다는 것이다.

이렇듯 층위를 중시하는 정명 관계에서 유의해야 할 점은, 때로는 그 이름이 지칭하는 대상의 실재가 맞고 자리가 잘못된 경우와, 실재는 다른 것인데 분리되어 있는 '올바른' 자리를 갖췄을 경우, 공손룡은 후자가 차라리 낫다고 평가한다는 점이다. 〈통변론〉에서 푸른색과 흰색은 노란색도 아니고 하늘색도 아니라며 궤변을 시작하는 공손룡은, 그렇지만 어쩔 수 없이 두 색이 섞여야만 하는 상황이라면 '하늘색보다는 차라리 노란색이 낫다'고 평가한다. 푸른색과 흰색의 두 색이 실제로 섞인다면 결과물은 하늘색이 된다. 그럼에도 불구하고 얼토당토않게 '노란색이 더 낫다'고 주장하는 것은, 노란색은 올바른 색[正色], 즉 다른 색이 뒤섞여 들어가지 않은 색이고 하늘색은 두 가지 서로 다른 색이 빛을 드러내고 있는 간색이기 때문이다. 하늘색은 비록 푸른색과 흰색이 섞였을 때 나타나는 벽碧이라는 명칭에 해당하는 실재지만, '분리된 상태'라는 자리의 올바름을 갖추지 못했기 때문에 결국 올바른 답이 될 수 없다.

푸른색과 흰색은 〈통변론〉에서 군주와 신하의 관계에 대한 비유로 사용되었다. 그러므로 하늘색은 군주와 신하가 서로 자신의 이익을 앞세워 강하게 자기주장을 하면서 서로 싸우고 갈등하는 상황에 대한 비유다. 군신이 서로 부딪혀 군주가 자신의 주장을 굽히거나 역할을 나누게 되는 것은 과연 항상 부정적인가? 현대인의 눈에는 군주가 독재권력을 누리는 것은 옳지 못한 일이다. 군주가 혼자 권력을 독점하지 않도록 신하들의 적절한 개입이 필수적이며, 군주가 자신의 주장을 절충 없이 관철시키는 것은 위험해 보인다. 이는 현대인뿐 아니라 공자와 맹자 등 유가의 사상가들 또한 거듭 주장한 것이다. 그러나 공손룡은 그렇게 생각하지 않았다.

공손룡은 군주가 피통치자들의 요구에 의해 유동적으로 정책을 수정할 수 있도록 서로 영향력을 주고받고 의무나 권리를 나누는 군신관계는 군주나 신하 둘 모두에게 올바르지 않으며, 더 이상 군주를 군주라고 할 수도, 신하를 신하라고 할 수도 없게 된다고 여긴 듯하다. 군주와 신하가 각각 자신의 자리와 역할을 오롯이 지키는 것이 곧 군주와 신하의 올바른 모습이다. 이상적인 군주의 모습이나 군신관계에 대한 공손룡의 이러한 생각은 한비자의 군주론과 닮아있다.

춘추전국시대는 혼란과 전쟁의 시기였고 너무나 많은 이들이 목숨을 잃고 고통을 겪고 있었기 때문에, 당대의 사상가들은 너도나도 어떻게 하면 인간 삶의 조건이 개선될 수 있을까 고민했다. 그러한 고민의 일환으로 공손룡과 유사한 시기에 활동한 제자백가의 사상가들인 순자, 후기묵가, 장자와 한비자 등은 모두 외부사물의 자극에 의해 인간의 마음이 움직이며 반응을 하게 되고, 이러한 반응에 의해 인간 내면이 변하게 된다는 점에 관심을 가졌다. 공손룡 또한 〈지물론〉을 통해 인간 내면이 외부사물의 자극을 받아 반응하며 변한다는 내용을 다루었다.

그들은 인간 본성의 지향을 어떻게 이해했는가에 따라 어떻게 하면 인간을 더 잘 변화시켜서 사회의 평안을 지킬 수 있을지, 아니면 반대로 어떻게 하면 인간이 변하지 않고 내면의 성향을 그대로 유지하게 할 수 있을지에 대해 고민하고 각자의 대안을 내놓았다. 맹자는 고자와의 논변에서 자신의 본성 이론을 흰 사물의 비유를 통해 표현한다. 흰 깃털의 흼과 흰 눈의 흼을 비교하는 것은 곧 공통의 "흼 자체"에 대한 고민으로 이어질 수 있는 실마리를 제공한다.

순자는 성악설을 주장했고 교육을 통한 인간의 변화를 추구하였다. 그 과정에서 순자는 비록 성인이라도 내부에는 소인과 같은 욕망이 남아있는 모두가 같은 사람이라는 점을 강조해야만 했다. 순자는 공손룡이 변화를 겪은 인간은 완전히 다른 개체가 된다고 주장하는 것을 비판한다. 후기묵가는 공손룡의 강경한 명실론이 잘못되었다고 지적하며 같은 형식의 문장도 참이 될 수도 거짓이 될 수도 있다고 설명한다. 그러나 묵가의 교리만은 항상 참이라고 주장할 때는 공손룡의 이론을 끌어들이는 모순을 보이기도 한다. 느슨한 명실론의 최고봉은 장자라고 할 수 있다. 장자는 공손룡이 명과 실이 일치하는데도 문제점을 지적하며 자신만이 옳다고 여기는 독단적인 태도를 비난하며 "우물 안 개구리", "조삼모사朝三暮四" 등의 표현을 사용한다.

그러나 시대가 더 지나 한비자에 이르자 절대적인 권력을 가지고 천하를 통일하는 데 기여한 법가의 사상은 공손룡의 이론과 유사한 형태를 취하게 된다. 한비자는 강한 법률로 피통치자들의 호오를 자극해 행동을 통제해야 한다고 주장했지만, 호오에 반응하지 않는 인간을 긍정적으로 평가하기도 한다. 한비자에게 있어서 자극에 대한 반응 혹은 내면의 호오를 겉으로 드러내는 것은 약점을 보여 통제를 빼앗기는 것이기 때문이다. 그러므로 규범을 받아들이면 군자가 되거나 모범적인 시민이 되고, 규범을 받아들이지 않으면 소인이 되거나 무법자의 무리가 된다는 순자 혹은 묵가의 주장과는 달리, 한비자에 의하면 타인에게 호오를 보여 통제당할 수 있는 허점을 드러내는 자는 곧 피통치자가 되고, 호오를 내보이지 않는 자는 곧 통치자가 될 수 있다. 다시 말해 외부 자극에 의해 아무런 변화를 보이지 않는 것, 내면의 모습을 그대로 유지하는 것, '함께하지' 않음으로 변하지도 한정되지도 않는 것이 곧 군주의 지위를 지키기 위해 취해야 할 태도다.

한비자와 비교했을 때, 공손룡이 주장하는 '분리된 군주'는 곧 신하들의 주장에 설득당하지도 않고, 자신의 권력이나 의무를 나누지도 않으며, 타협하거나 절충하지도 않는다. 이 모든 것은 신하들과의 관계 내에서 절대로 호오를 드러내지 않는 것에 기반하고 있다. 인간의 내면이 외부에 대해 반응하고 변하는 과정을 숨기거나 아예 방지하는 것으로 군주로서의 지위를 지킬 수 있으며, 이것이 곧 나라의 안정을 최대한 유지할 수 있는 방법으로 여기는 것이다.

이러한 과정을 통해 공손룡의 궤변의 배경에 한비자와 유사한 군주론이 자리 잡고 있음을 확인할 수 있다. 타인에게 자신의 호오와 희로애락을 내보이지 않는 것으로 자신의 지위를 유지할 수 있다는 신념은 한비자나 공손룡만의 것은 아니다. 한비자는 노자의 사상으로부터 이러한 영향을 받았다고 주장하고 있기도 하다. 하나의 이름으로 부를 수 없는 도를 주장한 노자의 사상은 권력 유지를 위한 신비주의로 해석될 가능성을 갖고 있다. 이렇게 보았을 때 다른 이들과 구분되는 공손룡 철학만의 특색은 당대에 유행한 이러한 군주론이나 처세술이 〈백마론〉이나 〈지물론〉에서처럼 사물과 성질의 결합이나 내면과 외부사물의 결합에서 오는 유사성을 발견하고 이를 한 데 묶어 층위라는 개념을 내세운 새로운 정명론으로 표현할 수 있었다는 점이다.

　유가의 정명론과는 상반되게 공손룡에게 있어서 명실의 올바름은 곧 층위의 올바름에 달려있고, 층위의 올바름을 결정하는 것은 자신의 역할을 온전하게 지켜낼 수 있는 힘에 달려있다. 군주의 군주다움이 덕목에 달려있는 것이 아니라 다른 이가 넘볼 수 없는 지위를 확보할 수 있는가에 달려있다는 해석은 자칫 위험하게 흘러갈 수 있다. 21세기 사회에서도 정명론을 의무나 도덕성 위주로 이해할 것인가, 층위 위주로 이해할 것인가는 여전히 의미를 갖는 문제며, 다른 어휘로 사용되었을 뿐, 이전 어느 때보다도 활발한 논의의 대상이 되고 있다. 폭력을 휘두르거나 부양의 의무를 다 하지 않은 부모는 부모로서 공경의 대상이 될 수 있는가? 통치자로서의 의무를 잘 수행하고 있지 않지만 그 권력의 영역은 절대로 포기하지 않으려고 하는 이는 통치자로서 존중받을 가치가 있는가? 비록 도덕적인 문제를 일으키더라도 통치자이기 때문에 그 지위를 존중해야 한다는 주장은 합리적인가? 이렇듯 층위의 문제를 확대하여 해석하면 특정한 정체성을 공유하는 단체에서는 일원의 도덕성이나 합리성의 여부와는 상관없이 그 정체성을 가진 자는 누구든 연대의 대상으로 삼아 외부 영향을 거부하는 집단이기주의의 근거로 삼을 가능성도 있다. 그러므로 공손룡식의 정명론은 경계해야 할 대상이 된다.

공손룡 활동 당시는 이미 주나라는 사라지고 제후국들이 왕을 칭하기 시작한 이후였다. 더 이상 혈통과 도덕성을 통해 왕이 될 수 있는 시대는 지나버렸고, 천하는 끊이지 않는 전쟁에 지칠 대로 지쳐있었다. 흔들리지 않는 힘으로 천하를 통치하고 신하들의 이권 다툼에 권력을 잃지 않을 수 있는 강한 군주가 곧 백성들의 목숨을 가장 잘 부지해줄 수 있고, 가장 큰 안정과 이익을 가져올 수 있다는 주장이 일시적으로 힘을 가질 수 있는 시대였다.

공손룡은 힘을 바탕으로 권력을 잡았으나 아직 정통성을 인정받고 있지 못한, 힘이 있는 자가 왕이 되는 것을 정당화해줄 이론을 기다리고 있는 당대의 통치자들에게 해답을 제시하고자 한 것일 수도 있다. 이러한 현실적이고 지극히 정치적인 의도가 있다고 볼 때, 알아듣기 어려운 궤변의 형태로 자신의 주장을 숨기고자 한 이유도 조금 더 쉽게 이해할 수 있다. 일부 집권자들에게는 환영받을 수도 있지만 부도덕하다는 비난을 피하기 힘든 주장을 담고 있기 때문이다.

공손룡에 대한 이러한 새로운 이해를 통해서 우리는 공손룡이 당대의 다른 사상가들과 어떤 관계에 있으며, 어떤 생각을 바탕으로 이러한 궤변을 만들어내게 되었는지에 대해 더 깊은 이해를 얻을 수 있다. 그는 단순히 지적유희를 위한 궤변만을 늘어놓은 것도 아니고, 고대 중국에서 아무도 생각해내지 못한 개념을 혼자 주장한 것도 아니었다. 그저 당대의 사상가들이 활발하게 주고받는 사상의 교류 위에서 자신의 입장을 밝힌 한 명의 철학자였을 뿐이다. 다른 모든 사상가의 경우와 마찬가지로 공손룡의 주장은 곧 그를 둘러싼 문화적, 사상적 배경 속에서만이 완전히 이해될 수 있다.

공손룡 또한 다른 학파들과의 사상적 교류 위에 자신만의 정명론을 세웠고, 또 공손룡의 이러한 주장이 다른 학파들에게 비난을 사기도 하고 영향력을 미치기도 하였으나, 첫째로는 이를 어느 누구도 이해하기 힘든 궤변의 형태로 전달했다는 점과, 둘째로는 층위의 중요성을 강조하여 명·실의 일치보다 분리된 지위를 더 중요하게 여기는 극단적인 태도를 취했다는 점에서 공손룡이 후대 중국철학의 발전 속에서 영향력 있는 학파를 이루지는 못한 이유인 것으로 추정된다.

주석

1 공손룡의 생몰연대에 대해 학계는 BC 320 – BC 250년 정도인 것으로 추정하고 있으나 이견의 여지가 있다.
2 Graham, *Studies in Chinese Philosophy & Philosophical Literature*, p.210.
3 Fung Yu-lan, Derk Bodde, tr., *History of Chinese Philosophy*, vol. I, p.203; Graham, *Disputers of the Tao*, p.82 – 83)
4 Cheng, "Kung-sun Lung: White Horse and Other Issues", p.341; Graham, *Disputers of the Tao*, p.82 – 83; Harbsmeier, *Science and Civilization in Ancient China*, vol.7, p.300.
5 Hansen, "Mass Nouns and White Horse is Not a Horse" p.199; Im, "Horse – parts, White – parts, and Naming", p.184.
6 정재현, 《고대중국의 명학》, p.96.
7 오상무, 〈백마비마논고〉, p.50 – 52.
8 龐樸은 〈적부〉에서 '六國시대의 변사'라고 설명하고 있고, 六國이라는 표현은 후대에 전국시대를 부르는 말이기 때문에 적어도 진나라가 통일된 이후에 생성된 편이라고 설명한다.(龐樸, 《公孫龍子研究》, p.1) 〈적부〉의 내용은 《孔叢子》의 기록과 겹치는 것이 많고, 《공총자》는 진위여부에 대한 논란이 계속되는 문헌이기 때문에 누가 누구를 베낀 것인지에 대한 논란과 함께 〈적부〉에 대한 진위 또한 논란의 대상이 되었다. 염정삼은 이에 대해 어느 것이 원본인지에 대한 판단

은 매우 어려우며,《공총자》와〈적부〉가 비록 겹치는 문장이 많으나 어느 한 쪽은 공손룡을 비판하려는 의도이고 다른 한 쪽은 그를 옹호하려는 입장인 만큼〈적부〉는 그 나름대로의 의의가 있다고 설명하였다.(염정삼,《공손룡자》, p. 57)

9 Fung, tr. Bodde, *History of Chinese Philosophy*, vol. I. p.203.
10 Graham, *Studies in Chinese Philosophy & Philosophical Literature*, p. 182–183.
11 Graham, *Studies in Chinese Philosophy & Philosophical Literature*, p. 165.
12 "No historical background for .. abstract entities. Chinese thought is 'nominalis tic'" (Hansen, "Mass Nouns and 'White Horse is Not a Horse'" p. 191)
13 강지연,《《공손룡자》해석의 제문제 비판》, p.326–327.
14 김철신,〈공손룡 철학 이해의 한 방식〉, p.60–61.
15 손영식,《《공손룡자》〈지물론〉해석 – 지와 속성 보편주의》, p.17.
16 오상무,〈백마비마논고〉, p.50.
17 정재현,《고대중국의 명학》, p.163–164.
18 不累於俗, 不飾於物, 不苟於人, 不忮於衆, 願天下之安寧以活民命, 人我之養, 畢足而止, 以此白心. 古之道術有在於是者. 宋鈃·尹文聞其風而說之. 作爲華山之冠以自表, 接萬物以別宥爲始; 語心之容, 命之曰〈心之行〉. 以聏合歡, 以調海內. 請欲置之以爲主. 見侮不辱, 救民之鬪, 禁攻寢兵救世之戰.《莊子》〈天下〉
19 《呂氏春秋》〈審應覽〉
20 公孫龍說燕昭王以偃兵. 昭王曰, 甚善. 寡人願與客計之. 公孫龍曰, 竊意大王之弗爲也. 王曰, 何故? 公孫龍曰, 日者大王欲破齊, 諸天下之士, 其欲破齊者, 大王盡養之, 知齊之險阻要塞君臣之際者, 大王盡養之, 雖知而弗欲破者, 大王猶若弗養, 其卒果破齊以爲功. 今大王曰我甚取偃兵. 諸侯之士, 在大王之本朝者, 盡善用兵者也, 臣是以知大王之弗爲也. 王無以應.《呂氏春秋》〈審應覽〉
21 西周相王은 魏나라와 齊나라의 제후가 西周에서 만나 서로를 王이라고 칭하기로 맹약한 사건을 말한다. 그 이후로 약 10년 후, BC 325년이 되자 나머지 제후국들도 王이라는 칭호를 사용하기 시작한다. 이를 五國相王이라고 한다.
22 空雄之遇, 秦趙相與約, 約曰, 自今以來, 秦之所欲爲, 趙助之, 趙之所欲爲, 秦助之. 居無幾何, 秦興兵攻魏, 趙欲救之. 秦王不說, 使人讓趙王曰, 約曰秦之所欲爲, 趙助之, 趙之所欲爲, 秦助之. 今秦欲攻魏, 而趙因欲救之, 此非約也. 趙王以告平原君. 平原君以告公孫龍. 公孫龍曰, 亦可以發使而讓秦王曰, 趙欲救之, 今

秦王獨不助趙, 此非約也.《呂氏春秋》〈審應覽〉

23 범문자가 조정에서 늦게 퇴청하였다. 범무자가 묻기를 "어찌 늦었느냐?" 하니, 대답하기를 "진나라에서 손님이 와서 조정에서 수수께끼를 하니, 대부들이 대답하는 자가 없었으나 제가 셋이나 맞추었습니다." 하였다. 무자가 노하여 말하기를 "대부들이 못한 것이 아니라 부형에게 양보한 것이다."라고 하였다. [范文子暮退於朝. 武子曰, "何暮也?" 對曰, "有秦客廋辭於朝, 大夫莫之能對也, 吾知三焉." 武子怒曰, "大夫非不能也, 讓父兄也."]《國語》〈晉語 五〉

24 장원태, 〈전국시대 인성론의 형성과 전개에 관한 연구〉, p.65.

25 장원태, 〈전국시대 인성론의 형성과 전개에 관한 연구〉, p.85 – 129.

26 이어지는 장에서는 知를 내면적인 것과 내면에 외부 자극이 더해진 무언가라는 두 가지 의미로 구분하여 해석하는 장원태의 이론을 바탕으로 제자백가의 문헌들을 검토하되, 이 책의 논점을 더 잘 반영하기 위해 새롭게 서술하였다. 이 책에서는 知의 중의적인 정의와 두 가지 의미의 상호관계, 그리고 공손룡의 지 개념과의 유사성에 초점을 맞추어 논리를 전개하였다.

27 故人心譬如槃水, 正錯而勿動, 則湛濁在下, 而清明在上, 則足以見鬚眉而察理矣. 微風過之, 湛濁動乎下, 清明亂於上, 則不可以得大形之正也. 心亦如是矣.《荀子》〈解蔽〉

28 喜怒哀樂, 慮嘆變慹, 姚佚啟態; 樂出虛, 蒸成菌. 日夜相代乎前, 而莫知其所萌.《莊子》〈齊物論〉

29 순자의 성악설이 이렇게 간단한 구조로 이루어져 있는 것은 아니다. 순자 또한 인간은 혼란을 혐오하고 질서를 사랑하며, 사회를 위해 자신을 희생하는 최소한의 기준이 있다고 주장하기도 하기 때문이다.

30 《예기》〈악기〉의 성서연대에 대해서는 이견이 있지만, 현존하는 형태는 한나라 이후에 생성되었더라도 전반적인 골조는 전국시대 때 이루어졌다고 보기 때문에, 인간의 마음과 외물 사이의 상호 관계에 대한 틀은 전국시대로부터 온 것이라고 볼 수 있을 것이다.(조정은, 〈장자 악론과 예기 악기를 통해 본 유가의 음악론〉, p.26)

31 人心之動, 物使之然也.《禮記》〈樂記〉

32 人之生而靜, 天之性也. 感於物而動, 性之欲也. 物至知知, 然後好惡形焉.《禮記》〈樂記〉

33 不必知의 必을 빼고 읽기도 하지만, 楊俊光은 胡适 등을 참고하여 必을 삽입한다.(楊俊光,《墨經硏究》, p.61) 必을 제외하고 보더라도 결국 知가 두 가지 의미를 가지고 있다는 해석에는 문제가 없다. 그러나《묵경》A4의 說에서 慮를 '구하는 것'이라고 정의하면서, 구하는 것의 결과가 보장되지 않음[不必得之]을 설명하는 것 등을 미루어 必은 결과까지 포함된 행위인지, 아니면 결과가 포함되지 않은 행위인지를 구분하는 단어인 것으로 보인다.

34 經: 知. 材也. 說: 知也者所以知也. 而不必知. 若明.《墨子》〈經 上〉,〈經說 上〉

35 A5의 知에 대해 Graham은 원래 글자는 智였으나 曰이 누락된 것으로 본다. 같은 글자가《묵경》B9 이후에는 智라고 적혀있으나 그 이전에는 知로 적어 두 의미가 혼용되었다는 것이다.(Graham, *Later Mohist Logic, Ethics and Science*, p. 77) 그러나 楊俊光은 知를 智로 읽은 것은 說을 잘못 계산한 결과일 뿐이라고 주장한다.(楊俊光,《墨經硏究》, p.74) Graham의 해석에 따르면《묵경》의 知를 중의적으로 해석할 수 없으나, 智의 오자로 볼 근거는 부족하다. 다만 知와 智가 어느 정도 통용 가능한 글자였음을 미루어볼 수 있다.

36 經: 知. 接也. 說: 知. 知也者. 以其知過物而能貌之. 若見.《墨子》〈經 上〉,〈經說 上〉

37 장원태,〈전국시대 인성론의 형성과 전개에 관한 연구〉, p.94 – 96.

38 所以知之在人者謂之知. 知有所合謂之智. 所以能之在人者謂之能. 能有所合謂之能.《荀子》〈正名〉

39 《순자》〈정명〉에서는 知가 아닌 智로 적혀있어 의미에 따른 두 글자의 차이가 명확하다. 그러나 智는 知에서 파생된 통용 가능한 글자였으며,《묵경》의 A3과 A5의 상호정의 관계와 매우 유사한 패턴을 보인다. 또한 〈정명〉에서 爲, 能 등 동일한 글자가 이중적으로 정의되는 일이 더 발견됨을 미루어서 智가 知의 두 번째 의미로서의 역할을 하는 것으로 보아 본성론 관련 글자의 중의성 예시에 포함하였다.

40 生. 刑與知處也.《墨子》〈經 上〉
楊俊光은 戴震을 인용하여 이 경우의 知는 자질을 의미하는 A3의 知임을 밝힌다.(楊俊光,《墨經硏究》, p.194)

41 臥. 知無知也.《墨子》〈經 上〉
이 문구에 대해서도 다양한 해석이 있으나 楊俊光은 살아 있기 때문에 知의 능력은 갖추고 있으나 잠을 잘 때는 知가 활동하고 있지는 않다는 해석을 옳다고 본다.(楊俊光,《墨經硏究》, p.204)

42 《공손룡자》와 후기묵가의 기록 사이에는 많은 유사성이 발견되나, 선후 관계에 대해서는 이견이 있다. 그러나 위에서 살펴본 知 혹은 본성론 관련 개념들의 이중적 정의가 후기묵가, 장자 그리고 순자 등 여러 학파를 넘나드는 공통점이었다는 점을 감안할 때, 공손룡을 전후로 하여 합의된 사항이었음을 유추할 수 있다. 그러므로 공손룡이 그중 특정 학파에 대한 반론으로 자신의 이론을 내세웠다기보다는 하나의 단어에 대한 이중적인 정의가 가능하다는 합의 사항 자체에 대한 반론이었다고 볼 수 있을 것이다.

43 [ ]는 원문에는 없지만 이해를 돕기 위해 번역어를 추가한 경우를 표시한다.

44 필자는 馬馬는 바로 앞에 나온 離 개념과 연결 지어서 보아야 한다고 생각한다. 분리의 개념은 白馬가 있을 때에도 馬가 있다고 할 수 있도록 해준다. 말에는 수없이 많은 특징들이 있고 서로 다 다른 성질에 한정되어 있지만, 이를 분리하여 볼 수 있는 인간의 지적 능력이 있기 때문에 모든 말을 馬라는 하나의 종으로 묶어서 볼 수 있게 된다. 만약 이렇게 특정한 성질에 한정된 것을 분리할 수 있는 능력이 없다면 여러 마리의 말을 하나의 종으로 묶어 馬라고 표현할 수도 없을 것이며, 그러므로 여러 마리의 말이 있다면 일일이 馬馬馬馬라고 불러야 할 수도 있다. 그러므로 공손룡은 분리의 개념이 있기 때문에 馬馬라고 할 수 없다고 설명하는 것이 아닐까 유추해본다.

45 指의 의미, 그리고 指非指에 대한 해석은 주석가들마다 모두 상이하다. Graham은 앞문장의 사물 모든 것을 가리키는 경우(物莫非指) 그렇게 전체를 가리켜서는 그중 특정한 무엇이 가리켜지지 않는다는 의미로 指非指를 파악한다. 이러한 해석의 경우, '전체를' 가리킴, '부분을' 가리킴이라고 指라는 한 단어를 두 가지 다른 의미로 파악하는 방식으로 모순명제를 피해가는 것인데, 형식만 보자면 문장 구조 그대로 '指는 指가 아님'을 말하고 指에 두 가지의 해석을 부여한다. 염정삼은 牛 등의 어휘를 사용하여 대상을 가리키면(指) 그 대상을 제외한 나머지(非指) 또한 동시에 분별이 되기 때문에, 무언가 대상을 가리킨다는 것은 가리켜지지 않은 나머지 또한 동시에 가리키는 것과 같다고 指非指를 해석한다.(염정삼,《공손룡자》, p.149 - 150) 이렇게 해석할 경우, 특정 사물을 가리키는 것을 통해 가리켜진 대상뿐 아니라 그 외의 나머지도 모두 가리킴의 대상

이 되기 때문에, 사물 중 어떤 것을 가리키더라도 세상 모든 것이 가리켜지는 것과 같은 효과가 난다. 즉 物莫非指, 사물은 가리켜지지 않는 것이 없어지는 것이다. 이 해석은 모순명제를 피해갈 수 있다는 점에서 흥미로운 해석이지만, 소를 가리킨다는 것은 동시에 소 이외의 모든 것을 함께 가리킨다는 주장이 납득하기 힘들며, 〈지물론〉의 나머지 내용을 통해 이러한 주장이 잘 뒷받침되지는 않는다는 한계가 있다. 가리킨다는 것은 가리키는 언어·행위·사고와 가리킴의 대상인 사물이 서로 연결되는 것이 중요한 조건이기 때문에, 그 외의 모든 사물을 동시에 가리키고 있다고 보기는 어렵기 때문이다.

한편 徐復觀은 指는 인식능력이자 이러한 인식능력이 사물을 향했을 때 얻을 수 있는 영상(이미지)이라고 보면서, 곧 知와 유사한 것이라고 해석한다. 그러나 徐復觀은 指非指를 이러한 이중적인 정의를 기반으로 설명하지는 않는다. 非指는 곧 指는 외부사물에 의존하고 있으므로 자성이 있는 독립존재가 아니라는 의미로 사용했다고 설명한다.(徐復觀,《公孫龍子講疏》, p.13)

본고에서 指는 외부사물을 인지하고 또 인지를 유도하는 행위이나, 知만큼 범위가 넓지는 않으므로 知에 포함되는 외부 인식능력의 일부로 간주한다. 指에서 손가락이라는 가장 기본적인 의미에서 파생된 '가리키다'의 의미를 따져보자면 인간의 손가락, 사고 혹은 의지가 외부사물 중 무엇인가를 골라내는 것이다. 이 행위에는 타인 혹은 자신의 주의를 집중시키려는 의도가 있으나 결과를 얻지 못할 수는 있다. 이러한 의미는 분명 인식능력 혹은 知와 유사한 점이 있다. 그러나 知가 외부 자극에 의한 총감각적인 반응을 모두 포함하므로 촉각과 시각 등을 모두 아우르는 데에 반해, 指는 그렇게 포괄적인 의미로 해석하기는 힘들다.

이러한 指는 또한 인식능력 그 자체일 수도 있고, 외부사물을 인식하고 있는 순간의 경험일 수도 있다. 이러한 중의성은 고대중국어의 특성에서 유래하는 것이 아니다. 현대 한국어에서도 '가리킴'이라는 말이 아무런 특정 대상이 정해지지 않은 잠재 상태의 가리킴 능력을 말하는 것일 수도 있고, 또 특정 사물에 한정된 가리킴일 수도 있다. 위에서 Graham 역시 指를 전체를 가리킬 때는 'point out' 그중 일부를 가리킬 때는 'point it out'으로 변주하여 해석하는데, 후자의 경우 point는 특정 사물에 한정되며, point out은 아무런 대상도 가리켜지지 않을 수도 있는, 대상이 한정되지 않은 가리킴을 말한다. 이렇게 이해했을 때 指는 앞에서 〈백마론〉의 馬가 그랬듯이 특정 대상에 한정되거나 한정되지 않은 이중성을 갖게 된다. 그러므로 指非指는 "대상이 한정되지 않은 잠재능력으로서의 가리킴은 대상이 특정된 가리킴과는 다르다"는 의미로 해석한다.

46 공손룡은 단단하고 흰 돌은 '셋'이라고 말하지만 세 가지의 무엇인지에 대해서는 명시하지 않는다. 여러 논변에 걸쳐서 공손룡은 사물, 성질, 사람, 글자, 색 등 하나의 단어로 표현하기 어려운 여러 가지의 결합에 대해 이야기하고 있으므로 '요소'라는 표현을 사용하였다. 흼과 단단함, 소와 양 등 성질과 성질이나 사물과 사물이 더해질 때에도 자기 이외의 결합 대상은 모두 '요소'라고 칭하도록 한다.

47 비록 질문과 답변 형식으로 구성되어 있지는 않지만, 龐樸 등은 내용상 〈지물론〉 역시 공손룡과 질문자의 견해가 교차되고 있는 것으로 파악한다. 指와 物의 동일성 여부에 대해 서로 상반되는 주장들이 엇갈려서 나오는 등을 미루어, 문맥상 공손룡과 질문자의 문답으로 이해하는 것이 올바른 해석으로 보인다.

48 龍與孔穿會趙平原君家. 穿曰, "素聞先生高誼, 願爲弟子久, 但不取先生以白馬爲非馬耳! 請去此術, 則穿請爲弟子." 龍曰, "先生之言悖. 龍之所以爲名者, 乃以白馬之論爾! 今使龍去之, 則無以教焉." 〈跡府〉

49 《莊子》〈秋水〉

50 Harbsmeier, *Science and Civilization in Ancient China*, vol. 7, p.299.

51 [曰,] 物莫非指, 而指非指.

52 曰, "二有一乎?" 曰, "二無一." 曰, "二有右乎?" 曰, "二無右." 曰, "二有左乎?" 曰, "二無左." 〈通變論〉

53 공손룡의 숨겨진 뜻을 따져보았을 때 그는 궤변론자가 아니지만, 그가 남들 눈에는 궤변처럼 보이는 것을 의도적으로 앞세우는 방식을 택한 것은 사실이다. 그러므로 공손룡이 앞으로 내세우는 '흰 말은 말이 아니다', '가리킴은 가리킴이 아니다' 등의 문장을 지칭할 때, 그리고 공손룡에 대한 다른 제자백가의 평가에 대해 이야기할 때는 '궤변'이라는 표현을 그대로 사용하되, 그 외의 경우에는 '논변'이라고 부르도록 하겠다.

54 仲尼는 孔子의 字다.

55 若此, 仲尼異楚人於所謂人. 夫是仲尼異楚人於所謂人, 而非龍異白馬於所謂馬, 悖. 〈跡府〉

56 曰, "二苟無左, 又無右, 二者左與右, 奈何?" 〈通變論〉

57 曰, "謂變非不變, 可乎?" 曰, "可." 曰, "右有與, 可謂變乎?" 曰, "可." 曰, "變隻?" 曰, "右." 曰, "右苟變, 安可謂右? 苟不變, 安可謂變?"〈通變論〉

二획은 두 개의 一획으로 이루어져 있는데, 그중 왼쪽[左]과 오른쪽[右]을 말하는 것은 우 상단에서부터 좌 하단으로 글을 적는 한문의 특성상 위에 그려진 획을 右라고 불렀기 때문인 듯하다. 一획을 우 혹은 좌라고 부르는 것은 이미 두 획의 합을 전제로 하기 때문에 가능한 것이므로, "變非不變"을 논의하려면 좌획(아래 획)이나 우획(위 획)이라는 표현을 가지고는 논리를 전개하기 어렵다. 결합한 이후와 이전을 함께 논하면서 결합 이전의 것을 좌획이라고 부르는 일시적인 실수는 충분히 벌어질 수 있는 언어사용이 분명하지만, 이것이 통용되는 표현인양 설명을 이어가기에는 혼란이 따르기 때문이다.

이 책에서는 공손룡의 논리를 더 명확하게 드러내기 위해서 설명 중에는 좌, 우를 모두 一획이라는 명칭으로 변경하여 논의를 전개하려고 한다. 一획이라면 결합 이전과 이후 모두 같은 이름으로 사용될 수 있으며, 그러므로 변했는데도 같은 이름을 사용하는 언어사용의 문제점을 더 잘 드러낼 수 있기 때문이다.

58 비록 모순점을 지적하는 이는 질문자지만, 질문자의 질문을 통해 공손룡이 의도한 혼란이 오히려 잘 드러나고 있다는 점에서 공손룡의 의도를 잘 드러내는 것으로 볼 수 있다. 그런 의미에서 공손룡이 질문자의 지적에 대답을 하는 대신, 다른 모순점을 드러내는 것으로 대응하고 있는 것으로 보인다.

59 그레이엄은 이 사전적 의미에 최대한 가깝게 指를 번역하는데, 'point out'이라는 일차적인 의미를 그대로 사용해〈지물론〉전체를 해석하려고 시도했다.(Graham, *Studies in Chinese Philosophy & Philosophical Literature*, p.213) 龐樸은 指가 추상화되어 뜻[旨], 의식, 사유[意] 등과 유사한 의미를 갖게 된다고 보았다.(龐樸,《公孫龍子研究》, p.20) 徐復觀은 인간의 내면과 외부사물의 상호작용을 염두에 두고, 指는 한 사람의 인식능력이 객관적 사물을 가리키는 것, 그리고 그 객관적 사물이 인간의 인식능력에 만들어내는 영상 두 가지 모두를 포함한다고 본다.(徐復觀,《公孫龍子講疏》, p.49-50) 이 영상은 '관념'처럼 완전히 형성된 것은 아니지만, 일종의 'idea'와 유사하다고 볼 수 있다. 풍우란을 비롯, 난성 등은 여기에서 한 걸음 더 나아가 指가 곧 보편자이며, 그런 의미에서 '이데아'와 같은 의미라고 풀기도 한다. 한편 손영식은 指는 곧 외부의 物과 대치되는 개념이므로 주관이라고 해석할 수 있다고 주장한다.

60 국립 국어원, 《표준국어대사전》
61 物莫非指, 而指非指. 〈指物論〉
62 Hansen, *Language and Logic in Ancient China*, p.145.
63 龐樸이 與를 結合이라는 단어를 사용하여 번역하기 때문에, 龐樸의 주석을 토대로 한 김철신 등의 한국어 번역 또한 결합이라는 단어를 사용하고 있다. 정재현은 與를 '~과 함께 한다'고 번역한다. (龐樸, 《公孫龍子研究》, p.18; 김철신, 〈공손룡 철학 이해의 한 방식〉, p.61; 정재현, 《고대 중국의 명학》, p.103)
64 "白馬者, 馬與白也; 馬與白, 馬也? 故曰, '白馬非馬也.'" 〈白馬論〉
65 指非非指也, 指與物非指也. 〈指物論〉
66 曰, "左與右可謂二乎?" 曰, "可." 〈通變論〉
67 曰, "白馬者, 馬與白也; 馬與白, 馬也?" 故曰, "白馬非馬也." 曰, "馬未與白爲馬, 白未與馬爲白. 合馬與白, 復名白馬. 是相與以不相與爲名, 未可." 故曰, "白馬非馬未可." 〈白馬論〉
68 후기묵가와 공손룡은 사용하는 어휘나 다루는 주제 면에서 유사한 점을 보인다. 그러나 주장하고자 하는 것은 사뭇 다르다. 후기묵가의 이론을 변형하거나 인용하면서 묵가와는 상반되는 견해를 펴고 있는 공손룡은 후기묵가의 중의적인 언어 사용을 표면화하고 비판하려는 의도가 있던 것으로 보인다.

《묵자》〈소취〉에서 묵자는 같은 형식이라도 참과 거짓이 달라질 수 있다면서 우선 흰 말은 말이라는 점을 명시한다. "흰 말은 말이다. 흰 말을 타는 것은 말을 타는 것이다. 검은 말도 말이다. 검은 말을 타는 것은 말을 타는 것이다.[白馬馬也. 乘白馬. 乘馬也. 驪馬. 馬也. 乘驪馬. 乘馬也.]" 흰 말 혹은 검은 말도 말이며, 그러므로 이러한 특정 말을 타는 것도 곧 말을 타는 것이라고 할 때의 馬는 특정한 말을 지칭하는 의미지, 말이라는 종 전체를 뜻하는 것은 아니다. 이는 '사람을 아끼는' 것에 대한 다음 문장에서도 마찬가지다. "획은 사람이다. 획을 아끼는 것은 사람을 아끼는 것이다. 장은 사람이다. 장을 아끼는 것은 사람을 아끼는 것이다.[獲. 人也. 愛獲. 愛人也. 臧. 人也. 愛臧. 愛人也.] 《墨子》〈小取〉" 획이나 장과 같은 특정인을 아끼는 것은 '사람을 아끼는' 것에 해당된다. 왜냐하면 이 경우 人은 특정 개인을 지칭하는 의미로 사용되고, 인류 전체를 지칭하는 의미로 사용된 것은 아니기 때문이다. 그러므로 인류 중 어느 한 사람만을 사랑한다고 하더라도 '愛人'이 성립된다. 그러나 다음 인용문에서는 동일한 '愛人'이라는 표현이 쓰였더라도 의미는 달라진다.

"비록 도적이 사람이지만, 도적을 아끼는 것은 사람을 아끼는 것이 아니다. 도적을 아끼지 않는 것은 사람을 아끼지 않는 것이 아니다.[盜人人也. 多盜非多人也. 無盜非無人也.]《墨子》〈小取〉" 도적은 사람이다. 묵가의 가르침에 따르면 도적은 타인을 해치는 인간답지 않은 인간이지만, 그렇다고 〈소취〉에서 도적이 인간 이하의 존재임을 주장하지는 않는다. 그럼에도 불구하고 도적을 아끼는 것은 사람을 아끼는 것이 아니라고 주장하는 이유는, 이 경우의 人은 특정 한 사람이 아니라 인류 전체의 의미로 사용하였기 때문이다. 도적을 아끼는 것은 분명 인간 중 누군가를 아끼는 것이지만, 도적을 아꼈다가는 인류 전체에 미치는 손해가 줄어들 수도 있고, 인류 중 누군가는 피해를 입을 수도 있다. 그러므로 도적을 아끼는 것은 인류 전체를 아끼는 것은 아니다. 획도 사람이고 도둑도 사람이지만, 획의 경우는 愛人이 성립하고, 도둑의 경우는 愛人이 성립하지 않는 이유는 〈소취〉에서 두 가지의 人을 다른 의미로 사용하고 있기 때문이다. 후기묵가는 이 두 의미의 차이를 명시해서 구분하고 있지는 않지만, '도둑을 죽이는 것은 사람을 죽이는 것이 아니'라는 묵가의 주장을 뒷받침하기 위해 이러한 논리를 사용한 것으로 미루어 중의성을 인지하고 이용한 것으로 보인다. 후기묵가는 명제의 시비 뿐 아니라 언어의 명실 관계에 대해서도 양가적인 판단이 공존할 수 있다고 주장하고 이러한 중의성 혹은 양면성을 그대로 받아들인다.

69 曰, "有白馬不可謂無馬也. 不可謂無馬者, 非馬也? 有白馬爲有馬, 白之, 非馬何也?"〈白馬論〉

70 "以'有白馬不可謂無馬'者, 離白之謂也. 不離者有白馬不可謂有馬也."〈白馬論〉

71 긍정형으로 바뀌었을 때의 원문에서 謂는 爲로 바뀌어 있다. 그러나 의미상, 그리고 논리상, '不可謂無馬者'의 이중부정을 지우면 남는 문장은 '말이 있다고 해야만 한다[謂]'가 된다.

72 龐樸,《公孫龍子研究》, p. 25 – 26.

73 使天下無物指, 誰徑謂非指?
天下無物, 誰徑謂指?
天下有指無物指, 誰徑謂非指·徑謂無物非指?〈指物論〉

74 "가리킴은 있고 사물에 대한 가리킴은 없는[有指無物指]" 상황에 대한 부정 형태는 가리킴은 없고 사물에 대한 가리킴도 없거나, 가리킴도 있고 사물에 대한 가

리킴도 있거나, 가리킴은 없고 사물에 대한 가리킴도 있는 등 세 가지의 가능성이 있지만, 이 경우 〈지물론〉의 내용상 가리킴 그 자체와 사물에 대한 가리킴이 모두 있고, 가리킴이라는 하나의 단어가 이 둘 모두를 의미하기 때문에 '가리킴이 아니다'라고도 했다가, '모든 사물은 가리킴이다'라고도 했다가 하는 궤변을 펼칠 수 있었다는 의미로 해석하는 것이 가장 문맥에 맞을 것이다.

75 "It is the act of pointing combined with a thing which is not the pointing which extends over the whole world."(Graham, *Studies in Chinese Philosophy & Philosophical Literature*, p.215)

76 서양철학적인 개념을 빌자면 馬는 실체고 白은 속성이라는 차이가 있고, 실체에 속성이 더해진다는 개념이 생소하지 않을 수 있다. 그러나 공손룡은 色과 形이라고 부르며 구분하기는 하지만 그 둘 사이에 존재론적인 차등이 있다고 여기지는 않는다. 馬에 대해서는 색에 대한 去取가 있다 혹은 없다고 표현하고, 白에 대해서는 定所가 있다 혹은 없다고 구분하여 표현하는 것으로 보아 성질과 사물 사이를 구분하고 있으나 그렇다고 거취가 있는 것과 장소가 있는 것이 표현상 이상의 차이가 있다고 여기는 것처럼 보이지는 않기 때문이다. 예를 들어, 서양철학의 실체와 속성 개념과는 달리, 공손룡은 白은 그 자체로는 있을 수 없지만 馬는 白 없이도 존재할 수 있다는 식의 구분은 하지 않는다. 공손룡은 白과 馬 모두 분리되어 존재할 수 있다는 점에서 동급으로 보고 있으며, 두 가지 모두를 物로 취급하고 있는 셈이다.

77 "'堅白石三', 可乎?" 曰, "不可." 曰, "二可乎?" 曰, "可." 曰, "何哉?" 曰, "無堅得白, 其擧也二; 無白得堅, 其擧也二." 曰, "得其所白, 不可謂無白.得其所堅, 不可謂無堅. 而之石也之於然也, 非三也?"〈堅白論〉

擧는 주장이나 설명에 대해 뒷받침이 되도록 실례를 드는 따위를 말하므로, 예증이라고 번역했다. '희고 단단한 돌'이라는 사물에 대해서 '희다'라는 시각적 경험, '단단하다'라는 촉각적 경험, 그리고 두 가지 모두에서 '돌'임을 경험할 수 있기 때문에, '희고 단단한 돌'의 존재를 뒷받침할 수 있는 근거가 세 가지라는 의미인 듯하다.

78 '돌'과 돌이 가진 성질들의 수를 함께 세어 계산한다는 것은 서양철학에서와 같은 실체와 속성의 구분을 염두에 두고 있지 않기 때문에 가능하다. 실체와 속성을 구분하는 입장에서는 돌과 힘, 단단함을 같이 계산하여 합이 셋이라고 말할

수는 없다. 공손룡이 돌이나 말 등의 개체와 힘, 단단함 등의 특성을 존재론적으로는 동급으로 보았기 때문에 가능한 셈법이다.

79 曰, "視不得其所堅而得其所白者, 無堅也. 拊不得其所白而得其所堅者, 無白也." 曰, "天下無白, 不可以視石. 天下無堅, 不可以謂石. 堅白石不相外, 藏三可乎?"〈堅白論〉

80 曰, "其白也, 其堅也, 而石必得以相盈, 其自藏奈何?"〈堅白論〉

81 墨經 A67 經：堅白. 不相外也. 說：堅異處不相盈. 相非是相外也.
B4 經：不可偏去而二. 說在見與俱. 一與二. 廣與修. 說：見不見. 離一二. 不相盈廣修堅白.

82 堅未與石爲堅, 而物兼未與爲堅, 而堅必堅. 其不堅石·物而堅, 天下未有若堅, 而堅藏.〈堅白論〉

天下未有若堅을 '세상에 단단한 성질을 가진 것이 없을 때에도'라고 번역한 것은, 문장 구조상 세상에 없는 것은 若堅인데, '堅과 같은 것'이 단단함과 유사한 다른 다양한 성질들을 말하는 것이라면 무름, 부드러움, 거침 같은 성질이 없을 때부터 단단함이 있었다는 주장은 문맥에도 맞지 않고 논리적이지도 않지만, 若을 '~스럽다'는 의미로 이해하여 若堅을 '단단함의 성질을 가진 것'으로 번역하면 다른 사물과 단단함이 함께하지 않았을 때는 세상에 어떤 단단한 사물도 없게 된다는 점에서 문맥이 자연스럽게 연결되기 때문이다.

83 曰, "堅未與石爲堅, 而物兼未與爲堅, 而堅必堅. 其不堅石·物而堅, 天下未有若堅, 而堅藏. 白固不能自白, 惡能白石物乎? 若自者必白, 則不白物而白焉."〈堅白論〉

84 自存하는 무언가에 대한 〈견백론〉의 묘사 덕에 보편자론을 주장하는 학자들은 이 대목이 곧 공손룡이 '보편자'를 설명한 문구로 이해하고 있음을 알 수 있다.(Fung Yu-lan, Derk Bodde tr., *A History of Chinese Philosophy*, vol 1. p.208) 다른 사물과의 결합이나 영향력에서 벗어나 독립적으로 그 스스로 성질을 가지고 있으며, 이로 인해 다른 사물에 그 성질을 부여할 수 있는 것이라는 설명은 이데아 혹은 이와 유사한 보편자 개념과 일치하는 부분이 있다. 그러나 일부 특징에 대한 묘사가 일치한다고 해서 두 개념이 곧 동일한 것이라고 받아들이기에는 한계가 있다.

공손룡이 '흰 그 자체는 항상 희다'며, 분리된 것에 어떤 절대성이나 항상성을 부여하는 것은 영원불멸하며 파괴할 수도 나눌 수도 없는 '존재'를 찾아나서는 과정에서 발견한 이데아와 같은 것이 아니며, 오히려 '희다'라고 이름을 붙인 실재란 어쩔 수 없이 희다는 성질을 항상 갖고 있어야만 한다는 名實 관계에 관한 이론상의 결론에 가깝다. 그러므로 공손룡에게 있어서 不定者는 현실세계에 어떤 실존으로서 '존재'하는가? 하는 질문 또한 성립하지 않을 수 있다.

    다른 한편, 어떤 사물과 결합하기 전에도 그 성질을 가지고 있었기 때문에, 또 어떤 다른 사물에도 그 성질을 부여할 수 있다는 이 특정 설명은 사물과 성질의 합에 국한된 것이고, 공손룡은 未與의 개념을 인간 내면의 기능이 외부사물과 접촉하기 이전이라든가 또 一획에 一획이 함께하며 二자가 되기 이전의 一 그 자체 등 여러 가지 관계에 걸쳐서 다양한 의미로 사용하였다. 이를 인간으로서의 처세술에 적용한다면 未與의 상태는 '존재'로서의 이데아가 아니라 인간이 추구해야하는 가치로서의 의미를 갖게 된다. 유사한 설명이지만 다른 배경에서 다른 목적으로 사용됨으로서 서양철학의 '보편자' 개념이 갖는 존재론적인 의미를 넘어서는 다양한 함의를 갖는 것이다.

85 且夫指固自爲非指, 奚待于物而乃與爲指?〈指物論〉

86 故知與不知相與離, 見與不見相與藏.〈堅白論〉

87 이는 〈지물론〉에서 指에 대해 指의 대상인 사물과 함께하지 않을 때에도 指가 있다고 주장한 것과 같은 맥락이다.

88 且猶白以目以火見, 而火不見. 則火與目不見而神見. 神不見而見離.〈堅白論〉

    神不見而見離에 대해, 정재현과 염정삼은 神 또한 그 자체만으로 사물을 볼 수는 없으며, 그렇다면 白은 눈으로도, 불로도, 神으로도 볼 수 없는 것이기 때문에 흰은 결국 앎으로부터 분리된다고 이해한다. 이 경우, 세상 사물은 아무 것도, 아무 것으로도 지각할 수 없다는 결론이 나온다. 龐樸은 神으로 볼 수 없는 것은 돌에 함께한 흰이고, 분리된 것은 볼 수 있다고 결론짓는다.

    神에 대해 龐樸은 '정신'이라는 단어를 사용하고, 김철신은 이를 받아들여 사유와 비슷한 것으로 이해하는데, 指할 수 있는 기관에 해당된다고 본다.(김철신, 〈공손룡 철학 이해의 한 방식〉, p. 57) 그러나 神이란 기척이 없으며 그 자체는 파악되지 않으면서도 모든 것을 꿰뚫어 알고 있는 존재로 여겨지며, 〈견백론〉에서도 오감을 사용하지 않고도 대상의 분리된 올바른 모습을 정확하게 본다는 점에서 단순한 정신보다는 '신명함'이라는 표현을 사용하여 파악이 되지는 않으면서도 대상을 정확하게 파악한다는 의미를 강조하였다.

89 離也者, 因是. 力與知果, 不若因是.〈堅白論〉
　　力與知는 염정삼의 경우 사희심의 주석에 기대어 '노력과 앎으로 그렇게 합해졌다고 여기는 것'으로, 정재현은 '힘과 앎으로 하는 것'으로 해석한다. 문맥상〈견백론〉에서 離는 다른 사물 혹은 성질이나 감각에서 분리된 것임이 강조되었기 때문에, '노력이나 앎'과 같은 인위와 대조되는 것으로 해석할 근거는 부족하다.
　　因是는 정재현은 '이것을 따르다', 염정삼은 '원래부터 그런 것' 등으로 해석하는데, 동일한 표현 因是가 반복되는《장자》에서 보면, 因是는 因非와 대치되는 개념으로, 맞는 사실에 근거했다는 의미로 사용된다. 이 경우에도 因是가 연결된 문장에서 반복되어 사용되는데, 是를 '이것'이라고 보기에는 지칭하는 바가 무엇인지 앞뒤 문장에서 찾을 수 없다는 점을 미루어, 是를 곧 옳고 그름의 是로 해석하는 것이 더 정확할 것으로 보인다.
90 是之謂離焉. 離也者天下, 故獨而正.〈堅白論〉
91 김철신,〈공손룡 철학 이해의 한 방식〉, p.57.
92 Graham, *Studies in Chinese Philosophy & Philosophical Literature*, p.193.
93 羊不二, 牛不二, 而羊牛二. 是而羊而牛非馬可也.〈通變論〉
94 〈통변론〉1에서 김철신이 二를 숫자나 글자 二 그대로 받아들이기보다 '융합물'이라고 이해한 것은〈통변론〉2에서 소와 양이 함께한 무리 또한 二라고 부르는 바로 이 대목 때문인 듯하다.(김철신,〈중국 고대철학사의 맥락에서 재조명한 공손룡자의 사유방식과 세계이해〉, p.81-82) 그러나 앞에서는 두 획의 결합으로 생성된 글자인 二에 대해서 다루고, 그 다음 바로 이어지는 논변에서는 부분의 합으로 생성된 융합물을 대표하는 글자로 앞에 나온 二를 언급해서 지칭했다고 보아도 무방하며, 굳이 앞의 논변에까지 소급하여 글자가 아닌 융합물을 의미하는 말이라고 해석할 필요는 없어 보인다.
95 〈통변론〉1에서는 변한 것과 변하지 않은 것의 비교는 첫째로 독립된 一과 그 두 획이 합쳐진 二, 그리고 두 번째로는 독립된 一과 二의 한 획인 一로 볼 수 있었다.〈통변론〉2에서는 양과 소가 함께하지만 그 비교 대상이 양이거나 소가 아니기 때문에, 하나의 단어인 양이나 소로 지칭되는 두 개의 다른 상태 간의 비교는 나오지 않는다. 다만, 양도 소도 아닌 완전히 다른 명칭에 대해 논하면서도 어느 하나는 독립된 상태고 어느 하나는 두 가지 사물이 함께하는 상태일 경우에도 서로 비교가 가능하다는 점을 보여, 공손룡에게서 실상 중요한 것은

그 명칭이 가리키는 동물이 동일한가 다른가보다 분리된 상태인가 함께한 상태인가 하는 쪽이라는 것을 확인할 수 있다. 與·未與의 상태가 같거나 다르다면 비록 다른 동물을 지칭하고 있다고 하더라도 비교가 가능하다는 것이다. 이는 이후 〈명실론〉에서 확인할 수 있다.

96 曰, "他辯." 曰, "靑以白非黃, 白以靑非碧." 〈通變論〉

97 오행의 색과 방향, 상징하는 요소는 다음과 같다. 검정은 북쪽·겨울·물을 상징하고, 파랑은 동쪽·봄·나무를 상징하고, 빨강은 남쪽·여름·불을 상징하고, 흰색은 서쪽·가을·금속을 상징하며 노랑은 가운데 흙을 상징한다.

98 曰, "靑白不相與而相與, 反對也. 不相鄰而相鄰, 不害其方也. 不害其方者, 反而對各當其所, 若左右不驪." 〈通變論〉

99 而且靑驪乎白而白不勝也. 白足之勝矣而不勝, 是木賊金也. 木賊金者碧, 碧則非正擧矣. 〈通變論〉

100 "靑白不相與而相與, 不相勝則兩明也. 爭而明, 其色碧也. 與其碧寧黃. 黃其馬也, 其與類乎; 碧其鷄也, 其與暴乎. 暴則君臣爭而兩明也. 兩明者, 昏不明, 非正擧也." 〈通變論〉

101 "故一於靑不可, 一於白不可. 惡乎其有黃矣哉? 黃其正矣, 是正擧也. 其有君臣之於國焉, 故強壽矣!" 〈通變論〉

102 염정삼, 《공손룡자》, p.226에서 재인용.

103 "兩明者, 昏不明, 非正擧也. 非正擧者, 名實無當, 驪色章焉, 故曰, '兩明'也. 兩明而道喪, 其無有以正焉." 〈通變論〉

104 올바른 자리를 통해 올바른 정명을 지키는 방법에 대해서는 〈명실론〉에서 구체적인 설명이 드러난다.

105 "白馬者言白, 定所白也, 定所白者非白也." 〈白馬論〉

定所白을 '장소가 고정된 힘'이라고 번역하면 분리되어 아무 사물과도 결합할 수 있는 상태의 힘이 아니라 하나의 사물에 고정되어버린, 즉 白馬 안의 白을 말하게 된다. 위의 문장에서 공손룡이 고정되어 있지 않은 분리된 힘과 하나의 사물에 고정된 힘은 서로 다르다고 생각했음을 알 수 있는데, 그렇다면 대상이 고정되지 않은 힘은 곧 힘의 이데아 혹은 보편자와 아주 유사한 것이 된다. 김철신은 여기에서 不定者라는 표현을 따서 보편자 개념을 이름 짓는다.(김철신, 〈공손룡 철학 이해의 한 방식〉, p.52) 그러나 그레이엄은 이 문장은 단지 전체와 부분이 서로 다르다는 의미일 뿐이라고 설명하고, 定所白이나 不定에 별다른 의미를 부여하지 않는다.(Graham, *Studies in Chinese Philosophy & Philosophical Literature*, p.204)

106 "以'有白馬不可謂無馬'者, 離白之謂也. 不離者有白馬不可謂有馬也. 故所以爲有馬者, 獨以馬爲有馬耳, 非有白馬爲有馬."〈白馬論〉

107 夫名實, 謂也. 知此之非此也, 知此之不在此也, 則不謂也. 知彼之非彼也, 知彼之不在彼也, 則不謂也.〈名實論〉

108 故彼彼當乎彼, 則唯乎彼, 其謂行彼; 此此當乎此, 則唯乎此, 其謂行此. 其以當而當也, 以當而當, 正也.〈名實論〉

109 天地與其所産焉, 物也. 物以物其所物而不過焉, 實也. 實以實其所實而不曠焉, 位也. 出其所位非位, 位其所位焉, 正也.〈名實論〉

110 《묵경》B59에 대한 그레이엄의 해석에 의하면 位는 하나의 개념에서 계산의 층위를 뜻한다. "하나는 둘보다 적고 다섯보다 많다"는 궤변을 설명하는 실마리로, "하나에 다섯 개가 있고 다섯 개에는 하나가 있다"는 經說의 내용을 미루어 보면 하나의 손에 다섯 개의 손가락이 있으며 다섯 개의 손가락은 손 하나가 된다는 점을 들어, 位는 손가락 다섯 개를 구분해서 계산할 것인가, 아니면 하나의 손으로 묶어서 계산할 것인가의 차이를 말하는 용어다. 손 하나는 손 두 개보다 적지만, 손 하나는 손가락 다섯 개와 동일하게 보거나 혹은 더 큰 범위를 차지하는 것으로 볼 수 있다. 그레이엄은 《묵경》을 해석하며 位를 'level'이라고 번역하고, 이것이 공손룡의 鷄三足 등의 궤변과도 연관이 있다고 보았다.(Graham, *Later Mohist Logic, Ethics and Science*, p. 431 – 432) "닭다리는 셋이다"라는 궤변에서 보면 각각의 닭다리 두 개와 닭의 신체 부위 중 다리 부위를 칭하는 다리를 하나로 계산해 더한 것이 그 어휘의 두 가지 층위를 함께 뒤섞었기 때문이라고 설명한다. 이렇게 볼 때, 位는 足이라는 하나의 단어가 가진 하나 이상의 의미 층위를 말한다. 학파에 따른 세세한 의미 차이는 있지만, 馬나 指 등의 어휘가 다른 어떤 요소와 결합하기 이전과 이후의 층위 차이를 의미한다고 보기에 무리가 없을 것이다.

111 "黃其正矣, 是正擧也. 其有君臣之於國焉, 故强壽矣!"〈通變論〉

112 "與其碧寧黃. 黃其馬也, 其與類乎; 碧其鷄也, 其與暴乎. 暴則君臣爭而兩明也. 兩明者, 昏不明, 非正擧也."〈通變論〉

113 "兩明而道喪, 其無有以正焉."〈通變論〉

114 龍曰, "先生之言悖. 龍之所以爲名者, 乃以白馬之論爾! 今使龍去之, 則無以敎焉.且欲師之者, 以智與學不如也. 今使龍去之, 此先敎而後師之也, 先敎而後使之者, 悖."〈跡府〉

115 公孫龍曰, "先生之言悖. 龍之學, 以白馬爲非馬者也. 使龍去之, 則龍無以敎, 無以敎而乃學於龍也者, 悖. 且夫欲學於龍者, 以智與學焉爲不逮也. 今敎龍去白馬非馬, 是先敎而後師之也, 先敎而後師之, 不可."〈跡府〉

116 徐復觀과 龐樸은 鉅는 詎와 통용되며 곧 豈와 같다고 본다.(徐復觀,《公孫龍子講疏》, p.5; 龐樸,《公孫龍子硏究》, p.5)

117 尹文, "今有人於此, 事君則忠, 事親則孝, 交友則信, 處鄕則順, 有此四行, 可爲士乎?" 齊王曰, "善! 此眞吾所謂士也." 尹文曰, "王得此人, 肯以爲臣乎?" 王曰, "所願而不可得也." 是時齊王好勇. 於是尹文曰, "使此人廣庭大衆之中, 見侵侮而終不敢鬪, 王將以爲臣乎?" 王曰, "鉅士也? 見侮而不鬪, 辱也! 辱則寡人不以爲臣矣." 尹文曰, "唯見侮而不鬪, 未失其四行也. 是人未失其四行, 其所以爲士也然. 而王一以爲臣, 一不以爲臣, 則向之所謂士者, 乃非士乎?" 齊王無以應.〈跡府〉

118 오상무 또한 백마론을 '알레고리'로 읽어서 정치적 함의를 읽어낼 수 있다고 해석하며〈적부〉의 이 일화를 예시로 든다. 勇士非士 등과 같은 직접적인 표현을 사용하지 않고 白馬非馬라는 알레고리를 사용하여 논변을 전개한 것은 馬 대신에 "대부, 제후, 왕 등 모든 계층이나 부, 모, 자, 녀 등 모든 그룹의 사람들에게 적용될 수 있"기 때문이라고 설명한다.(오상무,〈백마비마논고〉, p.52)

119 윤문과 반대 입장에 있는 제나라 왕이 '비겁한 신하는 신하가 아니다'라는 주장을 한 것으로 볼 수도 있다. 그렇다면 제나라 왕의 주장이 白馬非馬와 동일한 형태가 되는 것인가? 그렇지는 않다. 白馬非馬에서 白이라는 성질에 의해 전체 종인 馬가 한정되는 것과 비교했을 때, 忠, 孝, 信, 順의 네 가지 기준으로 士를 정의했으므로 이것이 곧 말 일반에 해당하기 때문이다. 士 일반과 勇이라는 특성에 한정된 士를 동일시하는 오류를 범하면서도 이를 인지하지 못하는 쪽은 제나라 왕 쪽이다.

120 공손룡이 BC 320년에 태어난 것으로 보면 공손룡보다 50여 년이 빠르지만, 공손룡이 BC 340여 년까지도 거슬러 올라갈 수 있음을 감안하면 약 30년 정도로 차이가 줄어들 수도 있다.

121 告子曰, "生之謂性." 孟子曰, "生之謂性也, 猶白之謂白與?" "白羽之白也, 猶白雪之白, 白雪之白猶白玉之白與?" 曰 "然." "然則犬之性猶牛之性, 牛之性猶人之性與?"《孟子》11.3

122 孟子曰, "何以謂仁內義外也?" 曰, "彼長而我長之, 非有長於我也, 猶彼白而我白之, 從其白於外也, 故謂之外也." 曰, "異於白馬之白也, 無以異於白人之白也, 不識 長馬之長也, 無以異於長人之長與?"《孟子》11.4

　　白人之白은 '흰 사람의 흼'이 아니라 '사람의 흼을 희게 여기다'로 해석했다. 첫째로는 뒤에 이어지는 문장에서 뒤에 나오는 長楚人之長, 嗜秦人之炙 등이 나오는데, 이 경우 '초나라 사람이 늙어서 늙은 대우를 하다', '진나라 사람의 고기를 좋아하다'라는 식으로 앞에 나오는 長을 동사로 해석하기 때문이다. 또한 둘째로는 사람의 신체에 '흼'이 어딘가에 있을 수는 있지만, '흰 사람'이라고 부르는 것은 낯설기 때문이기도 하다.

　　이 경우, 위 문장에서 사람의 본성, 개의 본성과 대구를 이루는 흰 깃털의 흼, 흰 옥의 흼과는 문장 구조가 달라지지만, 이는 위 인용문에서는 白이 性 즉 내면의 비유로 사용되었고, 아래에서는 白이 長, 즉 외부 자극의 비유로 사용되었다는 점에서 달라지는 것일 뿐, 여러 사물에 결합된 白이 서로 같은가 다른가를 판단하는 데에 있어서는 큰 차이가 없다고 할 수 있다.

123 첫 인용문에서 맹자는 고자에게 본성과 흼의 비유를 받아들이겠느냐고 물어서 고자 논리의 허점을 밝힌 것뿐이지, 맹자 본인이 흰 깃털의 흼과 흰 눈의 흼이 서로 같다고 보았는지 서로 다르다고 보았는지는 명시적으로 밝히지 않았다. 이는 두 번째 인용문에서도 마찬가지라서, 고자가 모든 경우의 '흼'을 같다고 보았다고 지적했을 뿐 자신의 입장을 설명하지는 않는다. 또한 長이 자극하는 것은 내재되어 있는 의로움의 덕목이지만, 외부사물의 白은 그저 '희다'는 반응을 이끌어내는 것으로 충분하기 때문에, 굳이 맹자가 '흼'이라는 성질이 어디에 결합하는가에 따라 달라진다는 주장을 적극적으로 할 필요는 없다.

　　그러나 맹자와 고자의 논쟁에서 白이 첫 번째는 性의 비유, 그리고 두 번째에서는 義를 일으키는 자극에 관한 비유로 사용되었기 때문에, 맹자 본성론의 비유로 적용되었을 때 둘 모두의 경우 다른 사물과 결합한 白은 모두 달라진다고 읽을 수 있다.

124《論語》6:25

125 박성규는 "모난 그릇이 모나지 않으면, 모난 그릇인가! 모난 그릇인가!"라고, 성백효는 "모난 술그릇이 모나지 않으면, 모난 술그릇이라고 할 수 있겠는가! 모난 술그릇이라고 할 수 있겠는가!"로 번역한다.(박성규 역주, 《논어집주》, p. 249; 성백효 역주 《논어집주》, p.180)

126 齊景公問政於孔子. 孔子對曰, "君君, 臣臣, 父父, 子子." 公曰, "善哉! 信如君不君, 臣不臣, 父不父, 子不子, 雖有粟, 吾得而食諸?" 《論語》 12:11

127 《論語集註》 12:11 주희 주 참조. "是時景公失政, 而大夫陳氏厚施於國. 景公又多內嬖, 而不立太子. 其君臣父子之間, 皆失其道, 故夫子告之以此." "景公善孔子之言而不能用, 其後果以繼嗣不定, 啓陳氏弑君篡國之禍."

128 齊宣王問卿. 孟子曰, "王何卿之問也?" 王曰, "卿不同乎?" 曰, "不同, 有貴戚之卿, 有異姓之卿." 王曰, "請問貴戚之卿." 曰, "君有大過則諫, 反覆之而不聽, 則易位." 王勃然變乎色. 《孟子》, 10.9

129 齊宣王問曰, "湯放桀, 武王伐紂, 有諸?" 孟子對曰, "於傳有之." 曰, "臣弑其君可乎?" 曰, "賊仁者謂之賊, 賊義者謂之殘. 殘賊之人謂之一夫. 聞誅一夫紂矣, 未聞弑君也." 《孟子》 2.8

130 非而謂盈, 有牛馬非馬也, 此惑於用名以亂實者也. 驗之名約, 以其所受悖其所辭, 則能禁之矣. 凡邪說辟言之離正道而擅作者, 無不類於三惑者矣. 《荀子》〈正名〉
  非而謂盈에 대해서는 정확하게 알려진 것이 없고 주석가들마다 의견이 분분하다. 有牛馬非馬也에 대해서는 원문 그대로 보면 《묵경》의 牛馬非馬를 말하는 것 같지만, 白馬非馬의 오자로 보는 주석이 대부분이다. Graham은 牛馬非馬는 궤변이라고 보기에는 일반 상식에 너무 가까운 명제이기 때문에 실재를 미혹하는 것으로 분류하려면 백마비마가 더 적절하다고 설명한다.

131 《墨子》〈大取〉에서 "愛人不外已. 已在所愛之中. 已在所愛. 愛加于已, 倫列之愛已愛人也."라고 설명하고 있는 것으로 보아, 성인이 사람을 사랑한다고 했을 때 人에 己가 포함되는 것인가 여부에 대한 논의가 있었음을 유추할 수 있다.

132 若有王者起, 必將有循於舊名, 有作於新名. 然則所爲有名, 與所緣以同異與制名之樞要, 不可不察也. 《荀子》〈正名〉

133 見侮不辱, 聖人不愛己, 殺盜非殺人也, 此惑於用名以亂名者也. 驗之所以爲有名而觀其孰行, 則能禁之矣. 《荀子》〈正名〉

134 異形離心交喩, 異物名實玄紐, 貴賤不明, 同異不別. 如是, 則志必有不喩之患, 而事必有困廢之禍. 故知者爲之分別, 制名以指實, 上以明貴賤, 下以辨同異. 貴賤明, 同異別, 如是, 則志無不喩之患, 事無困廢之禍, 此所爲有名也.《荀子》〈正名〉

135 物有同狀而異所者, 有異狀而同所者, 可別也. 狀同而爲異所者, 雖可合, 謂之二實. 狀變而實無別而爲異者, 謂之化, 有化而無別, 謂之一實. 此事之所以稽實定數也.《荀子》〈性惡〉

136 問者曰, 人之性惡, 則禮義惡生? 應之曰, 凡禮義者, 是生於聖人之僞, 非故生於人之性也. (…) 聖人積思慮, 習僞故, 以生禮義而起法度, 然則禮義法度者, 是生於聖人之僞, 非故生於人之性也.《荀子》〈性惡〉

137 吾嘗終日而思矣, 不如須臾之所學也. 吾嘗跂而望矣, 不如登高之博見也. 登高而招, 臂非加長也, 而見者遠, 順風而呼, 聲非加疾也, 而聞者彰. 假輿馬者, 非利足也, 而致千里, 假舟楫者, 非能水也, 而絕江河. 君子生非異也, 善假於物也.《荀子》〈勸學〉

138 故積土而爲山, 積水而爲海, 旦暮積謂之歲, 至高謂之天, 至下謂之地, 宇中六持謂之極, 涂之人百姓, 積善而全盡謂之聖人, 彼求之而後得, 爲之而後成, 積之而後高, 盡之而後聖, 故聖人也者, 人之所積也.《荀子》〈儒效〉

139 故聖人化性而起僞, 僞起而生禮義. 禮義生而制法度. 然則禮義法度者, 是聖人之所生也. 故聖人之所以同於衆其不異於衆者, 性也, 所以異而過衆者, 僞也. 夫好利而欲得者, 此人之情性也.《荀子》〈性惡〉

140 장원태는 순자가 性과 僞의 합으로 이루어진 성인 혹은 군자에 대해, 禮만을 논하고 본성의 영향력은 없었다고 주장하는 것은 곧 性+僞로 이루어진 군자와 性으로만 이루어진 소인이 서로 다르다는 주장이며, 그러므로 공손룡의 백마비마와 동일한 논리라고 설명한다. 그러나 순자가 주장하는 것은 性과 僞 사이의 불일치에 더 가깝다. 성인이 禮를 이룰 수 있는 것은 性이 기여한 것이 아니고 僞의 역할이라는 것이지, 그렇다고 성인에게는 악한 본성이 더 이상 없다는 주장을 한 것은 아니기 때문이다.(장원태,〈전국시대 인성론〉, p.146, 각주 175)

141 人無師法, 則隆性矣, 有師法, 則隆積矣, 而師法者, 所得乎積, 非所受乎性, 性不足以獨立而治. 性也者, 吾所不能爲也, 然而可化也, 積也者, 非吾所有也, 然而可爲也.《荀子》〈儒效〉

142 김경희는 變과 化의 의미를 구분하면서, 變은 감정 등이 불안정하게 변해가는 것이므로 부정적인 의미로, 化는 종의 한계를 넘어서서 비약적으로 바뀌는 것

을 의미한다고 설명한다.(김경희, 〈장자의 변화론〉, p.186) 《장자》에서 化는 장자가 나비가 되거나 곤이 붕이 되는 극단적인 탈바꿈을 말하지만, 그럼에도 불구하고 소인이 성인이 되는 것과 같이 겉모습은 완전히 다르지만 내면의 연속성이 유지된다.

143 다음은 《공손룡자》의 내용과 주제 혹은 문장이 유사한 《묵경》의 문구들이다. 그레이엄은 이보다 훨씬 많은 문장을 꼽고 있는데, 너댓 글자 정도 일치하는 데서 그치는 문장들은 제외했다.

經: 不可偏去而二. 說在見與俱. 一與二. 廣與修. 說: 見不見. 離一二. 不相盈 廣修堅白. 《墨子》〈經 下〉, 〈經說 下〉

經: 無久與宇堅白. 說在因. 說: 無堅得白. 必相盈也. 《墨子》〈經 下〉, 〈經說 下〉

經: 于一有知焉. 有不知焉. 說在存. 說: 于石一也. 堅白二也. 而在石. 故有智焉. 有不智焉可. 《墨子》〈經 下〉, 〈經說 下〉

經: 狂擧不可以知異. 說在有 說: 牛(狂)與馬惟異. 以牛有齒. 馬有尾. 說牛之非馬也. 不可. 是俱有, 不偏有偏無有. 曰. 之與馬不類. 用牛有角. 馬無角. 是類不同也. 若擧 牛有角. 馬無角. 以是爲類之不同也. 是狂擧也. 猶牛有齒. 馬有尾. 《墨子》〈經 下〉, 〈經說 下〉

經: 不可牛馬之非牛. 與可之同. 說在兼. 說: 或不非牛. 而非牛也. 則或非牛或牛而牛也可. 故曰牛馬. 非牛也. 未可. 牛馬. 牛也. 未可. 則或可或不可. 而曰牛馬牛也未可. 亦不可. 且牛不二. 馬不二. 而牛馬二. 則牛不非牛. 馬不非馬. 而牛馬非牛非馬. 無難. 《墨子》〈經 下〉, 〈經說 下〉

經: 彼此彼此. 與彼此同. 說在異. 說: 彼. 正名者彼此. 彼此可. 彼彼止于彼. 此此止于此. 彼此不可. 彼且此也. 彼此亦可. 彼此止于彼此. 若是而彼此也. 則彼亦且此, 此[亦此彼]也. 《墨子》〈經 下〉, 〈經說 下〉

經: 知而不以五路. 說在久. 說: 智以目見. 而目以火見而火不見. 惟以五路智久不當. 以目見. 若以火見火. 《墨子》〈經 下〉, 〈經說 下〉

144 "There are no parallels in the first two essays; all are in the last three essays…" (Graham, *Studies in Chinese Philosophy & Philosophical Literature*, p.137)

145 Hansen, "Mass Nouns and White Horse is Not a Horse" p.199; Im, "Horse-parts, White-parts, and Naming", p.184.

146 《墨子》〈經 下〉, 〈經說 下〉

김철신, 〈공손룡과 후기묵가의 정명론 비교 연구〉, p.24 참조

147 기존 연구들을 볼 때, 그레이엄 이후로 서구의 학자들은 대부분 후기묵가의 저술이 우선적으로 형성되었고 《공손룡자》가 그 내용을 토대로 비판을 가하고 있다고 이해하며, 한국의 학자들은 《공손룡자》의 내용이 먼저 형성되었고 후기묵가가 궤변에 대한 분석과 비판을 더하고 있다고 이해함을 볼 수 있다. 그러나 고대중국철학의 특성 상 白馬非馬, 離堅白 등의 궤변들은 어느 한 사람이 독점적으로 주장하는 것이 아니며, 비슷한 주제에 대해 여러 학파의 여러 인물들이 이야기를 이어가고 서로의 논변에서 영향을 받기도 하면서 서서히 발전한 것이다. 후기묵가의 설들이 기록으로 남기 이전에 공손룡에게 구전의 형태로 전달되어 반론을 편 것이 이후에 다시 기록으로 남게 되었을 수도 있으며, 기록되는 과정에서 유사한 문구들이 발견되면 후기묵가의 문장을 기반으로 공손룡의 문장을 수정하는 일이 벌어졌을 수도 있다. 공손룡과 후기묵가가 서로 영향을 미치고 비판을 주고받았고, 견해를 같이 하는 부분도 서로 달라지는 부분도 있었다는 점은 명확하지만, 어느 한 쪽이 먼저 확고한 형태로 발달이 되고 다른 한 쪽이 그를 일방적으로 베끼거나 비판을 하며 이론을 확립했다고 보기에는 어려움이 있다.

148 經: 狗. 犬也. 而殺狗非殺犬也. 可. 說在重. 說: 狗. 狗犬也. 謂之殺犬可. 若兩脾. 《墨子》〈經 下〉, 〈經說 下〉

149 雖至天下之爲盜賊者亦然. 盜愛其室. 不愛其異室. 故竊異室以利其室. 賊愛其身不愛人. 故賊人以利其身. 此何也. 皆起. 不相愛. 《墨子》〈兼愛 上〉

150 白馬馬也. 乘白馬. 乘馬也. 驪馬. 馬也. 乘驪馬. 乘馬也. 獲. 人也. 愛獲. 愛人也. 臧. 人也. 愛臧. 愛人也. 此乃是而然者也. 《墨子》〈小取〉

151 獲之親. 人也. 獲事其親. 非事人也. 其弟. 美人也. 愛弟非愛美人也. 車木也. 乘車. 非乘木也. 船. 木也. 人船. 非人木也. 盜人人也. 多盜非多人也. 無盜非無人也. 奚以明之. 惡多盜. 非惡多人也. 欲無盜. 非欲無人也. 世相與共是之. 若若是. 則雖盜人人也. 愛盜非愛人也. 不愛盜非不愛人也. 殺盜人非殺人也. 墨者有此而非之. 無也故焉. 所謂內膠外閉. 與心毋空乎. 內膠而不解也. 此乃是而不然者也. 《墨子》〈小取〉

152 그레이엄은 臧 혹은 獲은 '아무나'를 지칭할 때 사용하는 이름이라고 설명한다.(Graham, *Later Mohist Logic, Ethics and Science*, p.260)

153 김영건은 그레이엄을 인용해서, 臧이나 獲은 비천한 농노기 때문에 그를 사랑할 수 있다면 인류 전체를 사랑하는 것, 혹은 인간 중 어느 누구라도 사랑할 수 있는 것과 마찬가지라고 이 문장을 이해할 수 있다고 설명한다. 그러나 이는 위 문장이 참일 수도 있는 하나의 해석 방법에 불과할 뿐, 반드시 참임을 보장하는 것은 아니다.(김영건, 〈도적을 죽이는 것은 인간을 죽이는 것이 아니다〉 p. 94 – 95; Graham, *Later Mohist Logic, Ethics and Science*, p. 42)

154 김영건, 〈도둑을 죽이는 것은 인간을 죽이는 것이 아니다〉, p. 119 – 120.

155 惠子謂莊子曰, "吾有大樹, 人謂之樗. 其大本擁腫而不中繩墨, 其小枝卷曲而不中規矩. 立之塗, 匠者不顧. 今子之言, 大而無用, 衆所同去也." 莊子曰, "子獨不見狸狌乎? 卑身而伏, 以候敖者; 東西跳梁, 不避高下; 中於機辟, 死於罔罟. 今夫斄牛, 其大若垂天之雲. 此能爲大矣, 而不能執鼠. 今子有大樹, 患其無用, 何不樹之於無何有之鄕, 廣莫之野, 彷徨乎無爲其側, 逍遙乎寢臥其下. 不夭斤斧, 物無害者, 無所可用, 安所困苦哉!" 《莊子》〈逍遙遊〉

以候敖者에 대해 곽경번과 그레이엄은 '건방지게 구는 쥐를 기다리다'로 해석한다. 이를 따른다. (郭慶藩, 《莊子集釋》, p. 40 – 41; Graham, *Zhuangzi the Inner Chapters*, p. 47)

156 女將惡乎比予哉? 若將比予於文木邪? 夫柤梨橘柚, 果蓏之屬, 實熟則剝, 剝則辱. 大枝折, 小枝泄. 此以其能苦其生者也. 故不終其天年而中道夭, 自掊擊於世俗者也. 物莫不若是. 且予求無所可用久矣! 幾死, 乃今得之, 爲予大用. 使予也而有用, 且得有此大也邪? 《莊子》〈人間世〉

文木을 그레이엄은 '무늬가 좋은 나무(fine – grained woods)'라고 번역하고, 곽경번은 '사용할 수 있는 나무는 모두 문목이라고 한다'고 설명한다. 文에 화려하다, 무늬 등의 의미가 있는 것을 감안해 그레이엄을 따른다. (Graham, *Zhuangzi the Inner Chapters*, p. 73; 郭慶藩, 《莊子集釋》, p. 172)

崔大華는 幾死를 近死로 풀고, 그레이엄 또한 죽을 때가 가깝다(on the verge of death)고 본다. (崔大華, 《莊子岐解》, p. 169; Graham, *Zhuangzi the Inner Chapters*, p. 74) 곽경번은 자주 위험한 일을 겪어 죽을 뻔한 일이 많다고 해석하는데, 바로 뒤에 연결되는 문장인 幾死之散人의 의미를 미루어 보았을 때 '곧 죽을 인간'이 더 자연스러우므로 그레이엄의 해석을 따른다. (郭慶藩, 《莊子集釋》, p. 174)

157 公孫龍問於魏牟曰, "龍少學先王之道, 長而明仁義之行; 合同異, 離堅白; 然不然, 可不可; 困百家之知, 窮衆口之辯: 吾自以爲至達已. 今吾聞莊子之言, 茫然異之. 不知論之不及與? 知之弗若與? 今吾無所開吾喙, 敢問其方." 公子牟隱机大息, 仰天而笑曰, "子獨不聞夫埳井之蛙乎? (…) 且夫知不知是非之竟, 而猶欲觀於莊子之言, 是猶使蚊負山, 商蚷馳河也, 必不勝任矣. 且夫知不知論極妙之言, 而自適一時之利者, 是非埳井之蛙與?"《莊子》〈秋水〉

158 物無非彼, 物無非是. 自彼則不見, 自知則知之. 故曰, 彼出於是, 是亦因彼. (…) 是亦彼也, 彼亦是也. 彼亦一是非, 此亦一是非, 果且有彼是乎哉? 果且無彼是乎哉? 彼是莫得其偶, 謂之道樞. 樞始得其環中, 以應無窮. 是亦一無窮, 非亦一無窮也.《莊子》〈齊物論〉

159 以指喩指之非指, 不若以非指喩指之非指也. 以馬喩馬之非馬, 不若以非馬喩馬之非馬也.《莊子》〈齊物論〉

160 天地一指也, 萬物一馬也. 可乎可, 不可乎不可. 道行之而成, 物謂之而然. 惡乎然? 然於然. 惡乎不然? 不然於不然. 物固有所然, 物固有所可. 無物不然, 無物不可.《莊子》〈齊物論〉

161 勞神明爲一, 而不知其同也, 謂之朝三. 何謂朝三? 狙公賦芧曰, "朝三而暮四." 衆狙皆怒. 曰, "然則朝四而暮三." 衆狙皆悅. 名實未虧而喜怒爲用, 亦因是也.《莊子》〈齊物論〉

곽경번은 '勞神明爲一, 而不知其同也'에 대해, 원래 도란 오묘하게 하나인 것인데 어리석은 자가 신명과 언변이 서로 하나가 되기를 추구하면서 조금이라도 다른 점이 없어야 한다고 하는 것이 문제라고 지적한다. 공손룡을 언급한 것은 아니지만 신명과 언변을 일치시키려고 억지로 노력하며 조금이라도 어긋나면 같은 류라고 여기지 않는 자는 공손룡에 대한 일반적인 평가에 잘 맞는 듯하다.(郭慶藩,,《莊子集釋》, p.182)

162 許由曰, "子治天下, 天下旣已治也. 而我猶代子, 吾將爲名乎? 名者實之賓也. 吾將爲賓乎?"《莊子》〈逍遙遊〉

163 김철신은 장자는 道−物 관계를 중심으로 세상을 바라보기 때문에, 혜시나 공손룡, 후기묵가 등이 心−物 관계에 기반을 두고 있는 것과 입장이 달라지며 그런 면에서 그들을 비판하고 있다고 보았다. 장자가 心−物 관계를 비판하는 것은 心이란 곧 인간이 외부사물을 인식하는 기관이기 때문에, 주관적인 입장에 입각한 편협한 시비 판단을 형성하는 근거가 되기 때문이다. 道−物 관계

에 기반한 장자의 철학에서 보면 사물을 바라보는 관점이란 사람마다 혹은 동물마다 다를 수밖에 없으며, 그중 어느 하나가 절대적인 올바름을 가질 수는 없다.(김철신, 〈장자의 관점에서 본 논변사조〉, p.148 – 149)

또한 김철신은 공손룡이 각 인간이 자신의 사유기관을 이용해 보편자들을 현현하여 사물을 조합하는 것으로 여겼다고 해석한다.(김철신, 〈장자의 관점에서 본 논변사조〉, p.100) 이 경우, 인간은 각자 자신의 경험 내에서 외부사물을 인식하는 것이고, 여러 사람 간에 소통하여 합의를 보거나 객관적인 현실에 대한 결론을 도출할 수 없다. 그러나 장자의 공손룡 비판은 '객관성 부족'에 대한 언급은 없고, 오히려 지나치게 경직된 시비 판단에 대한 것으로 보인다.

이 책에서 논의한 내용에 의하면, 공손룡과 장자는 모두 인간의 내면은 외부 자극에 반응하며 변한다는 점에서는 합의를 보았다. 그런데 공손룡에 따르면 변화는 부정적인 것이고, 그러므로 공손룡의 명실론을 기준으로 보면 외부 자극과 함께하여 변한 것은 모두 '올바르지 않다'는 평가를 받게 된다. 한편 장자에 의하면 변화는 필연적인 것이다. 그의 명실론에 따르면 어차피 중요한 것은 實이고, 각각 사물의 실상에 따라 명칭은 가변적이며, 인간의 내면이건 어떤 다른 사물이건 반드시 필연적으로 다른 사물들과의 관계 속에서 변할 수밖에 없으므로 '분리된 位'란 무의미하다. 이렇게 이해할 경우, 장자의 공손룡 비판도 납득이 가고, 두 철학자의 명실론을 포함한 종합적인 평가가 가능하게 된다.

164 道可道, 非常道; 名可名, 非常名.《道德經》1
常은 한결같이 변하지 않는다는 의미라기보다는 어떤 상황에도 적용될 수 있다는 점에서 영원한 것이기 때문에 '어디에나 통용된다'고 해석하였다.

165 絕聖棄智, 民利百倍; 絕仁棄義, 民復孝慈; 絕巧棄利, 盜賊無有. 此三者以爲文不足, 故令有所屬: 見素抱樸, 少私寡慾.《道德經》19

166 知其雄, 守其雌, 爲天下谿. 爲天下谿, 常德不離, 復歸於嬰兒. 知其白, 守其黑, 爲天下式. 爲天下式, 常德不忒, 復歸於無極. 知其榮, 守其辱, 爲天下谷, 常德乃足, 復歸於樸. 樸散則爲器, 聖人用之, 則爲官長, 故大制不割.《道德經》28
雄, 雌는 각각 수컷, 암컷의 의미라서 강한 것과 약한 것이라고 번역하였으나, 함의는 훨씬 다양하다. 왕필은 웅은 '먼저인 것들[先之屬]', 자는 '후에 오는 것들[後之屬]'로 해석한다. 암수, 강약, 선후 등 상반되는 두 가지 성격을 모두 가지고 있을 수 있는 힘은 곧 특정한 모양으로 정해지지 않았기 때문에 가능하다는 의미다.

167 道常無名, 樸雖小, 天下莫能臣也. 侯王若能守之, 萬物將自賓. 天地相合, 以降甘露, 民莫之令而自均. 始制有名, 名亦旣有, 夫亦將知止, 知止所以不殆. 譬道之在天下, 猶川谷之於江海. 《道德經》32

    왕필은 始制는 아무 것도 정해지지 않은 통나무 상태와 같은 사람이 특정 관직이 정해져서 "명분을 세우고 존비가 정해지는" 것이며, 지나치게 되면 별것 아닌 것을 놓고 다투는 일이 벌어지며, 다스림의 모태는 잃게 된다고 보았다.

168 윤찬원, 〈한비자에서 법의 객관성의 문제〉, p.158.

169 爲人臣者陳而言, 君以其言授之事, 專以其事責其功. 功當其事, 事當其言, 則賞; 功不當其事, 事不當其言, 則罰. 故群臣其言大而功小者則罰, 非罰小功也, 罰功不當名也; 群臣其言小而功大者亦罰, 非不說於大功也, 以爲不當名也. 害甚於有大功, 故罰. 《韓非子》〈二柄〉

170 고은강, 〈한비자에서 자유의 의미에 관한 일고찰〉, p.385-414.

171 愛臣太親, 必危其身; 人臣太貴, 必易主位; 主妾無等, 必危嫡子; 兄弟不服, 必危社稷; 臣聞千乘之君無備, 必有百乘之臣在其側, 以徙其民而傾其國; 萬乘之君無備, 必有千乘之家在其側, 以徙其威而傾其國. 是以姦臣蕃息, 主道衰亡. 《韓非子》〈愛臣〉

172 今人主非使賞罰之威利出於已也, 聽其臣而行其賞罰, 則一國之人皆畏其臣而易其君, 歸其臣而去其君矣. 《韓非子》〈二柄〉

173 박성호는 한비자와 마키아벨리를 비교하면서 한비자가 노자의 영향을 받은 '텅 비움'의 통치를 하는 것이 마키아벨리와의 큰 차이점이라고 지적한다. 그러나 이러한 '허정과 무위'의 통치술이 곧 직무의 범위를 엄격히 규정하며, 신하에게 상벌의 집행권을 부여하지 않는 등 한비자 사상의 다른 특징들과 일맥상통하는 것임을 파악하지는 못한 듯 하다.(박성호, 〈마키아벨리와 한비자의 통치론 비교-군주론과 한비자를 중심으로〉, p.208)

174 知治人者, 其思慮靜; 知事天者, 其孔竅虛. 思慮靜, 故德不去; 孔竅虛, 則和氣日入. (…) 體道, 則其智深; 其智深, 則其會遠; 其會遠, 衆人莫能見其所極. 唯夫能令人不見其事極, 不見其事極者, 爲能保其身·有其國. 故曰, "莫知其極." "莫知其極, 則可以有國." 《韓非子》〈解老〉

175 故曰, 君無見其所欲, 君見其所欲, 臣自將雕琢; 君無見其意, 君見其意, 臣將自

表異. 故曰, 去好去惡, 臣乃見素; 去舊去智, 臣乃自備. 《韓非子》〈主道〉

176 喜之, 則多事; 惡之, 則生怨. 故去喜去惡, 虛心以爲道舍. (…) 上固閉內扃, 從室視庭, 參咫尺已具, 皆之其處. 以賞者賞, 以刑者刑, 因其所爲, 各以自成. 《韓非子》〈揚權〉

177 凡人臣之所道成姦者有八術: 一曰在同牀. 何謂同牀? 曰, 貴夫人, 愛孺子, 便僻好色, 此人主之所惑也. 託於燕處之虞, 乘醉飽之時, 而求其所欲, 此必聽之術也. 爲人臣者內事之以金玉, 使惑其主, 此之謂同牀. (…) 三曰父兄. 何謂父兄? 曰, 側室公子, 人主之所親愛也; 大臣廷吏, 人主之所與度計也. 此皆盡力畢議, 人主之所必聽也. 爲人臣者事公子側室以音聲子女, 收大臣廷吏以辭言, 處約言事, 事成則進爵益祿, 以勸其心, 使犯其主. 此之謂父兄. 四曰養殃. 何謂養殃? 曰, 人主樂美宮室臺池, 好飾子女狗馬以娛其心, 此人主之殃也. 爲人臣者盡民力以美宮室臺池, 重賦斂以飾子女狗馬, 以娛其主而亂其心, 從其所欲, 而樹私利其間, 此謂養殃. 《韓非子》〈八姦〉

178 世之學者說人主, 不曰"乘威嚴之勢, 以困姦之臣", 而皆曰"仁義惠愛而已矣." 世主美仁義之名而不察其實, 是以大者國亡身死, 小者地削主卑. (…) 吾以是明仁義愛惠之不足用, 而嚴刑重罰之可以治國也. 《韓非子》〈姦劫弑臣〉

179 明主之所導制其臣者, 二柄而已矣. 二柄者, 刑德也. 何謂刑德? 曰, 殺戮之謂刑, 慶賞之謂德. 爲人臣者畏誅罰而利慶賞, 故人主自用其刑德, 則群臣畏其威而歸其利矣. 《韓非子》〈二柄〉

180 人主者, 非目若離婁乃爲明也, 非耳若師曠乃爲聰也. 不任其數, 而待目以爲明, 所見者少矣, 非不弊之術也. 不因其勢, 而待耳以爲聰, 所聞者寡矣, 非不欺之道也. 明主者, 使天下不得不爲己視, 使天下不得不爲己聽. 《韓非子》〈姦劫弑臣〉

181 上不與共之, 民乃寵上; 上不與義之, 使獨爲之. 《韓非子》〈揚權〉

182 昔者韓昭侯醉而寢, 典冠者見君之寒也, 故加衣於君之上, 覺寢而說, 問左右曰, "誰加衣者?" 左右答曰, "典冠." 君因兼罪典衣殺典冠. 其罪典衣, 以爲失其事也; 其罪典冠, 以爲越其職也. 非不惡寒, 以爲侵官之害甚於寒. 《韓非子》〈二柄〉

183 古有伯夷叔齊者, 武王讓以天下而弗受, 二人餓死首陽之陵. 若此臣者, 不畏重誅, 不利重賞, 不可以罰禁也, 不可以賞使也, 此之謂無益之臣也. 吾所少而去也, 而世主之所多而求也. 《韓非子》〈姦劫弑臣〉

부록

부록 1
《공손룡자》 역주

부록 2
참고문헌

부록 3
찾아보기

부록 1
《공손룡자》 역주

〈백마론白馬論〉

A – 색을 부르는 것은 형체를 부르는 것과 다르다

질문자 "흰 말은 말이 아니다"라는 명제가 논리적으로 성립합니까?
공손룡 그렇다.
질문자 어째서입니까?
공손룡 말이라는 것은 형체를 부르는 데 쓰이는 단어고, 희다는 것은 색을 부르는 데 쓰이는 단어다. 색을 부르는 것은 형체[만]을 부르는 것과 다르다. 그러므로 "흰 말은 말이 아니다"라고 하는 것이다.[1]

---

1 [ ]는 원문에는 없지만 이해를 돕기 위해 번역어를 추가한 경우를 표시한다. 道藏本을 저본으로 하였으며, 한자 원문에 표시한 [ ]는 저본에는 없으나 문맥상 추가한 한자를 표시한다. 이 경우 어떤 주석을 따랐으며 왜 글자를 추가했는지 각주에

"'白馬非馬', 可乎?"

曰, "可."[2]

따로 밝혔다.

[2] Graham과 Hansen 등 영미권 학자들은 대부분 可를 "admissible"이라고 번역하는데, 그 이외의 답도 가능하지만 받아들일 만하다는 의미로 사용되었다.(Graham, *Studies in Chinese Philosophy & Philosophical Literature*, p.201; Hansen, *Languages and Logic*, p.161) 정재현은 "可"를 가능성으로 이해해서 "백마는 마가 아니다" 그리고 "백마는 마이다" 둘 다 가능한 것으로 해석할 수 있다고 보았다.(정재현, 《고대 중국의 명학》, p.99)

그러나 바로 뒤에 "可與不可, 其相非明"이라고 명시하고 있는 것으로 보아, 공손룡은 可와 不可를 서로 양립 가능한 것으로 보지 않는다. 可는 논리적인 근거가 합당한 것, 不可는 그렇지 않은 것으로 보아야 한다. 논리적인 근거가 합당한 답이 하나 이상이라는 점에서, 可하다는 평가를 받은 것이 유일한 답인 것은 아니지만, 그렇다고 동시에 可하기도 하고 不可하기도 할 수 있는 것은 아니다. 《묵경》 B65의 狂擧를 설명하면서, "소와 말은 다르지만, 소는 어금니가 있고 말은 꼬리가 있다는 근거로 소는 말이 아니라고 설명한다면 안 된다.[牛與馬惟異. 以牛有齒. 馬有尾. 說牛之非馬也. 不可. 故曰牛馬. 非牛馬也. 未可. 牛馬. 牛也. 未可. 則或可或不可. 而曰牛馬牛也未可. 亦不可]"고 할 때와 같이, "소와 말은 다르다"거나 "소는 어금니가 있다" 등의 명제가 모두 참임에도 불구하고, 참·거짓을 떠나서 주장으로 이어지는 논리적 근거가 합당하지 않으면 不可가 됨을 알 수 있다.

이는 《묵경》의 B66(經: 不可牛馬之非牛. 與可之同. 說在兼 說: 或不非牛. 而非牛也. 則或非牛或牛而牛也可)에서 "牛馬"는 소인 부분도 있고 소가 아닌 부분도 있기 때문에 "우마는 소다"라는 말이 참일 수도 있고 거짓일 수도 있다고 이해하는 것과 일맥상통한다. 그러나 이 경우 可와 不可가 양립 가능한 이유는 可의 특성에 달렸다기보다는 牛馬에 소도 있고 말(혹은 소가 아닌 동물)도 섞여있는 상황적 특수성 때문에 可와 不可가 양립하는 경우임을 說에서 말하고 있다. 可라는 어휘의 특성상 양립이 가능하다는 주장을 이끌어내기엔 부족하다.

한국어의 '말이 된다'라는 구어체적인 표현이 可의 원의미도 살리고 뉘앙스도

曰, "何哉?"
曰, "馬者,所以命形也; 白者, 所以命色也. 命色者非命形也. 故曰, '白馬非馬.'"³

B - 흰 말과 말을 구했을 때 올 수 있는 것은 서로 다르다

질문자 흰 말이 있을 때 말이 없다고 할 수는 없다. 말이 없다고 할 수 없는 것이라면 말 아니겠는가? 흰 말이 있으면 말이 있다고 여기면서 흰 말을 말이 아니라고 하는 것은 어쩐 일인가?
공손룡 말을 얻으려고 할 때는 노란 말이나 검은 말이 모두 오게

가장 정확하게 전달하지만, '말[馬]'에 대한 중의적 표현을 다루는 논변이라 또 다른 '말'이라는 단어를 사용하면 불필요한 혼란이 가중되므로 피한다.

3 도입부에서, '흰 말'과 '말'을 비교하는 결론을 도출하려고 하면서 색을 부르는 것과 형체를 부르는 것은 다르다는 것만을 밝히는 것을 문제 삼은 주석가들이 있다. 譚戒甫는 '命色者非命形也'는 '命色形者非命形也'라고 바꾸어야 곧 白馬非馬와 동치가 된다고 여겨 形을 삽입하여 이 문제를 해결하려고 하였다.(譚戒甫,《公孫龍子形名發微》, p. 24) 서구에 공손룡이 소개된 초기에는 이 도입부 논변의 한계가 많은 연구의 대상이 되었다. Graham은 〈백마론〉에 대한 해석을 여러 번 수정하는데, 첫 논문에서는 '흼은 말이 아니(Whiteness is not a horse)'라는 점을 증명하는 데서 그친다고 비판한다.(Graham, *Studies in Chinese Philosophy & Philosophical Literature*, p.127) Chmiliewski는 기호논리학을 도입하여 이 문제를 해결하려고 시도하기도 한다. (Chmiliewski, "Notes on Early Chinese Logic", p.12-17) 그러나 기호논리학의 틀을 빌리지 않더라도 공손룡은 白馬와 馬가 서로 달라지는 것은 곧 馬에 白이라는 상이한 요소가 함께하게 되면서 馬만 분리되어 있는 상태와는 달라지기 때문이라고 설명하기 때문에, 馬와 白이 서로 다르다는 점에서 곧 白馬는 馬와 다르다는 결론으로 이어질 수 있다.

할 수 있지만, 흰 말을 얻으려 한다면 노랗거나 검은 말은 올 수 없다. 흰 말이 곧 말이라고 한다면 이는 얻으려는 대상이 동일한 것이니, 얻으려는 대상이 동일하다면 흰 것은 말과 다르지 않아야 하고, 얻으려는 것이 다르지 않다면 노랗거나 검은 말은 올 수 있기도 하고 없기도 하니 어째서인가? 되는 것과 되지 않는 것은 서로 다름이 분명하다. 노랗거나 검은 말은 하나같이 말이 있다고는 답할 수 있고 흰 말이 있다고는 답할 수 없다. 이로 흰 말이 말이 아니라는 것을 살필 수 있다.

曰, "有白馬不可謂無馬也. 不可謂無馬者, 非馬也? 有白馬爲有馬, 白之, 非馬何也?"[4]

---

4 徐復觀은 不可謂無馬者에서 可를 빼고 읽는다.(徐復觀, 《公孫龍子講疏》, p.7) 그러나 논리 전개상 반드시 필요하다고 여겨지지 않는 경우 道藏本 원문을 그대로 사용하는 것을 원칙으로 하여, 이 경우에도 可를 그대로 반영한다.

龐樸은 俞樾이 也를 耶와 통용한다고 밝힌 것을 참고하여, "非馬也"를 의문문으로 읽는다.(龐樸, 《公孫龍子硏究》, p.13) 질문자가 하는 주장에서는 흰 말이 말이 아님을 받아들여서는 안 되기 때문이다. 한편 王琯은 "不可謂無馬者, 非馬也. 有白馬, 爲有馬之非馬, 何也?"로 표기하여 읽는데, 이 경우 非馬也를 평서문으로 읽으면 앞뒤 논리가 연결되지 않기 때문이다.(王琯, 《公孫龍子懸解》, p.42) 龐樸을 따른다.

龐樸은 白之를 "白이라는 단어를 써서 부르는 馬[用白來稱呼的馬]", 즉 白馬로 해석하고 있다.(龐樸, 《公孫龍子硏究》, p.13) 馬에 白이라는 말을 더한 것이라는 의미로, 앞에서 나온 "命色"도 유사하게 색을 지정하여 부른 사물, 즉 色形으로 이해하는 것과 마찬가지다.

정재현은 白之非馬何也를 연결해서 "백이 마가 아니라는 것은"이라고 번역하는데, 뒤에 나오는 白者 등 표현이 모두 마찬가지다.(정재현, 《고대 중국의 명학》,

曰, "求馬, 黃·黑馬皆可致; 求白馬, 黃·黑馬不可致. 使白馬乃馬也, 是所求一也. 所求一者, 白者不異馬也; 所求不異, 如黃·黑馬有可有不可, 何也? 可與不可, 其相非明. 故黃·黑馬一也, 而可以應有馬, 而不可以應有白馬. 是白馬之非馬, 審矣!"[5]

C - 흰 말은 말과 힘이 함께한 것이므로 말과 다르다

질문자 말에 색이 있는 것을 말이 아니라고 여긴다면 세상에는 색이 없는 말이란 없으니, 세상에는 말이 없게 된다. 논리적으로 성립하는가?
공손룡 말은 분명 색이 있다. 그러므로 흰 말도 있다. 말에 색이 없다고 한다면 "말 그 자체"만 있는 것이니, 어찌 그중 흰 말만을 고르겠는가? 흰 말이라는 것은 말에 힘이 함께하는 것이다. 말에 힘이 함께하는 것이 말인가? 그러므로 흰 말은 말이 아니라는 것이다.
질문자 말이 힘과 함께하기 이전을 말이라고 하고, 힘이 말과 함께하기 이전은 힘이라고 하고, 말과 힘이 함께한 것은 복명으로 흰 말이라고 하면, 이는 서로 함께하지 않은 것을 가지고 서로 함께하는 것의 이름을 만든 것이니 논리적으로 성립하지 않는다. 그러므로 '흰 말은 말이 아니다'라는 명제는 논리적으로 성립하지 않는다는 것이다.

---

p.100) 힘과 말의 차이에 대한 논의가 계속되는 것은 전체 구도상 큰 의미가 없으므로 龐樸의 해석을 따른다.

5 정재현은 審을 甚으로 읽어 '분명하다'라고 해석한다. 이 또한 의미는 통하지만 글자를 바꾸어 읽지 않아도 의미가 전달되므로 그대로 둔다.(정재현, 《고대 중국의 명학》, p.100–101)

曰, "以馬之有色爲非馬, 天下非有無色之馬也. 天下無馬, 可乎?"

曰, "馬固有色, 故有白馬. 使馬無色, 有馬如已耳, 安取白馬?[6] 故白者非馬也. 白馬者, 馬與白也; 馬與白, 馬也?[7] 故曰, '白馬非馬'也."

曰, "馬未與白爲馬, 白未與馬爲白. 合馬與白, 復名白馬. 是相與以不相與爲名, 未可.[8] 故曰, '白馬非馬未可.'"

---

6 王琯은 如의 위치를 바꾸어 如有馬而已耳로 본다.(王琯,《公孫龍子懸解》, p.43) 이쪽이 문법 구성은 더 자연스러우나, 龐樸은 如를 而와 같은 의미로 읽어서 뜻을 통하게 보고 있다.(龐樸,《公孫龍子硏究》, p.14) 의미는 둘이 거의 유사하므로 역시 道藏本 그대로 읽도록 하겠다.

  염정삼은 安取白馬를 "어디에서 白馬를 취할 것인가?"라고 원문 그대로 직역하였으나 이 경우 의미가 '어디'는 무엇을 말하는지, '취한다'는 것은 어떤 의미인지 명확하지 않다.(염정삼,《공손룡자》, p.115) 龐樸은 한편 "怎麽會有白馬"라고 取의 의미를 거의 무시하고 해석한다.(龐樸,《公孫龍子硏究》, p.14) 문맥상으로 이 번역도 매끄럽지만, "골라내다·뽑다"는 取의 의미를 살려서 "택하다"고 번역하면 말 그 자체밖에 없는 상황에서는 특정 색에만 한정되는 것이 불가능하다고 해석할 수 있다. 이후에도 공손룡은 去取라는 표현을 사용하여 馬가 白이라는 색에만 한정되어 白馬라는 의미로 사용된 것을 取라고 표현하므로 의미에 일관성이 있다.

7 龐樸은 "馬與白, 馬也?"로, 王琯과 徐復觀은 "馬與白馬也"로 말과 흰 말을 비교하고, 정재현은 이를 반영하여 "마와 백마다"라고 해석하였다.(龐樸,《公孫龍子硏究》, p.14; 王琯,《公孫龍子懸解》, p.43; 徐復觀,《公孫龍子講疏》, p.9; 정재현,《고대 중국의 명학》, p.102) 또한 譚戒甫는 "馬與白也, 白與馬也"로 읽는다.(譚戒甫,《公孫龍子形名發微》, p.26) 그러나 白馬는 곧 馬與白이라고 했고, 〈백마론〉의 내용은 내내 馬와 白馬를 비교하는 것이니, 馬與白과 馬가 서로 다르다는 결론으로 문장을 맺는 것은 자연스러우나, "말과 흰 말이다"가 결론이 되는 것은 그렇지 않다. 龐樸식 끊어 읽기 이외에는 문맥이 통하지 않으므로 龐樸의 해석을 따르도록 하겠다.

8 龐樸은 "서로 결합하지 않은 단어를 사용하여 서로 결합한 물건의 이름으로 삼

D-노란 말과 흰 말이 다르듯이 흰 말과 말도 다르다

공손룡 "흰 말이 있으면 말이 있다고 한다"라고 한다면, 흰 말이 있는데 노란 말이 있다고 하면 되는가?
질문자 안 된다.
공손룡 "말이 있는 것은 노란 말이 있는 것과 다르다"고 한다면 노란 말과 말을 다르게 여기는 것이다. 노란 말과 말이 다르다면 이는 노란 말은 말이 아니라는 것이다. 노란 말은 말이 아니라면서 흰 말을 두고는 말이 있다고 한다면 이는 날아올라서 연못에서 헤엄치고 관과 곽을 다른 곳에 묻는 것처럼 천하에 어그러진 주장이다.

曰, "以'有白馬爲有馬', 謂有白馬爲有黃馬, 可乎?"[9]

는 것이다.[這是用不相結合的詞, 給相結合的東西 做名字]"라고 설명하였다.(龐樸, 《公孫龍子研究》, p.18) 질문자의 입장에서는 서로 함께하기 이전, 함께한 이후의 차이를 인정하는 것은 아니지만 공손룡의 논리를 사용하여 문제점을 지적하는 대목이다. '흼', '말'과 같은 분리된 상태의 단어들을 더해서 '흰 말'이라는 이름을 만든다고 한다면 분리된 것들이 먼저 존재하며 먼저 인지된다는 점 등을 인정하는 셈이 되기 때문에 질문자의 입장에서는 이를 받아들이지 못한다.

9 譚戒甫와 Graham은 "謂有白馬爲有黃馬, 可乎?"를 "謂有馬爲有黃馬, 可乎?"로 바꾸어서 읽는다.(譚戒甫, 《公孫龍子形名發微》, p.27) 흰 말과 노란 말을 비교해야 할 이유가 없다고 생각하기 때문이다. 譚戒甫 입장에서 보면 말을 노란 말이라고 부르면 안 되기 때문에 말이 있는 것은 노란 말이 있는 것과 다르고, 노란 말과 흰 말은 동급이기 때문에 말이 있는 것은 흰 말이 있는 것과 다르다는 결론으로 연결될 수 있다. 그렇지만 이 경우, "말이 있는데 노란 말이 있다고 하면 되는가?"라는 질문은 완전히 부정할 수는 없다. 말 중에는 노란 말이 있을 수도 있

曰, "未可."

曰, "以'有馬爲異有黃馬', 是異黃馬於馬也; 異黃馬於馬, 是以黃馬爲非馬. 以黃馬爲非馬, 而以白馬爲有馬, 此飛者入池而棺槨異處, 此天下之悖言亂辭也."

E – 장소가 고정된 힘과 고정되지 않은 힘은 다르다

"흰 말이 있다면 말이 없다고 할 수 없다"는 주장은 힘을 분리시키고 말했기 때문이다. [힘을] 분리시키지 않으면 흰 말이 있는 것을 말이 있다고 할 수 없다. 그러므로 말이 있다고 할 수 있는 근거는 말이 있는 것만을 말이 있다고 할 수 있고 흰 말이 있으면 말이 있다고 할 수 없다. 그러므로 말이 있는 것을 "말말"이라고 할 수 없는 것이다.

"힘이라는 것은 정해진 장소가 없는 힘이다"에 대해서는 당연하게 여기고 넘어가도 된다. 흰 말이라는 것에서 말하는 힘은 장소가 고정된 힘을 말한다. 힘에 장소가 고정된 것은 힘[그 자체]이 아니다. 말이라는 것은 색에 있어서 선택이 없는 것이라서 노란색이나

고, 그러한 경우라면 노란 말이 있다고 할 수 있기 때문이다.

道藏本 그대로 읽자면 "흰 말과 말이 같다"고 주장한다면 "노란 말과 말이 같다"고 말할 수도 있고, 그렇게 치면 "흰 말은 노란 말과 같다"도 성립해야 한다. 공손룡이 非를 완전히 일치하는 것은 아니라는 의미로 사용하고 있고, 질문자는 이를 이해하지 못하고 있기 때문에 이런 논리가 가능해진다. 흰 말과 말이 완전히 일치하는 것이 아니라는 주장을 부인한다면, 곧 흰 말과 말은 완전히 동일해져야 하고, 그렇다면 곧 노란 말과 흰 말도 완전히 동일하다는 결론까지 끌고 갈 수 있게 되기 때문이다.

흰색이 모두 대응할 수 있다. 흰 말이라는 것은 색에 있어서 선택이 있어서 노란 말과 검은 말은 모두 색에 있어서 거부되는 것이라서, 오직 흰 말만이 대응할 수 있다. 선택이 없는 것과 있는 것은 다르다. 그러므로 "흰 말은 말이 아니다"라는 것이다.

"以'有白馬不可謂無馬'者, 離白之謂也.[10] 不離者有白馬不可謂有馬也.[11] 故所以爲有馬者, 獨以馬爲有馬耳, 非有白馬爲有馬.[12] 故其爲有

10　道藏本에는 이곳의 以와 다음 단락 "以白者不定所白"의 以가 모두 曰로 되어 있어서, 화자가 질문자에게로 넘어갔다가 다시 공손룡에게 돌아오는 것으로 되어 있다. 그러나 龐樸은 둘 모두 曰을 以로 바꾸어 공손룡이 설명을 이어가는 것으로 해석한다.(龐樸,《公孫龍子硏究》, p.16) 龐樸은 曰을 以로 바꿔서 읽는 근거로 다음 세 가지를 거론한다. 1. 〈백마론〉에는 以로 시작해서 앞에서 한 문장에 논리를 이어가는 문장이 많다. 2.《공손룡자》에는 각 편의 마지막에 대화 없이 공손룡의 주장을 독백으로 이어가는 편이 많다. 3. "有白馬不可謂無馬"는 앞에서 객이 한 말이었기 때문에, 이를 받아서 공손룡이 반박을 펴는 내용일 것이다.

　문맥상으로만 보아도 말이 있는 것만을 말이 있다고 할 수 있고, 흰 말이 있는 것은 말이 있다고 할 수 없다는 것은 공손룡의 주장이 이어지는 것이 맞으므로 龐樸을 따른다. Graham의 경우는 이 문단을 질문자가 말한 것으로 이해하되, 질문자가 공손룡의 입장을 일부 받아들여 흰이 분리되기 때문에 말이라고 할 수 있음을 인정한 것이라고 보았다. 이렇게 볼 경우, 누구의 입을 통해 말했는지와 상관없이 이 문단은 공손룡의 입장을 대변하고 있는 것이 된다. 그렇다면 질문자가 이 단락을 말했다고 하더라도 전체 맥락 파악에는 영향이 없다.

11　王琯·徐復觀은 不離者를 是離者로 바꾸어 읽는데, 아마도 질문자의 입장에서 설명하기 위해 그런 듯 하다.(王琯,《公孫龍子懸解》, p.46; 徐復觀,《公孫龍子講疏》, p.11) 위의 이유로 공손룡이 離에 대해 설명하는 것이므로 是로 바꿀 필요가 없다.

12　譚戒甫는 獨以馬를 以獨馬로 바꾸어 읽어서, 말만 분리되어 있을 때에 말이 있다고 할 수 있다는 의미임을 강조한다.(譚戒甫,《公孫龍子形名發微》, p.29) 의

馬也, 不可以謂'馬馬'也.[13]

以'白者不定所白', 忘之而可也.[14] 白馬者言白, 定所白也, 定所白者非

미는 통하지만 글자 순서를 바꿀 필요는 없다. 또한 王琯은 非有白馬爲有馬를 非以白馬謂有馬로 바꾸어서 읽는다.(王琯,《公孫龍子懸解》, p.46) 의미 상에 큰 차이는 없으므로 道藏本 그대로 둔다.

13 "馬馬"가 무슨 의미인가에 대해서는 주석가들 사이에 의견이 분분하다. 龐樸은 백마 중에 들어있는 마를 생각해서 백마도 마라고 하는 것이지 "백마" = "마"라고 생각하는 것은 아니며, 만약 "백마 = 마"라면 그 안에 들어있는 馬가 한번 더 반복되니 "마마"가 될 것이라고 설명한다.(龐樸,《公孫龍子硏究》, p.17) 이 설명은 논리적 오류가 있다. 白馬와 馬가 동일하다면 馬 대신에 계속 白馬를 대입하여 白馬 = 白(白馬) = 白(白(白馬))와도 같이 오히려 白이 여러 번 반복되어야 하지 馬가 반복될 이유가 없기 때문이다. 정재현은 "馬馬"라고 할 수 없는 이유는 白馬에는 첫 번째 馬 아닌 白이 들어가 있기 때문이라고 해석한다.(정재현,《고대 중국의 명학》, p.105)

필자는 馬馬는 바로 앞에 나온 離 개념과 연결지어서 보아야 한다고 생각한다. 분리의 개념은 白馬가 있을 때에도 馬가 있다고 할 수 있도록 해준다. 말에는 수없이 많은 특징들이 있고 서로 다 다른 성질에 한정되어 있지만, 이를 분리하여 볼 수 있는 인간의 지적 능력이 있기 때문에 모든 말을 馬라는 하나의 종으로 묶어서 볼 수 있게 된다. 만약에 이렇게 특정한 성질에 한정된 것을 분리할 수 있는 능력이 없다면 여러 마리의 말을 하나의 종으로 묶어 馬라고 표현할 수도 없을 것이며, 그러므로 여러 마리의 말이 있다면 일일이 馬馬馬馬라고 불러야 할 수도 있다. 그러므로 공손룡은 분리의 개념이 있기 때문에 馬馬라고 할 수 없다고 설명하는 것이 아닐까 유추해본다.

14 龐樸이 日을 以로 바꾸고서, 이 문장은 앞의 "白未與馬爲白"을 받은 것이라고 해석한다.(龐樸,《公孫龍子硏究》, p.21) 龐樸은 以 이후에 위에서 논의한 문장을 넣어서 '앞에서 나왔던 이러한 말에 대해서는 이런 반박을 할 수 있다'는 의미로 사용하기 때문이다. 그러나 굳이 앞에서 구체적으로 논의한 문장에 대한 설명이 아니더라도 공손룡이 설명하고 싶은 내용을 以로 받아 논의를 전개할 수도 있다.

白也.¹⁵ 馬者, 無去取於色, 故黃·黑皆所以應.¹⁶ 白馬者, 有去取於色, 黃·黑皆所以色去, 故唯白馬獨可以應耳. 無去者非有去也; 故曰, '白馬非馬.'"¹⁷

한편 忘之而可也의 해석에 따라, 白者不定所白을 중요하지 않거나 혹은 합당하지 않다고 판단한 것으로 이해할 수 있는 소지가 있으나, 다른 한편으로는 당연한 것으로 여겨 논의에서 제쳐두겠다는 의미로 이해할 수도 있다. 뒤에 연결되는 문장에서 白과 定所白은 서로 다르다고 하였기 때문에 白者不定所白 또한 긍정해야 하고, 그러므로 忘之而可也는 긍정의 의미로 해석해야 하므로 위와 같이 해석하였다.

15 譚戒甫는 "白馬者, 言白定所白也"를 "白馬者言白, 定所白也"로 끊어 읽는데, 의미가 더 수월하게 전달되므로 이를 따른다.(譚戒甫,《公孫龍子形名發微》, p.30)

定所白에 대한 해석의 가능성은 세 가지다. 첫째로 牟宗三은 '희게 하는 대상을 [희게] 규정한다'로 이해하는데[言白規定其所白之物] 여기에서 所白은 '희게 만드는 것'으로 해석된다.(牟宗三,《名家與荀子》, p.109) 둘째로 Graham은 '무언가를 희게 고정한다'로 해석하여, '白馬者, 言白定所白也, 定所白者非白也'를 "흰 말에서는 흼이 무언가를 희게 고정하는 것을 언급하는데, 무언가를 희게 고정하는 것은 흼이 아니다.(White horse mentions the white fixing something as white, what fixes something as white is not white)"로 해석한다. 대부분의 다른 주석가들은 '장소가 고정된 흼'이라는 세 번째 해석을 따른다.

定所白과 不定所白은 그 다음에 나오는 색의 거취가 있는 말·거취가 없는 말과 대구를 이루는데, 말의 경우 색이 한정되지 않은 말·색이 한정된 말로 나뉘는 것이 분명하다. 그러므로 말과 흼이 정확한 대칭을 이루려면 흼 또한 장소가 정해진 흼과 장소가 정해지지 않은 흼으로 분류되어야 한다. 그러므로 세 번째 해석을 따른다.

16 색에 있어서 버리거나 취하는 것이 없다는 것은 곧 색 때문에 어떤 것은 대상에서 제외하고 일부만 받아들일 수 있는 제약이 없다는 것이다. 풍우란은 이 문장을 "색에 있어서 긍정도 부정도 없다"고 풀이한다.

17 Graham은《공손룡자》전체를 부분과 전체 간의 관계에 관한 논변으로 일관성

〈지물론指物論〉

〈지물론〉의 경우 번역만으로는 의미를 이해할 수 없으므로, 해석을 첨부한다.[18]

있게 해석하면서, 〈백마론〉에 대해서는 칼날과 손잡이가 함께 붙어있는 '칼 전체'도 '날'이라는 부분의 명칭으로 부를 때가 있는 것과 마찬가지라서, 馬는 전체 말의 한 부분인 말의 형상을 뜻하기도 하고, 색과 다른 성질들이 합쳐진 말 전체를 뜻하기도 하는 이중성이 있다고 이해한다. 칼날에 비유해서 〈백마론〉 전체를 설명하는데, 말은 색에 있어서 거취가 없으나 흰 말은 거취가 있다는 내용을 곧 "날은 어떤 손잡이도 배제하지 않으나, 칼은 칼 손잡이만을 빼고는 다른 것을 모두 배제한다. 그러므로 배제함이 없는 날은 배제함이 있는 칼과는 다르다. 날은 칼이 아니다.(Blade does not exclude any handle, sword excludes all but hilts; so the blade which does not exclude is not the sword which does exclude. So the sword is not the blade)"로 이해한다. 비록 Graham이 백마와 마의 차이를 전체와 부분의 차이로 이해하지만, 날과 손잡이가 함께하면서 그 이후에 특정 손잡이에 한정된 날과 그렇지 않은 날의 차이라는 점에서 '한정되지 않은 것'의 논의를 덧붙여도 어긋나는 것이 없다. 공손룡 본인이 거취가 있는 것과 거취가 없는 것의 차이임을 거듭 강조하는데도 그저 날과 칼의 차이일 뿐이라고 해석하는 데서 그치고, 한정된 것과 한정되지 않은 것의 차이로 이해를 확장해가지 않는 것이 Graham의 한계라고 볼 수 있다.

18 指의 의미, 그리고 指非指에 대한 해석은 주석가들마다 모두 상이하다. Graham은 앞문장의 사물 모든 것을 가리키는 경우(物莫非指) 그렇게 전체를 가리켜서는 그중 특정한 무엇이 가리켜지지 않는다는 의미로 指非指를 파악한다. 이러한 해석의 경우, '전체를' 가리킴, '부분을' 가리킴이라고 指라는 한 단어를 두 가지 다른 의미로 파악하는 방식으로 모순명제를 피해가는 것인데, 형식만 보자면 문장 구조 그대로 '指는 指가 아님'을 말하고 指에 두 가지의 해석을 부여한다. 염정삼은 牛 등의 어휘를 사용하여 대상을 가리키면(指) 그 대상을 제외한 나머지(非指) 또한 동시에 분별이 되기 때문에, 무언가 대상을 가리킨다는

것은 가리켜지지 않은 나머지 또한 동시에 가리키는 것과 같다고 指非指를 해석한다.(염정삼, 《공손룡자》, p.149-150) 이렇게 해석할 경우, 특정 사물을 가리키는 것을 통해 가리켜진 대상뿐 아니라 그 외의 나머지도 모두 가리킴의 대상이 되기 때문에, 사물 중 어떤 것을 가리키더라도 세상 모든 것이 가리켜지는 것과 같은 효과가 난다. 즉 物莫非指, 사물은 가리켜지지 않는 것이 없어지는 것이다. 이 해석은 모순명제를 피해갈 수 있다는 점에서 흥미로운 해석이지만, 소를 가리킨다는 것은 동시에 소 이외의 모든 것을 함께 가리킨다는 주장이 납득하기 힘들며, 〈지물론〉의 나머지 내용을 통해 이러한 주장이 잘 뒷받침되지는 않는다는 한계가 있다. 가리킨다는 것은 가리키는 언어·행위·사고와 가리킴의 대상인 사물이 서로 연결되는 것이 중요한 조건이기 때문에, 그 외의 모든 사물을 동시에 가리키고 있다고 보기는 어렵기 때문이다.

한편 徐復觀은 指는 인식능력이자 이러한 인식능력이 사물을 향했을 때 얻을 수 있는 영상(이미지)이라고 보면서, 곧 知와 유사한 것이라고 해석한다. 그러나 徐復觀은 指非指를 이러한 이중적인 정의를 기반으로 설명하지는 않는다. 非指는 곧 指는 외부사물에 의존하고 있으므로 자성이 있는 독립존재가 아니라는 의미로 사용했다고 설명한다.(徐復觀, 《公孫龍子講疏》, p.13)

본고에서 指는 외부사물을 인지하고 또 인지를 유도하는 행위이나, 知만큼 범위가 넓지는 않으므로 知에 포함되는 외부 인식능력의 일부로 간주한다. 指에서 손가락이라는 가장 기본적인 의미에서 파생된 '가리키다'의 의미를 따져보자면 인간의 손가락, 사고 혹은 의지가 외부사물 중 무엇인가를 골라내는 것이다. 이 행위에는 타인 혹은 자신의 주의를 집중시키려는 의도가 있으나 결과를 얻지 못할 수는 있다. 이러한 의미는 분명 인식능력 혹은 知와 유사한 점이 있다. 그러나 知가 외부 자극에 의한 총감각적인 반응을 모두 포함하므로 촉각과 시각 등을 모두 아우르는 데에 반해, 指는 그렇게 포괄적인 의미로 해석하기는 어렵다.

이러한 指는 또한 인식능력 그 자체일 수도 있고, 외부사물을 인식하고 있는 순간의 경험일 수도 있다. 이러한 중의성은 고대중국어의 특성에서 유래하는 것이 아니다. 현대한국어에서도 '가리킴'이라는 말이 아무런 특정 대상이 정해

A - 공손룡과 질문자의 견해 차이:
가리킴이란 세상에 있는 것인가 없는 것인가

공손룡 사물 중에는 가리킴이 아닌 것이 없지만 가리킴은 가리킴이 아니다. 세상에 가리킴이 없다면 사물도 사물이라고 할 수 없을 것이다.

질문자 가리킴 아닌 것이 세상이라면 사물을 가리킴이라고 할 수 있는가? 가리킴이라는 것은 세상에 없는 것이고, 사물이라는 것은 세상에 있는 것이다. 세상에 있는 것을 두고 세상에 없는 것이라고 할 수 없다.

[曰,] 物莫非指, 而指非指.[19]

지지 않은 잠재 상태의 가리킴 능력을 말하는 것일 수도 있고, 또 특정 사물에 한정된 가리킴일 수도 있다. 위에서 Graham 역시 指를 전체를 가리킬 때는 'point out' 그중 일부를 가리킬 때는 'point it out'으로 변주하여 해석하는데, 후자의 경우 point는 특정 사물에 한정되며, point out은 아무런 대상도 가리켜지지 않을 수도 있는, 대상이 한정되지 않은 가리킴을 말한다. 이렇게 이해했을 때 指는 앞에서 〈백마론〉의 馬가 그랬듯이 특정 대상에 한정되거나 한정되지 않은 이중성을 갖게 된다. 그러므로 指非指는 "대상이 한정되지 않은 잠재능력으로서의 가리킴은 대상이 특정된 가리킴과는 다르다"는 의미로 해석한다.

19 道藏本에는 曰자가 없으므로 대부분의 주석가들은 〈지물론〉을 공손룡의 일방적인 설명으로 해석하지만, 龐樸은 〈지물론〉 또한 《공손룡자》의 다른 편들과 같이 질문자와 공손룡 사이의 질의응답의 형식으로 읽는다.(龐樸, 《公孫龍子硏究》, p.19-20) 내용상 物은 모두 指임을 주장하는 쪽과, 物은 指가 아님을 주장하는 쪽이 번갈아 나오기 때문에, 공손룡이 전자, 질문자가 후자인 것으로 나누는 것

天下無指, 物無可以謂物.[20]
[曰,] 非指者天下, 而物可謂指乎?[21]

이 문맥에 맞는 듯 하다. 龐樸을 따라 공손룡과 질문자의 문답으로 보고 해석을 하였으나, 첫 문장은 공손룡이, 두 번째 이후의 문장은 질문자의 말로 이해하는 龐樸과는 달리 두 번째 문장까지를 공손룡의 주장으로 보았다. 사물을 사물이라고 해야 하니까 세상에 가리킴이 없을 리는 없다는 해석으로 보아, 두 번째 문장은 공손룡의 주장으로 이해한다. 龐樸 식으로 이해하자면 '天下無指, 物無可以謂物'은 질문자가 한 말로, 질문자는 사물은 가리킴이 아니며 천하에는 가리킴이란 실존하는 것은 아니라는 주장을 하고 있다.(龐樸,《公孫龍子研究》, p.20) 그러므로 해석은 "세상에는 가리킴이 없으니, 사물은 사물이라고 칭할 방법이 없다[天下沒有指, 物將無法稱做物]"가 된다. 그러나 〈지물론〉의 내용상, 사물을 사물이라고 칭할 수 없다는 내용은 다시 반복되지 않으며, 객이 이런 주장을 도입부에서 펼칠 이유가 없다. 오히려 천하에 가리킴이 없다면 사물을 사물이라고 칭할 수 없을 것이기 때문에, 사물을 사물이라고 칭하려면 천하의 모든 사물을 가리킴으로 보아야 한다는 공손룡의 주장으로 이해하는 쪽이 더 자연스럽다.

20 徐復觀은 "天下無指, 物無可以謂物을 天下無指物, 無可以謂物"로 끊어 읽는다.(徐復觀,《公孫龍子講疏》, p.13) 이 경우 指物은 인식능력이 인식한 사물인데, 그러므로 인간의 인식능력이 사물을 인지했기 때문에 사물을 이름으로 칭할 수도 있다는 의미로 보는 것이다.

21 徐復觀은 이 문장을 "非指者, 天下而物; 可謂指乎?"로 끊어 읽는다. 徐復觀은 이를 '非指者는 독립된 자성이 없기 때문에 세상의 객관적 사물과 연결되어야만 하는데, 그렇다면 이러한 객관적 사물 안에는 독립된 자성이 없는 인식능력이 있다고 할 수 있는가?'라는 의미로 이해한다.(徐復觀,《公孫龍子講疏》, p.14) 徐復觀은 指物 관계를 주관적이고 의존적인 인식능력과 객관적 실재인 사물 사이의 관계로 보기 때문에 그렇다. 다른 한편 염정삼은 而를 無로 바꾸어, "非指者, 天下無物, 可謂指乎?"로 끊어 읽으며 "가리켜질 수 없는 것은 천하에 없는 것이니, 가리킨다고 할 수 있는가?"로 번역한다(염정삼,《공손룡자》, p.156)

한편 龐樸은 "非指者天下, 而物可謂指乎?"로 끊고, "[만약에 당신이 말하는

指也者, 天下之所無也; 物也者, 天下之所有也.
以天下之所有, 爲天下之所無, 未可.

• 해석 •

공손룡 세상 모든 사물은 곧 사물에 대한 가리킴이라고 할 수 있는데, 인간은 가리킴 기능을 통해서 사물을 받아들이기 때문이다. 그러나 사물에 대한 가리킴이 곧 가리킴 능력 그 자체와 동일한 것은 아니다. 세상에 가리킴 능력이 없다면 사물을 사물로 인지하거나 부를 수도 없다.

질문자 [세상 모든 사물은 곧 가리킴이라고 하고, 가리킴은 가리킴이 아니라고 한다면 결국 세상 모든 사물이 가리킴이 아니라는 말이다.] 가리킴 아닌 것이 세상을 이루고 있는 것이라면 세상을 이루고 있는 사물들도 가리킴이라고 할 수 없을 것이다. 가리킴이라는 것은 세상에 없는 것이고, 사물이라는 것은 세상에 있는 것이다. 세상에 있는 것을 두고 세상에 없는 것이라고 할 수 없다.

B – 공손룡 논변의 부연:
세상 모든 사물은 가리킴이다

대로 가리킴은 가리킴이 아니라고 할 때] 가리켜질 수 없는 것이 세상을 가득 채우고 있다면 사물도 가리킴이라고 할 수 있겠는가?"라고 해석한다.(龐樸, 《公孫龍子研究》, p.20-21) 질문자는 세상을 메우고 있는 것은 物이며, 사물은 가리켜질 수 있는 것이고 '가리킴'은 실존하는 것이 아니라는 입장이기 때문에, 龐樸의 해석을 따른다.

공손룡 세상에 가리킴이 없다면 사물을 가리킴이라고 할 수 없을 것이다. [사물을] 가리킴이라고 할 수 없다면 가리킴이 아닌 것이다. [사물이] 가리킴이 아니라면 사물은 가리킴이 아님이 없을 것이다.

'세상에 가리킴이 없다면 사물은 가리킴이라고 할 수 없다'는 것은 가리킴 아닌 것이 있는 건 아니기 때문이다. 가리킴 아닌 것이 있는 건 아니라는 것은 사물은 가리킴이 아님이 없기 때문이다. 사물이 가리킴이 아님이 없다는 것은 가리킴이 가리킴이 아니기 때문이다.

[曰,] 天下無指, 而物不可謂指也.
不可謂指者, 非指也.
非指者, 物莫非指也.
天下無指而物不可謂指者, 非有非指也.[22]
非有非指者, 物莫非指也.[23]

---

22 염정삼은 非有非指也를 "비지가 따로 있지 않은 것은 물물을 지칭하지 않을 수 없기 때문이다"라고 이해한다.(염정삼, 《공손룡자》, p.161 – 162) 염정삼은 특정 대상을 가리키는 것은 곧 그 대상을 제외한 나머지도 동시에 가리켜지는 것이라고 주장했기 때문에, 指와 非指는 별개가 아니라 동시에 벌어지는 일이라고 보아서 이렇게 해석했다. 그러나 指가 두 가지 의미가 있고, 그러므로 指와 非指는 서로 완전히 배척되는 것이 아니라 指에게서 파생된 두 번째 의미가 있을 따름이라고 이해했을 때도, 非指가 개별적으로 따로 있는 것은 아니라는 설명이 성립한다.

23 "非指者, 物莫非指也" 그리고 "非有非指者, 物莫非指也"는 각각 '지가 아닌 것' 그리고 '지가 아님이 아닌 것'이라는 상반되는 명제에서 동일하게 '사물은 모두 지'라는 결론을 이끌어내는 듯 보이기 때문에 모순으로 여겨진다. 그러나 指가

物莫非指者, 而指非指也.

•해석•

지指는 가리킴 능력 그 자체라는 의미로 사용될 수 있다. 그러므로 세상에는 가리킴이라는 능력이 있기 때문에 그 가리킴을 통해 사물을 인지하는 것으로 '사물은 곧 가리킴'이라고 할 수 있는 것이다. '[사물을] 가리킴이라고 할 수 없다'는 말은 '[사물은] 가리킴이 아니다'라는 뜻인데, 그렇다면 사물은 모두 가리킴(기능 그 자체)이 아닌 [사물에 대한] 가리킴이 된다.

'세상에 가리킴이 없다면 사물은 가리킴이라고 할 수 없다'는 것은 '가리킴 아님'이 따로 있는 것이 아니라, 곧 사물에 대한 가리킴을 두고 가리킴 기능과 같은 것은 아니라고 했기 때문이다. '가리킴 아님(사물에 대한 가리킴)'이 따로 있는 것은 아니라는 말은, 결국 사물이란 모두 가리킴을 통해서 보는 것이고 또한 사물에 대한 가리킴으로서 인지되는 것이기 때문이다. 그러므로 사물은 모두 가리킴이라는 말은, 곧 가리킴(사물에 대한 가리킴)은 가리킴(가리킴 기능 그 자체)이 아니라는 말이다.

두 가지 의미로 사용될 수 있고, 그러므로 그중 하나의 指는 앞의 지와 같지 않다는 점에서 동시에 非指로 쓰일 수 있음을 이해하면 이 두 문장은 결국 같은 의미가 된다. 결국 이 단락은 세상의 모든 사물은 한편 가리킴이라는 기능을 통해서 보는 것이기도 하고, 또한 가리킴에 결합된 사물이기도 하기 때문에, 어떤 의미로 보아도 모두 사물은 곧 가리킴이라는 주장을 담고 있다.

C - 질문자의 입장 부연:
사물은 이름을 가지고 있을 뿐, 가리킴이 아니다

질문자 세상에 가리킴이 없다는 주장은, 사물은 각자의 이름을 가지고 있는 것이고 가리킴이 아니라는 데에 인한 것이다. 가리킴이 아닌데도 가리킴이라고 이르는 것은 가리킴 아님이 없는 것이다. 가리킴 아님이 있는데 가리킴 아님이 없다고 하는 것은 안 된다.

[曰,] 天下無指者, 生於物之各有名, 不爲指也.
不爲指而謂之指, 是無不爲指.[24]
以有不爲指之無不爲指, 未可.

• 해석 •

사물은 각각 이름을 가지고 있어서 그 이름을 부르는 것이지 사물이 가리킴인 것은 아니기 때문에, 세상에는 가리킴이란 없다고 하는 것이다. 가리킴이 아닌데도 이를 가리킴이라고 부르면 세상 모든 것이 가리킴이 된다. 세상에 어떤 것은 가리킴 아닌 부분이 있을 텐데도 그런 것 없이 세상 모든 것이 가리킴이라고 말한다면 논리적으로 성립하지 않는다.

---

24 본래에는 兼인 것을 龐樸이 無로 고쳐서 읽었다.(龐樸, 《公孫龍子硏究》, p.22) 지가 아닌 것도 지라고 했기 때문에 결과적으로 모든 것이 지가 된다는 것이 문맥상 맞으므로 龐樸을 따른다.

D – 공손룡:
가리킴은 세상 모든 것을 겸한다

가리킴이란 세상 모두에 적용될 수 있다. 세상에 가리킴이 없다는 것은 사물을 두고 가리킴이 없다고 할 수 없다는 것이다. 가리킴이 없다고 할 수 없는 것은 가리킴 아닌 것이 있는 건 아니기 때문이다. 가리킴 아닌 것이 있지 않다는 것은 사물에 가리킴 아님이 없는 것이다.

[曰,] 且指者天下之所兼.[25]
天下無指者, 物不可謂無指也;
不可謂無指者, 非有非指也.
非有非指者, 物莫非指.

• 해석 •

가리킴의 기능은 세상 어느 것을 가리킬 수도 있는 것이므로 천하를 겸한다. 그런데도 세상에 [기능으로서의] 가리킴이란 없다고 주장한다면, [곧 기능으로서의 가리킴을 부정한다면] 사물에 대한 가

---

25 龐樸은 첫 글자는 以로, 兼은 無로 바꾸어서, '가리킴이란 세상에 없는 것이다'라는 질문자의 주장을 받아치는 것으로 이해한다.(龐樸, 《公孫龍子研究》, p.22) 그러나 굳이 글자를 바꾸어 읽지 않더라도 가리킴은 세상 사물 어디에나 적용될 수 있으므로 세상 모든 사물이 가리킴을 겸한다는 주장은 모든 사물이 곧 가리킴이라는 공손룡의 주장과 어긋남이 없다.

리킴이 되므로] 사물은 곧 [사물에 대한] 가리킴이 아니라고도 말할 수 없다. 가리킴이 아니라고 말할 수 없는 이유는 '가리킴 아님'이라고 불리는 사물에 대한 가리킴이 기능으로서의 가리킴과 따로 존재하는 것은 아니기 때문이다. 가리킴 아님이 따로 존재하지 않는다는 것은 곧 세상 모든 것이 가리킴이라는 것이다.

E - 공손룡의 결론:
사물과 함께하기 이전의 가리킴이 가리킴이다

가리킴은 가리킴이 아니라는 것이 아니라 가리킴이 사물과 함께한 것이 가리킴이 아니라고 한 것이다.

  세상에 사물에 대한 가리킴이 없다고 한다면 누가 성급하게 가리킴이 아니라고 하겠는가? 세상에 사물이 없다면 누가 성급하게 가리킴이라고 하겠는가? 세상에 가리킴이 있고 사물에 대한 가리킴은 없다면 누가 성급하게 가리킴이 아니라고 하고, 성급하게 모든 사물은 가리킴이라고 하겠는가? 또한 가리킴이 본래 자체로 가리킴이 아니라면 어찌 사물을 기다려 함께해야만 비로소 가리킴이 되겠는가?

指非非指也, 指與物非指也.[26]

---

26 염정삼은 이 문장을 "指, 非非指也. 指, 與物, 非指也"로 끊어 읽고 "지는 비지가 아니다. 지가 물에 참여할 때에 비로소 비지라고 할 수 있다."라고 해석한다.(염정삼, 《공손룡자》, p.173) 지와 물이 함께하는 것을 두고 곧 지가 아니라고

使天下無物指[27], 誰徑謂非指?

天下無物, 誰徑謂指?

天下有指無物指, 誰徑謂非指, 徑謂無物非指?

且夫指固自爲非指, 奚待於物而乃與爲指?

• 해석 •

가리킴을 두고 가리킴이 아니라고 말하려는 것이 아니라 가리킴과 사물이 함께한 것을 두고 가리킴이 아니라고 한 것이다. 사물에 대한 가리킴이 있기 때문에 그것을 두고 '가리킴 아니다(가리킴이라는 기능이 아니다)'라고 한 것이다. 세상에 사물이 있기 때문에 [사물이란 가리킴을 통해서 인지되므로] 이를 두고 '가리킴'이라고 한 것이다. 세상에는 가리킴도 있고 사물에 대한 가리킴도 있는 상황이기 때문에, 그것을 두고 가리킴이 아니라는 논변도 만들고 모든 사물은 가리킴이라는 주장도 한 것이다. 또한 가리킴이란 [아무런 사물에 한정되지 않은 기능 그 자체도 가리킴이라서] 다른 사물과 함께하기를 기다리지 않아도 가리킴이 되는 것이다.

한 것이기 때문에, 의미는 유사하다.

27 王琯은 使天下無物指를 使天下無物로 바꾸어 읽지만, 物指가 여러 번 반복되는 것으로 보아 오자라고 보는 것은 무리가 있다.(王琯, 《公孫龍子懸解》, p.52)

〈통변론通變論〉

A – 二에는 一이 없다.

질문자 二에는 一이 있는가?
공손룡 二에는 一이 없다.
질문자 二에는 위 획이 있는가?
공손룡 二에는 위 획이 없다
질문자 二에는 아래 획이 있는가?
공손룡 二에는 아래 획이 없다.

曰, "二有一乎?"
曰, "二無一."
曰, "二有右乎?"
曰, "二無右."
曰, "二有左乎?"
曰, "二無左."[28]

---

28 2와 1의 관계에 대해, 2는 융합물을, 그리고 1은 그 융합물을 구성하는 성분을 말하는 것이며, 左와 右는 그 성분을 대변하는 용어로 쓰였다고 설명하기도 한다.(김철신, 〈중국고대철학사의 맥락에서 재조명한 공손룡자의 사유방식과 세계이해〉, p.81) 다른 한편, 공손룡 전체를 부분과 전체에 대한 비교로 이해하는 Graham은 一과 二는 한자의 글자 그 자체를 말하고, 그래서 우와 좌는 위에서 아래로, 오른쪽에서 왼쪽으로 글자를 적는 한자의 특성상 右는 위 획, 左는 아래 획을 의미한다고 설명하며, 획을 더해서 숫자를 만든다는 점에서 원리가 동일한 로마

B – 각 부분은 전체가 아니지만 부분의 합은 전체다

질문자 위 획을 二라고 할 수 있는가?
공손룡 할 수 없다.
질문자 아래 획을 二라고 할 수 있는가?
공손룡 할 수 없다.
질문자 위 획과 아래 획이 함께한 것을 二라고 할 수 있는가?
공손룡 할 수 있다.

曰, "右可謂二乎?"
曰, "不可."
曰, "左可謂二乎?"
曰, "不可."
曰, "左與右可謂二乎?"
曰, "可."

C – 변한 것은 변하지 않은 것과 다르므로 같은 이름으로 불릴 수 없다

질문자 변한 것을 두고 변하지 않은 것이 아니라고 하면 논리가 성

숫자 I과 II를 써서 〈통변론〉1을 번역한다.(Graham, *Studies in Chinese Philosophy & Philosophical Literature*, p.194) 글자 혹은 숫자를 이루는 획의 합으로 해석했을 때 논의의 성질이 명확해지고, 다른 요소에 의해 한정된 것과 한정되지 않은 것의 비교라는 본고의 이해 방향과도 일치하므로 이 해석을 따른다.

립하는가?

공손룡 그렇다.

질문자 위 획에 함께 하는 것이 있으면 변했다고 할 수 있는가?

공손룡 할 수 있다.

질문자 무엇을 변하게 한 것인가?

공손룡 위 획이다.

질문자 위 획이 진정 변했다면 어찌 위 획이라고 할 수 있는가? 진정 변하지 않았다면 어찌 변했다고 할 수 있는가?

공손룡 二에는 진정 아래 획도 없고 위 획도 없는데, 二는 아래 획과 위 획이 함께 하여 [이루어진다는] 것은 어째서인가?

曰, "謂變非不變, 可乎?"[29]

曰, "可."

曰, "右有與, 可謂變乎?"

曰, "可."

曰, "變隻?"[30]

曰, "右."

曰, "右苟變, 安可謂右? 苟不變, 安可謂變?"[31]

---

29 譚戒甫는 謂變非不變을 謂變而不變으로 바꾼다.(譚戒甫, 《公孫龍子形名發微》, p.33) 그러나 道藏本 그대로 놔두는 것이 글자를 바꿀 필요도 없고, "변화한 것"과 "변화하지 않은 것"을 서로 비교하는 〈통변론〉 전체의 맥락에도 맞기 때문에 이를 택한다.

30 隻은 글자 그대로 해석하면 의미가 없고, 譚戒甫·俞樾 등은 奚의 오자일 것으로 추정하여 의문문으로 읽는다.

31 대부분 주석가들은 曰, "右苟變, 安可謂右? 苟不變, 安可謂變?"으로 이어서 질

曰, "二苟無左, 又無右, 二者左與右, 奈何?"[32]

D - 소와 양이 합쳐지면 말도 아니고 닭도 아니다

공손룡 양과 소가 합쳐지면 말이 아니고, 소와 양이 합쳐지면 닭이 아니다.
질문자 어째서인가?
공손룡 양과 소는 다른데, 양은 [윗]니가 있고 소는 [윗]니가 없다.

문자가 질문을 계속 이어가는 것으로 이해하지만, 龐樸은 陳澧를 따라 첫 질문은 질문자가, 그리고 다음 질문은 공손룡의 반문으로 이해한다.(龐樸,《公孫龍子研究》, p.29) 그렇게 보면, 질문자가 위 획이라고 부르는 것을 보면 변하지 않은 것이 아니냐는 의문을 제시하고, 공손룡은 변했다고 한 것을 보면 변한 것이 틀림없다는 주장을 이어가고, 다시 이어서 질문자가 다음 문제점을 지적하는 구도가 된다. 이 경우, 공손룡은 분명 위 획이 변하기는 변했다는 쪽을 지지하므로, 위 획을 더 이상 위 획이라고 부를 수 없음을 주장하는 입장임이 확실해진다는 이점이 있다.

그러나 질문자 한 사람이 두 개의 질문을 연달아 한 것으로 파악하면, 질문자가 이 논변이 가진 딜레마의 양단을 제시하고, 또 다음 문장에서 공손룡이 또 다른 딜레마를 제시하면서 둘이 함께 논변을 탐구하는 형상이 된다. 전반적으로 보았을 때 공손룡이 때로는 질문자의 입을 빌려서 자신의 논의를 대신 전개하도록 시키기도 하기 때문에, 이 경우 또한 질문자의 입을 빌어 딜레마를 제시하면서 더 깊은 이해를 끌어내기 위한 것으로 이해하면 굳이 曰을 끼워넣지 않더라도 맥락을 파악할 수 있다.

32 일반적으로 주석가들은 이 문장을 다음 양과 소에 대한 논변에 연결해서 읽지만, 질문자와 공손룡이 번갈아가면서 1 - 2 논변에 대한 문제점을 제시한 다음, 다른 논변으로 넘어가는 것이 자연스러운 듯하여 문단을 여기에서 나누었다.

그렇다고 소는 양과 다르고 양은 소와 다르다고 하면 안 된다. 다 갖춘 것은 아니지만 일부 유사한 것도 있기 때문이다. 양은 뿔이 있고 소도 뿔이 있으나, 소는 양이고 양은 소라고 하면 안 된다. [이 조건을] 둘 다 갖추긴 했으나 같은 류는 아니기 때문이다.

양과 소는 뿔이 있지만 말은 뿔이 없고, 말은 [풍성한] 꼬리가 있지만 양과 소는 그렇지 않다. 그러므로 양과 소를 합치면 말이 아니라고 하는 것이다. 말이 아니라는 것은 말이 없다는 것이다. 말이 없으니 양도 둘이 아니고 소도 둘이 아니지만 양우는 둘이다. 그러므로 양과 소가 함께하면 말이 아니라고 하는 것은 논리에 맞는다.

이런 것을 예증으로 삼은 것은 류가 서로 다르기 때문이다. 위에서 말한 아래 획·위 획의 경우가 이런 예증과 유사하다.

"羊合牛非馬, 牛合羊非鷄."

曰, "何哉?"

曰, "羊與牛唯異, 羊有齒, 牛無齒. 而牛之非羊也, 羊之非牛也, 未可.[33] 是不俱有, 而或類焉. 羊有角, 牛有角, 牛之而羊也, 羊之而牛

---

33 道藏本에는 "羊牛之非羊也, 之非牛也"라고 되어 있으나, 繹史本은 "羊之非羊也, 牛之非牛也"라고 되어 있는 등 오자가 의심되어, 龐樸은 羊의 위치를 바꾸어 "牛之非羊也, 羊之非牛也"로 읽는다.(龐樸, 《公孫龍子硏究》, p.30) 만약 "羊牛之非羊也, 之非牛也"로 그냥 둘 경우, 결합물인 羊牛가 각각 양도 아니고 소도 아닌 것은 성립하지 않는다는 내용은 공손룡의 기존 주장과 합치하지 않는다. 또한 "牛之非羊也, 羊之非牛也"로 읽는 것이 바로 다음 문장에 나오는 "牛之而羊也, 羊之而牛也"와 대구를 이루고 문맥상으로도 양과 소가 서로 같지 않음을 강조하는 내용이므로 龐樸을 따른다.

也, 未可. 是俱有而類之不同也. 羊牛有角, 馬無角; 馬有尾, 羊牛無尾. 故曰, '羊合牛非馬也.' 非馬者, 無馬也. 無馬者, 羊不二, 牛不二, 而羊牛二. 是而羊而牛非馬可也.[34] 若擧而以是; 猶類之不同.[35] 若左右, 猶是擧."[36]

---

34 王琯은 而는 곧 若과 같고 이는 또한 與와 같다고 설명한다.(王琯,《公孫龍子懸解》, p.63) 이후에도 二而一故三 등의 문장에서 보면 而는 함께하다, 더한다는 의미로 사용되었음이 확실하다.

35 龐樸은 猶를 由와 같이 이해하고 若은 큰 의미가 없는 것으로 보았다.(龐樸,《公孫龍子硏究》, p.31) 그러므로 류가 같지 않은 데에서 이를 예증으로 들었다고 번역한다. 아래 위 획의 예시의 경우, 각각의 분리된 一자 두 개가 함께하면서 二자가 되었는데, 그러므로 一획끼리는 서로 같은 점도 있고 다른 점도 있지만 둘이 합쳐진 이후에는 글자의 일부라는 점에서 분리된 二자와는 달라진다. 이 경우 양과 소 또한 서로 같은 점도 있고 다른 점도 있지만, 牛羊이라는 결합체의 일부일 때는 馬라는 독립된 개념과는 류가 달라진다. 소와 양은 둘이 하나로 묶여 牛羊으로 불린다고 해서 그 안의 개체인 소나 양이 달라지는 것이 아니지만, 그럼에도 牛羊이라는 묶음의 일부라는 점에서 명칭의 층위가 달라지게 된다고 보았다. 소와 양, 혹은 우양과 말 사이의 유사점이나 차이점이 나열되고, 종에 따른 류 여부의 차이도 언급되지만 이 경우 세세한 디테일은 유사성을 따지는데 중요하지 않으며, 최종적으로 類가 다르다는 평가를 내리는 기준은 결합된 상태인가 아닌가에 달려있다. 그러므로 색의 비유에서 노랑과 파랑은 전혀 다른 색이지만, 둘 다 다른 색이 섞이지 않은 정색이라는 점에서 같은 류가 된다.

36 擧는《묵경》에서 擬實이라고 설명하는데, 곧 어떤 명제에 실상의 예시를 들어 명제를 증명하려고 하는 것을 말하므로 예증이라고 번역하였다. 그 명제를 뒷받침하는 데에 적절한 예증을 들었을 경우 正擧, 적절하지 않은 예증을 들었을 경우 狂擧라고 한다.

E-소와 양이 함께할 때는 닭이 되는 것보다는 말이 되는 것이 낫다

소와 양은 털이 있고, 닭은 깃털이 있다. 닭다리라고 부르는 것이 하나, 다리를 세면 둘이니 둘과 하나를 더하면 셋이다. 소나 양의 다리라고 부르는 것이 하나, 다리를 세면 넷이니 넷과 하나를 더하면 다섯이다. 소와 양의 다리는 다섯, 닭의 다리는 셋이다. 그러므로 소와 양을 합치면 닭이 아니라고 하는 것이다. 아니라는 것은 닭이 아닌 점이 있기 때문이다.

그러나 말이냐 닭이냐 한다면 차라리 말이 낫다. 자질이 있는 것과 없는 것은 서로 같은 류가 될 수 없음을 알 수 있다. 이를 예증으로 들면 이름이 혼란스러워지니, 이것을 얼토당토않은 예증이라고 한다.

"牛羊有毛, 鷄有羽. 謂鷄足一, 數足二, 二而一故三; 謂牛羊足一, 數足四, 四而一故五.[37] 牛羊足五, 鷄足三, 故曰, '牛合羊非鷄. 非,

---

[37] 다리를 부르는 명칭이나 단위를 하나로, 또 다리의 개수를 추가로 계산하여 닭다리는 셋, 소다리는 다섯으로 세겠다는 것은, 《공손룡자》에서 반복되는 중의성에 의한 궤변의 변형이라고 볼 수 있다. 〈백마론〉에서 馬가 말이라는 종 전체를 의미하는 추상적인 명사기도 하고 구체적 개별자에 대한 지칭으로 쓰이기도 한 것처럼, 足 또한 다리 일반을 부르는 추상적인 개념으로도, 또한 구체적인 다리 하나하나에 해당하는 이름으로도 쓰일 수 있는데, 이 둘을 구분하되 그 둘은 같은 이름으로 불리기 때문에 그 둘을 합쳐서 계산하겠다는 것이다. '닭다리는 셋'이라는 궤변에 논리적 오류가 있다는 것은 듣는 이가 즉각적으로 알 수 있는 일이지만, 어디에서 이런 오류가 생기는지를 따져보기 위해서는 足의 추상적 쓰임과 구체적 쓰임에 대해 생각해보고 중의성이 있음을 인지한 이후에야 해결할 수 있다는 점에서 〈백마론〉 등 기타 논변들과 동일하다.

有以非鷄也.'[38]

與馬以鷄寧馬. 材不材, 其無以類, 審矣! 舉是亂名, 是謂狂舉."

F – 푸른색과 흰색이 섞이면 노란색도 아니고 옥색도 아니다

<u>질문자</u> 다른 것으로 논변해보자.

<u>공손룡</u> 푸른색에 흰색이 함께 하면 노란색이 아니고, 흰색에 푸른색이 함께 하면 하늘색이 아니다.

<u>질문자</u> 어째서인가?

<u>공손룡</u> 흰색과 푸른색이 서로 함께하지 않아야 하는데도 함께할 수 있는 것은 반대 자리에서 마주하고 있기 때문이다. 서로 이웃하지 않으면서도 이웃하고 있으니, 각각의 정해진 오방의 자리를 침범하지 않기 때문이다. 오방의 자리를 침범하지 않는다는 것은 서로 반대 자리에서 마주하면서 각자 자신의 자리에 맞는 것이 위 획 아래 획의 경우처럼 섞이지 않는다는 것이다.

그러므로 온전히 푸른색이 될 수도 없고 온전히 흰색이 될 수도 없는데, 어찌 노란색이 끼어들 수 있겠는가? 노란색은 정색이고, 올바른 예증이다. [올바른 예증이란] 나라에 있어서 임금과 신하가 [제자리에] 있는 것에 해당하니, 그러므로 강대하고 오래갈 것이다.

曰, "他辯."

---

38 龐樸은 以를 因으로 읽어 해석한다.(龐樸, 《公孫龍子研究》, p.31)

曰, "靑以白非黃, 白以靑非碧."[39]

曰, "何哉?"

曰, "靑白不相與而相與, 反對也[40]. 不相鄰而相鄰, 不害其方也. 不害其方者, 反而對各當其所, 若左右不驪."

"故一於靑不可, 一於白不可.[41] 惡乎其有黃矣哉? 黃其正矣, 是正擧也. 其有君臣之於國焉, 故强壽矣!"

G – 푸른색과 흰색이 함께하면 옥색이 되는 것보다는 노란색이 낫다

그러나 또한 푸른색이 흰색에 섞여 있는데도 흰색이 그 기운을 이기지 않는다. 흰색이 충분히 이길 수 있는데도 이기지 않으면 이는 나무가 금속을 상하게 하는 꼴이다. 나무가 금속을 상하게 하면 하늘색이 되니, 하늘색은 올바른 예증이 아니다.

푸른색과 흰색은 서로 함께하지 않아야 하는데 함께하는 색이

---

39 龐樸·徐復觀 등 대부분 주석가가 以를 與와 같은 의미로 본다.(龐樸, 《公孫龍子研究》, p.32; 徐復觀, 《公孫龍子講疏》, p.24)

40 譚戒甫는 다음 문장에서 反而對也가 반복되는 것을 근거로 反對也를 反而對也로 바꿔서 읽고, 徐復觀 또한 이를 따른다.(譚戒甫, 《公孫龍子形名發微》, p.40; 徐復觀, 《公孫龍子講疏》, p.24) 而가 없어도 같은 의미로 해석할 수 있기 때문에 원문을 바꿀 필요는 없지만 해석은 이를 따른다.

41 龐樸은 一을 合一로 해석하고, 徐復觀 또한 흰색이 청색에 하나가 되거나, 청색이 흰색에 하나가 되는 것으로 이해한다.(龐樸, 《公孫龍子研究》, p.33; 徐復觀, 《公孫龍子講疏》, p.24) 둘 다의 색이 드러나서 색이 서로 섞이거나 영역을 넘어가는 것과 대조되는 것이므로 이를 따른다.

라, 서로 기운을 이기지 못하면 둘 모두 빛을 드러낸다. 싸워서 빛을 내니 그 색이 하늘색이 된다. 하늘색이 되느니 노란색이 낫다. 노란색은 말과 같으니 [푸른색이나 흰색과 정색이라는 점에서] 같은 류이고, 하늘색은 닭과 같으니 서로 해친다. 서로 해친다면 임금과 신하가 싸워 둘 모두가 빛을 드러내려고 하는 것과 같다.

둘 모두가 빛을 내려고 하면 오히려 어두워지고 빛이 나지 않으니, 올바른 예증이 아니다. 올바른 예증이 아니라는 것은 명실이 맞지 않는 것이니, 섞인 색이 빛을 보이고, 그래서 '둘 모두가 빛을 드러낸다'고 한다. 둘 모두가 빛을 드러내면 도가 상하니, 올바르게 할 방법이 없어진다.

"而且靑驪乎白而白不勝也.[42] 白足之勝矣而不勝, 是木賊金也. 木賊金者碧, 碧則非正擧矣.

"靑白不相與而相與, 不相勝則兩明也.[43] 爭而明, 其色碧也. 與其碧寧黃. 黃其馬也, 其與類乎; 碧其鷄也, 其與暴乎. 暴則君臣爭而兩明也. 兩明者, 昏不明, 非正擧也."

"非正擧者, 名實無當, 驪色章焉, 故曰, '兩明'也. 兩明而道喪, 其無有以正焉."[44]

---

42 驪는 麗와 같아서, 색과 색이 섞여서 생긴 색을 말한다.

43 譚戒甫는 "靑白不相與而相與, 不相勝則兩明也"를 "靑白不相與, 而相與不相勝, 則兩明也"로 끊어서 읽는데, 함께하지 않아야 하는 푸른색과 흰색이 함께할 때 다음과 같은 일이 벌어진다는 점에서 해석에 큰 차이는 생기지 않는다.(譚戒甫, 《公孫龍子形名發微》, p.40)

44 徐復觀은 章을 彰으로 바꾸었고, 龐樸 또한 章은 彰의 의미라고 본다.(龐樸, 《公

〈견백론堅白論〉

A – 단단하고 흰 돌을 구성하는 요소는 세 가지뿐이다[45]

질문자 "단단하고 흰 돌의 구성 요소는 세 가지"라고 하니, 논리가 성립하는가?

공손룡 아니다.

질문자 두 가지라고 하면 성립하는가?

공손룡 그렇다.

질문자 어째서인가?

공손룡 [시각적으로는] 단단함은 없고 희다는 감각을 얻었으니 예증이 두 가지이고, [촉각적으로는] 흼은 없고 단단하다는 감각을 얻었으니 예증이 두 가지다.

질문자 희다는 감각을 얻었으면 흼이 없다고 할 수 없다. 단단하다는 감각을 얻었으면 단단함이 없다고 할 수 없다. 그 돌의 경우도 그렇다고 한다면, [예증은] 세 가지 아니겠는가?

孫龍子硏究》, p.33; 徐復觀, 《公孫龍子講疏》, p.27)

45 공손룡은 단단하고 흰 돌은 '셋'이라고 말하지만 세 가지가 무엇인지에 대해서는 명시하지 않는다. 여러 논변에 걸쳐서 공손룡은 사물, 성질, 사람, 글자, 색 등 하나의 단어로 표현하기 어려운 여러 가지의 결합에 대해 이야기하고 있으므로 '요소'라는 표현을 사용하였다. 흼과 단단함, 소와 양 등 성질과 성질이나 사물과 사물이 더해질 때에도 자기 이외의 결합 대상은 모두 '요소'라고 칭하도록 한다.

"'堅白石三', 可乎?"

曰, "不可."

曰, "二可乎?"

曰, "可."[46]

---

46 대부분의 주석가들이 촉각에 의해서는 단단한 돌, 시각에 의해서는 흰 돌이라는 두 가지 요소씩만 감각할 수 있다는 의미로 받아들이지만 다른 해석들도 있다. Cheng과 손영식은 단단함과 흼은 감각이 되지만 돌에 대해서는 알 수 없다고 하며, 공손룡이 '존재'를 부정하고 '성질'만을 긍정하는 것으로 이해한다.(Cheng, "White Horse and Other Issues", p.344; 손영식, 〈공손룡자 견백론 연구 - 실체의 부정과 속성 보편주의〉, p.101 – 102) 손영식은 공손룡을 버클리에 비교하면서 인간의 주관을 통해서만 외부사물이 존재할 수 있다는 주장을 담고 있다고 해석하기도 한다. 반면 정재현은 단단함이나 흼은 지각되지 않는 상태에서는 존재하지 않는 것이라고 보았다고 이해한다.(정재현, 《고대 중국의 명학》, p.119) 문제는 이들이 공손룡의 궤변을 액면 그대로 받아들인다는 점이다. 공손룡은 실제로 어떤 요소가 지각되지 않는다고 해서 그 요소가 '없다'고 주장하려는 것은 아니다. 〈견백론〉의 내용을 따라가다 보면 공손룡은 처음에는 '없다'고 하지만 곧 '숨어있다', '분리되어 있다', '분리되어 올바르다'는 순서로 자신의 진의를 설명해 나간다. 이는 〈백마론〉에서 첫 문장에는 '흰 말은 말이 아니다'라며 마치 그 개체가 말이라는 종에 속하지 않음을 선언하는 듯 하지만 논리를 전개해나가면서 내용을 풀어내는 것과 마찬가지다. 흰 말은 말이라는 종에 속하지 않는다거나, 단단하고 흰 돌 중에 어느 한 요소는 사라진다는 주장을 의미 그대로 입증하려는 것이라면 공손룡의 주장을 '궤변'이라고 분류해서도 안 될 것이다.

다른 한편, 염정삼은 질문자 입장에서 단단함, 흼, 돌은 하나의 사물로만 존재할 수 있기 때문에, '분리를 주장한다면 세 가지라고 해야 하는 것 아닌가? 두 가지라고 할 것이면 차라리 세 가지라고 하지 그러는가?' 하는 식의 반문에 불과할 뿐, 세 가지 개별적 요소라는 것을 받아들인 것은 아니라고 이해한다.(염정삼, 《공손룡자》, p.199) 그러나 질문자도 공손룡도 견백석이 세 가지 요소로 되

曰, "何哉?"

曰, "無堅得白, 其舉也二; 無白得堅, 其舉也二."

曰, "得其所白, 不可謂無白. 得其所堅, 不可謂無堅. 而之石也之於然也, 非三也?"[47]

B – 감각되지 않는 순간에 각 요소는 숨어있다

공손룡 [눈으로] 보아서는 단단함은 알 수 없고 희다는 것만을 알 수 있으니 단단함이 없는 것이다. [손으로] 만져서는 희다는 것은 알 수 없고 단단하다는 것만 알 수 있으니 힘이 없는 것이다.

질문자 세상에 힘이 없다면 돌을 볼 수 없다. 세상에 단단함이 없다면 돌이라 할 수 없다. 단단하고 흰 돌은 서로 영역이 어긋나는

어있다는 주장을 하지 않은 것이라면 질문자가 그러한 질문으로 이 편을 시작하고 이에 대해 논의를 계속할 리 없을 것이다.

47 龐樸은 之石이 此石과 같다고 보고, 非三也의 也는 耶로 읽어서 의문문으로 이해한다. 而之石也之於然也에 대해서, 龐樸은 然이 白 혹은 堅을 받는 것으로 이해해서 돌은 희거나 단단하다는 성질을 가질 수 있으니 세 번째 요소 또한 없는 것이 아니라고 해석하였다.(龐樸,《公孫龍子研究》, p.39) 그러나 然은 앞에서 설명한 흰 돌은 단단함과 마찬가지로 '지각되었으니 없다고 할 수 없다'를 받는 것으로 '지각되었으니 없다고 할 수 없다'는 것을 그대로 받는 것으로 해석하는 것이 더 합리적으로 보인다. 공손룡은 白, 堅 등의 성질과 馬, 石 등의 사물을 구분하고 있기는 하지만 둘 사이에 본질적인 차이가 있다고 보지는 않는다. 그들이 존재하는 것은 동일하게 모두 지각될 수 있으며, 어느 한 쪽이 어느 한 쪽에 의존하고 있는 관계는 아니기 때문이다. 염정삼 또한 '그 돌에서 곧 그와 같은 것이니'로 해석한다.(염정삼,《공손룡자》, p.245)

것이 없으니, 세 번째 요소를 숨길 수가 있겠는가?

공손룡 원래 숨어있는 것이 있다. 숨겨서 숨어있는 것이 아니다.

질문자 힘, 단단함, 그리고 돌은 서로 영역이 완전히 겹치는데, 원래 숨었다니 무슨 말인가?

공손룡 희다는 감각을 얻고 단단하다는 감각을 얻은 것은 각각 보이는 것과 보이지 않는 것으로 분리되었다고 한다. 첫 번째와 두 번째는 서로 영역이 겹치지 않으니 분리되었다. 분리된 것은 숨어있는 것이다.

질문자 돌의 힘과 돌의 단단함은 보이는 것이든 보이지 않는 것이든, 두 가지든 세 가지든, 마치 가로와 세로처럼 영역이 겹친다. [세 번째 요소를] 예증이라고 여겨야 하지 않겠는가?

曰, "視不得其所堅而得其所白者, 無堅也. 拊不得其所白而得其所堅者, 無白也."[48]

曰, "天下無白,不可以視石. 天下無堅, 不可以謂石. 堅白石不相外, 藏三可乎?"[49]

---

48 道藏本에는 拊不得其所白而得其所堅得其堅也無白也로 得其堅이 두 번 반복되어 있으나, 반복된 부분이 없는 繹史本을 따랐다. 의미상의 큰 차이는 없다.

49 相外와 相盈은 《묵경》에도 쓰이는 개념으로, 相盈은 《묵경》 A67, B4 등에서 相外의 반대말로 정의되는데, 堅白은 '不相外(서로 영역이 분리되지 않는)' 결합의 대표적인 예시로 꼽히고, 廣修 또한 함께 나열 되어 있다. 堅白과 같은 합성어의 경우 모든 부분이 단단하고 모든 부분이 희어서 영역이 완전히 일치할 때를 말한다. 반면 牛馬와 같은 형태의 합성어는 '소'인 성질과 '말'인 성질이 서로 완전히 뒤섞이는 것이 아니라 소인 부분도 있고 말인 부분도 있는 것과 다르다는

曰, "有自藏也, 非藏而藏也."

曰, "其白也, 其堅也, 而石必得以相盈, 其自藏奈何?"[50]

曰, "得其白, 得其堅, 見與不見謂之離.[51] 一二不相盈, 故離. 離也者, 藏也."

曰, "石之白, 石之堅, 見與不見, 二與三, 若廣修而相盈也. 其非擧乎?"

C - 감각될 수 있는 것과 감각될 수 없는 것은 분리된다

공손룡 사물을 희게 하는 것은 희게 할 대상이 정해진 것이 아니고, 사물을 단단하게 하는 것은 대상이 정해진 단단함이 아니다. 정해지지 않은 것은 어디에든 적용될 수 있는 것이다. 어찌 돌이어야 하겠는가?

질문자 돌을 만질 때 그것(단단함)이 아니라면 돌이 없고, 돌이 아

점에서 견백 형태의 결합과 구분된다. 白馬와 같은 합성어는 相盈, 牛馬와 같은 합성어는 서로 영역이 다른 相外의 관계. '희고 단단한 돌' 또한 相盈 관계의 합성어로, 견백석은 모든 부분이 단단하고, 모든 부분이 희며, 모든 부분이 돌이다. 적어도 물리적인 영역에서 그 세 가지 요소는 서로 일치하지 않는 부분이 하나도 없다.

50 相盛盈이라고 되어 있으나 俞樾은 盛자를 삭제하였다. 盛과 盈은 글자의 모양도 비슷할뿐더러, 相盈은 《묵경》에서는 물론 뒷 문장에서도 반복되는 용어이므로 이를 따른다.

51 守山閣本과 繹史本에는 "得其白, 得其堅, 見與不見離. 不見離"로, 道藏本에는 "見與不見與不見離"로 적혀 있다. 둘 모두 반복되는 부분이 있어 이를 제거한 龐樸의 해석을 따른다.(龐樸, 《公孫龍子硏究》, p.40)

니라면 흰 돌을 받아들일 곳이 없다. 서로 분리되지 않는 것이고, 원래부터 그러한 것이며, 끝없이 그럴 것이다!

공손룡 돌에서 하나, 단단함이나 흼을 세면 둘인데 그것들이 돌에 있는 것이다. 그러므로 알 수 있는 것이 있고, 알 수 없는 것이 있고, 볼 수 있는 것이 있고, 볼 수 없는 것이 있다. 그러므로 [만져서] 알 수 있는 것과 알 수 없는 것은 서로 분리되어 있고, 볼 수 있는 것과 볼 수 없는 것은 서로 숨어있다. 숨어있는데, 누가 이를 분리되지 않았다고 하는가?

질문자 눈으로는 단단함을 확인할 수 없고, 손으로는 흼을 확인할 수 없다고 해서 단단함이 없다고 할 수 없고, 흼이 없다고 할 수 없다. 맡은 역할이 달라서 그렇고, 서로 대체할 수 없어서 그럴 뿐이다. 단단함과 흼은 돌에 자리를 잡고 있으니, 어찌 분리된다고 하는가?

曰, "物白焉, 不定其所白; 物堅焉, 不定其所堅.[52] 不定者, 兼. 惡乎

---

52 徐復觀은 '각 사물과 함께하여 희게 만들 수 있고 그 힘을 어떤 한 사물에 한정하지 않는다.[可與各物以白, 而亦不定其白於某一物]'로, 龐樸은 '어떤 사물이 흰색이면 그 흰색은 그가 하얗게 하고 있는 하나의 물건에 한정되지 않는다.[某個東西是白的, 這個白色亦不限定在它所白的這一個東西上]'로 번역한다.(徐復觀, 《公孫龍子講疏》, p.32; 龐樸, 《公孫龍子研究》, p.45) Cheng은 物을 'things'라고 복수로 번역함으로서 특정 사물에 속한 힘이 아님을 밝힌다. 사희심은 이보다 더 강한 주장으로 物을 특정되지 않은 사물 일반으로 해석하여, 사물 중 어떤 것도 희게 될 수 있다고 풀이하는데, 이는 조금 지나친 감이 있지만 공손룡 전체의 흐름상으로는 일리가 있다.

일반적으로 《공손룡자》에서 흰 사물에 속한 흰색과 아직 분리된 상태에서 그 사물을 희게 만들 수 있는 힘은 구분되어야만 한다. 공손룡은 특정 사물이 흰색

其石也?"⁵³

曰, "循石, 非彼無石, 非石無所取乎白石.⁵⁴ 不相離者, 固乎然, 其無已!"

曰, "於石, 一也; 堅白, 二也, 而在於石.⁵⁵ 故有知焉, 有不知焉; 有

일 경우, 그 사물에 속한 흰색은 그 사물에 한정되어 있는 것이며 변했다고 보기 때문이다. 그러나 〈견백론〉에서는 감각에 의해 시각을 사용하고 있지 않을 때는 특정 사물의 힘도 분리 가능하다는 논리를 펴는 것으로 분리된 힘의 존재를 증명하려고 하는 과정이므로 龐樸의 해석도 문맥에 어긋나지는 않는다. 다만 한정된 힘과 한정되지 않은 힘의 확실한 구분을 위해 徐復觀의 해석을 따른다.

53 한정되지 않은 힘, 즉 아무 사물도 희게 하고 있지 않은 힘은 곧 어디에나 적용될 수 있는 모든 사물을 兼하고 있는 힘이다. 그러므로 굳이 돌 하나에 한정될 필요가 없다. 龐樸은 이 문장을 '어찌 그러한 특성들이 반드시 그 돌에만 속한 것으로 여기는가?'로 풀어서 해석한다.(龐樸,《公孫龍子硏究》, p.45)

54 〈백마론〉에서도 取가 색에 있어서 받아들이고 거부하는 것이 있다는 의미로 쓰인 것처럼, 〈견백론〉에서 取는 돌이 없다면 흰 돌 혹은 희고 단단한 돌이라는 한정된 성질을 받아들일 것이 없다는 의미로 사용된다.

55 그레이엄은《공손룡자》〈견백론〉에서《묵경》을 모방하는 과정에서 於가 잘못 들어간 것이라고 본다. 於는《묵경》〈경설〉에서 앞에 언급된 어휘를 설명하면서 반복적으로 사용하는 글자다. 그는 심지어 이 於자를 〈견백론〉이《묵경》의 문장들을 조합하여 만든 위작이라는 주장의 결정적인 근거로 들고 있다. (Graham, *Studies in Chinese Philosophy & Philosophical Literature*, p.138.) 그러나 비슷한 시대적 배경을 가지고, 서로 영향을 미치며 형성된 두 문헌이라면 유사하거나 동일한 문장이 발견될 가능성은 얼마든지 있다. 또한 후대에《공손룡자》의 판본을 필사하거나 구전으로 전달한 이가 같은 문장이 나오는《묵경》의 구절과 이를 혼동하여 추가했을 가능성 또한 배제할 수 없다. 방박은 두국상의 연구를 인용하면서, 유향의《별록》에 기록되어 있는 추연의 공손룡 비판의 문장을 보면, 현존하는 여섯 편이 위작이 아님이 증명된다고 적고 있다.(龐樸,《公孫龍子

見焉, [有不見焉].⁵⁶ 故知與不知相與離, 見與不見相與藏. 藏故, 孰謂之不離?"

曰, "目不能堅, 手不能白, 不可謂無堅, 不可謂無白. 其異任也, 其無以代也. 堅白域於石, 惡乎離?"

D – 분리된 것은 신명을 통해 인지된다

공손룡 단단함은 돌과 함께하기 이전에도 단단함이고, 사물 중 어느 것과 함께하기 이전에도 단단함이니, 단단함은 반드시 단단하다. 돌이나 사물을 단단하게 하고 있지 않을 때에도 단단하니, 천하에 단단함 같은 것이 없을 때에도 단단함은 [있지만] 숨어있는 것이다. 흼이 본래 그 자체로 희지 못하다면 어떻게 돌이나 사물을 희게 할 수 있겠는가? 흼이라는 것이 반드시 희다면 사물을 희게 하지 않아도 흴 것이다. 노랑이나 검정 또한 마찬가지다. 돌이 없다면 어찌 희고 단단한 돌을 논하겠는가? 그러므로 분리되었다는 것이다. 분리된 것은 사실에 근거한다. 촉각이나 시각으로 얻은 결과는 사실에 근거하지 않는다.

이는 희다는 성질은 눈으로 보고 불빛으로 보지만, 불빛이 무언

研究》, p.53) 於에 대해서는 所在라고 설명하며(龐樸,《公孫龍子研究》p.41), 염정삼 또한 "돌에 있어서는 하나"라고 번역하여 於의 의미를 방박과 유사하게 해석한다.(염정삼,《공손룡자》, p. 258)

56 有不見焉은 앞의 문장과 대구를 이루고 문맥을 부드럽게 하기 위해 대부분 주석가들이 넣고 있다.

가를 볼 수 없는 것과 같다. 그러므로 불빛과 눈이 함께하여 보는 것이 아니라 신명으로 보는 것이다. 신명은 아무 것이나 보는 것이 아니라 분리된 것을 본다. 단단함은 손과 [망치로] 알 수 있지만, 손과 망치가 함께하며 아는 것이 아니다. 신명으로 아는 것이며, 신명은 [아무 것이나] 함께하며 아는 것이 아니다. 이것을 일러 분리되었다고 한다. 분리된 것이 세상을 채우니, 홀로 있으며 올바르다.

曰, "堅未與石爲堅, 而物兼未與爲堅, 而堅必堅. 其不堅石·物而堅, 天下未有若堅, 而堅藏.[57] 白固不能自白, 惡能白石物乎? 若白者必白, 則不白物而白焉. 黃黑與之然. 石其無有, 惡取堅白石乎?[58] 故離也.

---

[57] 염정삼은 "굳음은 아직 '돌과 함께 굳음'이 된 것이 아니다. 사물은 모두 공통되게 아직 '사물과 함께 굳음'이 된 것이 아니다."라고 번역하는데, 未與를 어디에 붙여 해석하는가의 차이가 있으나 '굳음'과 '돌과 함께 굳음'을 구분한다는 점에서 문맥은 상통한다.(염정삼, 《공손룡자》, p.263) 王琯은 끊어 읽기를 바꾸어 "단단함은 돌과 함께하지 않아도 단단함이고 사물이 모두 아직 함께하지 않아도 단단함인데, 단단함은 반드시 단단하지 않은 것을 단단하게 한다.[堅未與石爲堅 物兼未與爲堅. 而堅必堅其不堅]"고 해석하는데, Cheng 또한 이를 따른다.(王琯, 《公孫龍子懸解》, p.84) 분리된 상태의 단단함이 단단하다는 성질이 없는 사물을 단단하게 한다는 의미는 모두 동일하다. 다만 龐樸의 끊어 읽기를 따랐을 때, 세상에 단단하다는 성질을 가진 사물이 없을 때에도 '숨어있는' 상태로 분리된 '단단함' 그 자체의 성질은 있을 수 있다는 점이 강조된다. 결합 이전부터 분리된 것이 우선적으로 존재한다는 공손룡의 주장에 더 걸맞으므로 龐樸의 끊어 읽기 및 해석을 따른다.

[58] 譚戒甫는 돌을 지우고 "惡取堅白乎?"라고 고쳐서 읽는데, 단단함이나 흼 등의 성질을 받아들이는 것이 돌이므로 石을 지우는 쪽이 더 자연스럽게 들린다.(譚戒甫, 《公孫龍子形名發微》, p.54) 그러나 "非石無所取乎白石"에서도 白石을 그대

離也者, 因是. 力與知果, 不若因是.[59]"

"且猶白以目以火見, 而火不見. 則火與目不見而神見.[60] 神不見而見

로 사용했으며, 글자를 빼지 않아도 의미는 통한다.

59 因是에 대해 龐樸은 是를 寔로 읽어야 한다는 杜國庠의 해석을 받아들여, 依乎 事實이라고 풀이한다.(龐樸,《公孫龍子硏究》, p.42) 力與知에 대해서는, 力은 손의 촉각으로, 知는 시각으로 이해하는 이들이 많았으나〈견백론〉에서는 見과 知에 대해 이야기한 적은 있어도 力을 언급한 적은 없다며, 力은 곧 촉각·시각을 포함한 감각기관으로, 知는 智와 같이 보아 견백에 대한 분석으로 읽고 있다. 그러나〈견백론〉에서 知를 시각적인 감각에 한정해서 사용했다는 점, 그리고 '분리된 것'이 반대 개념으로 사용됐다는 점을 미루어서 力與知는 분리되지 않은 것에 대한 인지, 즉 촉각과 시각적 경험으로 이해하는 것이 합당해 보인다.

譚戒甫는 "力與知果, 不若因是"를 "力與知, 果不若因是"로 끊어 읽는다.(譚戒甫,《公孫龍子形名發微》, p.54) 의미상 큰 차이는 없다.

60 《묵경》의 설명을 보면 해석이 더 쉬워진다. 神을 직접적으로 언급하지는 않으나, 오감을 통하지 않고 지각하는 방법에 대해 논의한다.

B45 經: 다섯 가지 감각의 방법을 통하지 않고 알 수 있다. 설명은 지속에 있다.[知而不以五路, 說在久]

說: 앎: 눈으로 보고, 눈과 불을 통해 보는 것이지만 불이 보는 것은 아니다. 앎이 오감에만 의한 것이었다면 지속(눈을 떼고 있을 때에도 사물이 지속된다는 것을 아는 것)은 설명되지 않을 것이다. 눈으로 본다는 것은 불로 본다는 주장과 마찬가지다. [智: 以目見. 而目以火見而火不見. 惟以五路智久不當. 以目見, 若以火見]

《묵경》에서, 눈과 불을 통해 사물을 보지만 그렇다고 불이 보는 것은 아닌 것과 마찬가지로 눈만으로 사물을 볼 수는 없으며, 만약 사물을 아는 것은 항상 감각에 의존해야 하는 것이라면 내가 사물을 보고 있지 않을 때에도 사물이 존재하고 있다는 것을 확인할 수는 없다고 설명한 것을 공손룡이 그대로 받아들인 것이다. 공손룡은 여기에 오감으로 보는 것이 아니라면 곧 神으로 보는 것이라고 주장을 덧붙인다. 쳐다보고 있지 않을 때에도 사물이 지속된다는 것을 알 수 있는 것은 오감에 기반한 지적 능력인 神을 통한 것이다.

離. 堅以手而手以捶, 是捶與手不知, 神與不知而神知.[61] 是之謂離焉. 離也者天下, 故獨而正."

---

61 이 문장은 끊어 읽기나 번역에 대해 주석가들마다 해석이 분분하며 정확한 문장 구성을 파악하기 힘들다. 다만 앞에서 눈과 불로는 흰색을 볼 수 없다고 한 것과 대구를 이루어야 하므로, 내용상 "火與目不見而神見, 神不見而見離"와 대구를 이루도록 "是捶與手知而不知, 而神與不知. 神乎"를 "捶與手不知, 神不知而神知"로 고쳐서 읽었다. 〈견백론〉의 내용상 시각과 촉각을 서로 다르게 설명한 적은 없으므로, 비록 원문을 고치는 데 무리가 있기는 하나, 이 부분에서 새로운 주장을 이끌어내지 않는 이상 〈견백론〉의 내용을 손상하지는 않을 것이다.

〈명실론名實論〉

A – 물物이 실實의 올바른 위位에서 벗어나지 않아야만 올바르다

천지와 천지가 낳은 것을 모두 함께 사물이라고 한다. 사물이 사물로서의 조건을 사물화하여 이를 지나치지 않는 것을 실재라고 한다. 실재가 실재로서의 조건을 실재화하고 비우지 않는 것을 자리라고 한다. 자리에서 벗어나면 자리가 아니고, 자리 잡아야할 곳에 자리 잡으면 올바름이다.

天地與其所産焉, 物也. 物以物其所物而不過焉, 實也.
實以實其所實而不曠焉, 位也.[62]
出其所位非位, 位其所位焉, 正也.

B – 정명正名이 되면 일명일실一名一實의 원칙이 지켜진다

올바른 것을 기준으로 올바르지 않은 것을 바로잡고, 올바르지 않

---

[62] 物과 實의 경우, 徐復觀과 龐樸 등은 첫 번째는 주어, 두 번째는 술어, 세 번째는 목적어로 해석한 반면, 牟宗三은 첫 번째 物·實과 두 번째를 동의로 해석한다.(徐復觀, 《公孫龍子講疏》, p.39–40; 龐樸, 《公孫龍子硏究》, p.49; 牟宗三 《名家與荀子》, p.82) 같은 단어를 세 번씩 반복하여 읽는 이를 혼란스럽게 하는 것이 공손룡의 의도일 것이므로 반복을 두 번으로 줄이려는 牟宗三의 해석은 배제하였다. 또 物과 實을 목적어로 쓸 때는 사물이나 실상의 요건을 말하는 것이므로 '~의 조건'으로 번역했다.

은 것을 기준으로 올바른 것을 의심해본다. 올바르다는 것은 그것의 실재를 바로잡는다는 것이며, 그것의 실재를 바로잡는다는 것은 이름을 바로잡는다는 것이다.

올바르다는 것은 실재를 바로잡는 것이고, 실재를 바로잡는 것은 이름을 바로잡는 것이다. 이름이 올바르면 이것·저것과의 관계가 유일하다.

'그것'이라고 부르는 것에 그것이 그것에 유일하지 않으면 '그것'이라고 부르는 것이 행해질 수 없고, '이것'이라고 부르는 것에 이것이 이것에 유일하지 않으면 '이것'이라 부르는 것이 행해지지 않는다. 관계가 맞는 것을 맞지 않는다고 하는 것이니, 맞지 않는 것을 맞는다고 하면 혼란이다.

그러므로 '그것'이라는 이름으로 그것의 실재를 부르는 것이 그것의 분리된 지위에 맞다면 그것과 유일한 관계에 있으니, '그것'이라 부르는 것이 행해질 수 있다. '이것'이라는 이름으로 이것의 실재를 부르는 것이 이것의 분리된 지위에 맞다면 이것과 유일한 관계에 있으니, '이것'이라 부르는 것이 행해질 수 있다. 맞는 것을 맞다고 여기니, 맞는 것을 맞다고 여기는 것이 올바름이다.

以其所正, 正其所不正; 以其所不正, 疑其所正.[63]
其正者, 正其所實也; 正其所實者, 正其名也.

---

[63] 王琯은 "以其所正, 正其所不正; 以其所不正, 疑其所正"에서 중복되는 부분을 빼고 "以其所正, 正其所不正; 疑其所正"으로 읽는다.(王琯, 《公孫龍子懸解》, p.88) 그러나 올바른 것을 기준으로 올바른 것을 의심한다는 것은 의미가 잘 통하지 않는다.

其名正則唯乎其彼此焉.[64]

謂彼而彼不唯乎彼, 則彼謂不行; 謂此而此不唯乎此, 則此謂不行.[65]

其以當不當也. 不當而當, 亂也.[66]

故彼彼當乎彼, 則唯乎彼, 其謂行彼; 此此當乎此, 則唯乎此, 其謂行此.

其以當而當也, 以當而當, 正也.

C – 명칭과 실재가 일대일로 연결되지 않으면 명칭을 폐기한다

그러므로 그것을 '그것'이라 부르는 것이 그것에 머물고, 이것을 '이것'이라고 부르는 것이 이것에 머물면 허용된다. 이것을 '저것'이라고 부르면 저것도 되고 이것도 되고, 저것을 '이것'이라고 하면 이것도 되고 저것도 되니, 성립하지 않는다.

---

64 여기에서 唯는 특정 이름과 특정 실재 사이에 일대일 관계가 성립되는 것을 말한다. 그러므로 唯乎其彼此焉은 '이것과 저것' 사이에 일대일 관계가 생기는 것은 아니고, 이것은 이것대로, 저것은 저것대로 각각의 일명일실 관계가 성립된 것이다. 사희심은 唯를 '응대하다'로 풀어서, 이름을 적용하는 것이 이것과 저것 각각의 실에 마땅해진다는 의미로 이해했다.

65 道藏本에는 謂此而行不唯乎此라고 되어 있으나 繹史本에는 謂此而此不唯乎此로 되어있다. 대구를 이루어야 하므로 역사본을 따른다.

66 道藏本에는 不當而亂也라고 되어 있으나 龐樸이 繹史本의 옛 주석에 의거해 "不當而當, 亂也"로 수정한 것을 따랐다.(龐樸,《公孫龍子研究》, p.48) 혼란이 생기려면 그저 맞지 않는 것으로는 부족하고, 맞지 않는 것을 맞다고 하는 불일치가 필요하기 때문이며, 뒤에 나오는 "以當而當, 正也"와 대구를 이루어야 하기 때문이기도 하다.

실재를 이름하는 것을 부른다고 한다. '이것'이 이것이 아님을 알고, 이것이 이것에 있지 않음을 알면 부르지 않는다. '저것'이 저것이 아님을 알고, 저것이 저것에 있지 않음을 알면 부르지 않는다.

지극하도다, 옛 현명한 왕이여! 명실을 깊이 살피고, 일컫는 것을 신중하게 정하였다. 지극하도다, 옛 현명한 왕이여!

故彼彼止於彼, 此此止於此, 可; 彼此而彼且此, 此彼而此且彼, 不可. 夫名實, 謂也.[67] 知此之非此也, 知此之不在此也, 則不謂也.[68] 知彼之非彼也, 知彼之不在彼也, 則不謂也.
至矣哉, 古之明王! 審其名實, 愼其所謂. 至矣哉, 古之明王!

---

67 譚戒甫는 이 문장을 "夫名實, 謂也"라고 끊어 읽는다.(譚戒甫, 《公孫龍子形名發微》, p.61) 다른 주석가들이 "夫名, 實謂也"로 읽어 '이름이란 곧 실재를 부르는 것'이라고 해석하는 것과 다르다. 謂가 곧 실재와 이름을 연결하는 것이라는 의미는 동일하지만, 이름보다 부르는 행위에 더 초점이 맞추어져 있는 것이 다음 문장들의 내용을 더 잘 반영하므로 이를 택한다.

68 道藏本에는 知此之非也라고 되어 있으나, 守山閣本·繹史本 등을 참고해 知此之非此也로 수정한다.

부록 2
참고문헌

번역서 및 주석서

염정삼, 《공손룡자》, 서울대학교출판문화원, 2018

Graham, A.C. *Chuang-Tzu The Inner Chapters*, Indianapolis: Hackett Publishing Company, 2001

Hutton, Eric L. *Xunzi The Complete Text*, Princeton: Princeton University press, 2014

Johnston, Ian. *The Mozi A Complete Translation*. New York: Columbia University Press, 2010

Knoblock, John. *Xunzi A Translation and Study of the Complete Works*, Stanford: Stanford University Press, 1988

郭慶藩, 《莊子集釋》, 北京: 中華書局, 2012

譚戒甫, 《公孫龍子形名發微》, 北京: 中華書局, 1963

樓宇烈, 《老子道德經注校釋》, 北京: 中華書局, 2012

龐　樸, 《公孫龍子全譯》, 上海: 上海人民出版社, 1974

_____, 《公孫龍子研究》, 北京: 中華書局, 1985

徐復觀, 《公孫龍子講疏》, 臺北: 臺灣學生書局, 1979

楊伯峻, 《孟子譯註》, 北京: 中華書局, 2005

楊俊光,《墨經研究》, 南京: 南京大學出版社, 2002
吳毓江,《墨子校注》, 北京: 中華書局, 2012
王　官,《公孫龍子懸解》, 北京: 中華書局 1992
王先謙,《荀子集解》, 北京: 中華書局, 1988
王先愼,《韓非子集解》, 北京: 中華書局, 2011
陳鼓應,《老子注譯及評介》, 北京: 中華書局, 1984
崔大華,《莊子岐解》, 河南: 中州古籍出版社, 1988

연구서

손영식,《혜시와 공손룡의 명가 철학》, 울산대학교출판부, 2005
이강수,《중국고대철학의 이해》, 지식산업사, 1999
정재현,《고대중국의 명학》, 서강대학교출판부, 2012
Fung, Yu-lan, *A History of Chinese Philosophy*, Princeton: Princeton Univ Press, 1952-3
Needham, Joseph, *Science and Civilization in China*, vol. 2, Cambridge: Cambridge University press, 1956
Graham, A. C. *Studies in Chinese Philosophy and Philosophical Literature*, Albany: State University of New York Press, 1991
_____, *Later Mohist Logic, Ethics and Science*, Hong Kong: Chinese University Press, Chinese University of Hong Kong; London: School of Oriental and African Studies, University of London, 2003
Hansen, Chad. *Language and Logic in Ancient China*, Ann Arbor: University of Michigan Press, 1983
Harbsmeier, *Science and Civilization in China* vol 7. Cambridge: Cambridge University press, 1998
淺野裕一,《古代中國の言語哲學》, 東京: 岩波書店, 2003

논문

강지연, 〈공손룡자 해석의 제문제 비판〉, 동서철학연구 63: 309-330, 2012
_____, 〈공손룡의 통변론 연구 1〉, 동서철학연구 61: 355-374, 2011

_____, 〈공손룡자 해석 이론 중 물질 명사 가설과 그 비판〉, 아세아연구 54: 214 – 243, 2011

_____, 〈공손룡자 지물론 연구〉, 철학논총 66: 3 – 21, 2011

고은강, 〈《한비자》에서 자유의 의미에 관한 일고찰〉, 인문연구 72: 385 – 414, 2014

김경희, 〈장자의 변화론 – '변'과 '화'의 차이를 중심으로〉, 철학연구 75: 179 – 195, 철학연구회, 2006

김영건, 〈도적을 죽이는 것은 인간을 죽이는 것이 아니다〉, 철학논집 32: 93 – 122, 2013

김철신, 〈공손룡자 세 주석에 대한 타성 고찰〉, 동양철학연구 51: 155 – 179, 2007

_____, 〈공손룡 철학 이해의 한 방식〉, 철학 82: 47 – 68, 2005

_____, 〈중국고대철학사의 맥락에서 재조명한 공손룡자의 사유방식과 세계이해〉, 동양철학 33: 74 – 94, 2010

_____, 〈후기묵가의 공손룡 비판 고찰 – 사물과 인식의 문제를 중심으로〉, 철학연구 82: 21 – 120, 2008

_____, 〈공손룡과 후기묵가의 정명론 비교 연구〉, 동서비교문학저널 10: 9 – 30, 2004

_____, 〈장자의 관점에서 본 논변사조〉, 학위논문(박사), 서울: 연세대학교 대학원, 2004

박성호, 〈마키아벨리와 한비자의 통치론 비교 – 군주론과 한비자를 중심으로〉, 철학연구 149:185 – 211, 2019

손영식, 〈공손룡자 견백론 연구 – 실체의 부정과 속성 보편주의〉, 동방학 32: 95 – 125, 2010

_____, 〈공손룡자 지물론 해석 – 지와 속성 보편주의〉, 철학논집 24: 7 – 36, 2011

_____, 〈공손룡자 명실론 연구 – 속성 지각과 개별자 지시〉, 철학논집 28: 7 – 37, 2012

_____, 〈공손룡자 백마론 연구 – 실체와 속성, 존재와 인식〉, 철학논집 43: 167 – 194, 2015

오상무, 〈백마비마논고〉, 동양철학 38: 25 – 57, 2012

윤찬원, 〈한비자에서 법의 객관성의 문제 – 노자의 도와 관련하여〉, 철학 25: 149 – 172, 1986

이 권, 〈《순자》〈정명〉편의 공명과 별명에 대한 고찰〉, 중국학보, 52: 415-431, 2005

장원태, 〈전국시대 인성론의 형성과 전개〉, 학위논문(박사), 서울: 서울대학교 대학원, 2005

정재현, 〈공손룡과 후기묵가에 대한 화용론적 해석〉, 철학논집 21: 62-88, 2010

조정은, 〈《순자》〈악론〉과 《예기》〈악기〉를 통해 본 유가의 음악론〉, 학위논문(석사), 서울: 서울대학교 대학원, 2004

Cheng, Chung-ying. "Kung-sun Lung : White Horse and Other Issues" Philosophy East and West 33. 4: 341-354. 1983

Chmieliewski, Janusz, Notes on Early Chinese Logic, Rocznik Orientalistyczny 26.1:7-22, 1962

Forke, A., "The Chinese Sophists", Journal of the China Branch of the Royal Asiatic Society 34 (1901) 1-100.

Hansen, C.D., "Mass Nouns and 'A White Horse is Not a Horse'", Philosophy East and West 26:2 (1976) 189-209.

Im, Manyul, "Horse-parts, White-parts, and Naming: Semantics, Ontology, and Compound Terms in the White Horse Dialogue", Dao 6:167-185, 2007

Rieman, Fred, "Kung-sun, White Horses and Logic", Philosophy East and West, vol. 31, No. 3 (oct. 1981) pp. 417-447 University of Hawaii Press.

Thompson, Kirill Ole, "When a 'White Horse' is not a 'Horse'", Philosophy East and West 45:4 (1995) 481-499.

何 楊, 〈"正名"視野下的《白馬論》〉, 邏輯學研究, 114-124, 2010

林恒森, 〈論公孫龍子思想體系的結构〉, 貴州教育學院學報, 55-60, 1994

부록 3
찾아보기

[ㄱ]

가리킴 19, 57, 68~74, 88, 89, 100~3, 108, 115~20, 122, 124, 134~6, 140, 141, 151, 155, 157, 162, 164, 172, 175, 176, 191, 201, 202, 210, 213, 220, 230, 236, 237, 241~3, 282

개체 17, 19~21, 63, 74, 90, 111, 113, 121, 124~7, 158, 166~8, 184, 186, 190, 192, 193, 201, 202, 205~7, 286

견백론堅白論 7, 16, 63, 79, 125~8, 131, 132, 137, 138, 140~2, 164, 169, 278, 281

고대 중국 6, 29, 30, 33, 34, 93, 290

고유성[自] 17

고자告子 187~90, 192~4, 286

공손룡公孫龍 5~21, 26~47, 51, 57, 59, 62, 64~70, 72, 74~7, 79~82, 85, 86~90, 92~100, 103~11, 113~7, 119~32, 134~41, 144~6, 148~65, 167~79, 181~8, 191, 194~5, 199~202, 207, 210~21, 225, 228, 230~2, 236~43, 245~9, 255, 259, 260~2, 273, 276~8, 280~90

《공손룡자公孫龍子》 6~10, 11, 13~5, 17, 26~31, 33, 34, 47, 60, 62, 64, 86, 90, 94, 102~3, 118, 121, 123~5, 163~9, 172, 217~9, 280

공자孔子 5, 26, 36, 38, 39, 93, 94, 153, 161, 174, 179, 195~7, 199, 200, 238, 285

교육 20, 45, 186, 202, 208, 213, 215, 236, 239, 250, 265, 272, 286

군신관계 10, 16, 125, 142, 146, 151, 153~5, 159, 164, 169, 171, 176, 184, 260, 278, 285
군주 5, 11, 12, 16, 20, 21, 23, 26, 27, 31, 36, 38, 44, 63, 74, 125, 142, 151~5, 158, 159, 161, 164, 165, 168~76, 181~3, 185, 191, 196, 197, 200, 213, 248, 250, 255~78, 280, 284, 285, 287~9
궤변 6, 7, 9, 10, 13, 15, 17, 20, 21, 26, 27, 30, 33, 36, 41, 43, 55, 57, 59, 63, 64, 68, 79, 86~9, 94, 103, 104, 108, 110, 116, 126~8, 135, 138, 173~5, 181, 186, 202~6, 216, 218, 221, 222, 224, 228, 242, 245, 280, 284, 287, 289, 290
그레이엄Graham 6, 7, 10, 29, 102, 103, 118, 119, 143, 217, 242
기능 16, 17, 19, 34, 46, 47, 54, 55, 57, 58, 68, 69~73, 100, 101, 119~22, 125, 132, 135, 136, 141, 157, 158, 184, 202, 213, 234, 281, 282
김철신 30, 141, 218

[ㄴ]

노자老子 5, 16, 26, 44, 231~3, 236, 247, 249, 250~3, 255, 263, 287, 288

논리학 8, 33, 41, 88

[ㄷ]

단단하고 흰 돌 16, 26, 79, 80, 126~9, 131, 134, 135, 137, 138, 157, 169
도가道家 5, 45, 231, 232, 236, 250, 251, 256, 278,
《도덕경道德經》 6, 251, 252, 253
도덕성 5, 27, 39, 173, 174, 176, 199, 258, 273, 288, 289
도적 203~5, 224~8

[ㅁ]

마음 9, 35, 45, 46~50, 111, 152, 182, 188, 223, 225, 261, 264, 265, 266, 275, 285
맹자孟子 5, 26, 36, 39, 187~195, 197~200, 285
명가名家 6, 10, 17, 26, 32, 33, 40, 42, 43, 173, 368
〈명실론名實論〉 5, 6, 8, 10, 16, 17, 26, 29, 31, 33, 62, 63, 83, 107, 125, 155, 159, 161~4, 196, 207, 218, 219, 221, 224, 229, 231, 237, 245, 246, 281, 283, 286,
명칭 17, 18, 83, 84, 99, 132, 144,

160, 163, 176, 195, 199, 219, 284
《묵경墨經》 8, 11, 51~6, 58, 130, 162, 217~20
묵자墨子 32, 34, 86, 186, 204, 206, 221, 222, 224, 225
미혹 202~5

[ㅂ]

방박龐樸 7, 29, 116
백마白馬 12, 13, 107, 108, 110, 111, 114, 191, 202, 205, 206, 220, 239, 242, 255
〈백마론白馬論〉 6, 10, 11, 13, 15, 21, 60, 62~4, 79, 86, 87, 91, 103, 107, 108, 121, 124, 126, 128~32, 137, 142, 155, 156, 164, 166, 169, 172, 174, 175, 177~9, 181, 182, 186, 188, 194, 200, 202, 216, 218, 242, 270, 278, 281, 288
백마비마白馬非馬 30, 31, 36, 64, 89, 92, 94, 179, 202~5, 221, 229
버클리 7, 8
법가法家 5, 27, 248, 250, 251, 258, 278, 286
변화 16~8, 20, 21, 26, 34, 44~7, 49, 51, 62, 74, 97~9, 107, 124, 136, 142, 143, 150, 158, 160, 161, 164, 167, 172, 184~6, 194, 195, 197,

200~2, 206~9, 211~3, 215, 216, 221, 222, 249, 252, 255, 256, 260, 262, 265, 281~3, 286, 287
보편자 6~9, 21, 28~30, 44, 102, 106, 126, 243
본성 20, 34, 35, 45, 46, 49, 50, 54, 59, 188~95, 207~9, 211~6, 236, 282, 286
본성론 8, 9, 13, 27, 28, 34, 35, 44, 46, 53, 58, 60, 105, 106, 120, 186, 187, 189, 193, 201, 207, 276, 278, 282
분류 10, 33, 125, 127, 144, 159, 203~5, 231, 232
분리 7, 17, 18, 21, 28, 33, 34, 63, 67, 79~84, 86, 99, 109, 113, 114, 122, 126, 129~32, 134, 135, 137~41, 143, 146, 148, 154, 156~8, 160, 162~4, 166~9, 171, 176, 182~4, 191, 193, 200, 213, 217, 218, 230, 231, 236, 237, 239, 245, 246, 248, 255, 260, 262, 263, 265, 266, 268~71, 273~8, 282~4, 287, 290

[ㅅ]

사물 16~9, 21, 27, 30, 45~7, 49, 50, 52~5, 57, 58, 63, 68~74, 81~3,

88, 100~3, 108, 115~27, 131~42, 144, 145, 148, 155~8, 161, 162, 164, 166, 167, 169, 172, 185, 187~9, 192~4, 201, 206, 207, 210~2, 214, 220, 233, 235, 236, 240, 242, 243, 248, 249, 262, 281~6, 288

상벌 250, 256, 258, 259, 261, 262, 266, 268~70, 273, 274

상수리 244, 245

성인聖人 37, 186, 194, 203, 208, 209, 211~6, 252, 253, 273, 286

성질 9, 16~9, 21, 63, 64, 67, 68, 74, 80, 82, 88, 99, 113, 121, 124, 129~34, 137~42, 144, 145, 154, 155, 157, 165~9, 172, 181, 190, 195, 196, 200, 219, 220, 228, 232, 236, 252, 254, 269, 276, 281, 288

속성 30, 130, 169, 213

손님 42, 187, 245, 246, 254, 276

송견宋銒 33

순자荀子 5, 9, 10, 20, 26, 27, 32~4, 44~9, 51, 53, 54~6, 58, 59, 86, 120, 136, 153, 175, 186, 188, 200, 201~16, 221, 222, 224, 231, 282, 283, 285~7

신비주의 16, 26, 288

실재 16, 59, 83, 84, 98, 101, 104, 125, 151, 153, 155, 158~64, 166, 186, 187, 196, 197, 199, 202~7, 214~20, 237, 244~7, 256, 257, 260, 276, 283, 284

[ㅇ]

아니다[非] 17, 90, 281

언어철학 8, 11, 32, 33, 184

영미학자 7

오류 7, 99, 181, 204, 272

오방五方 77, 148~50, 170, 171, 182, 277, 349,

오상무 11, 30, 31,

오행 146~50

올바르다[正] 17, 167, 281

외교관 43

외부사물 16, 18, 19, 27, 45~7, 50, 52~4, 57, 63, 101, 102, 120, 121, 123~5, 127, 132, 136, 141, 142, 158, 166, 188, 192, 210, 211, 236, 262, 281, 282, 285, 288

우물 안 개구리 21, 87, 187, 232, 237, 238, 246, 286

위작 7, 8, 10, 29, 62, 143, 217

유가 5, 45, 159, 160, 194~6, 199, 200, 208, 222, 241, 256~8, 266, 267, 273, 278, 285, 288

유명론 29

이름 6, 16, 18, 19, 32, 46, 50, 53, 59, 66, 71, 74, 75, 77, 83, 84, 86, 87,

98, 99, 102, 104, 107, 109, 110, 112, 115, 116, 121, 122, 125, 134, 137, 151, 153~5, 157, 159, 160~3, 165~7, 174, 177, 178, 186, 187, 195~7, 199, 202~5, 207, 217~20, 226, 227, 231, 237, 243, 245, 246, 251~5, 257, 258, 260, 276, 283, 284

일명일실론一名一實論 107, 155, 157, 159, 163

일반마 242

[ㅈ]

장자莊子 5, 6, 9, 10, 20, 21, 27, 32, 34, 38, 44, 45, 47~9, 51, 58, 59, 86, 87, 186~8, 201, 215, 231~4, 236~41, 243, 245~7, 285, 286

적부跡府 6, 11, 15~7, 30, 31, 62, 64, 85, 86, 93, 107, 176, 177, 181, 182, 184, 276

절대군주 26, 248

정거正擧 151

정명론正名論 4, 5, 10, 16~8, 20, 21, 26, 33, 59, 63, 125, 159, 161, 174, 186, 187, 194~6, 199, 200, 218, 221, 246, 247, 256~8, 268, 273, 276, 278, 288, 289

정색正色 78, 145, 149, 150, 152, 158,
170, 171, 175, 248

정치론 15, 26, 32, 34, 280

정통성 27, 36, 39, 173, 174, 289

정치처세술 12, 13, 28, 35, 60

조삼모사朝三暮四 21, 187, 243, 244, 246, 286

중국철학 6, 7, 28, 29, 34, 44, 119

중의성 56, 104, 105, 107, 111, 121, 133~5, 141, 156, 157, 176, 201, 203, 282

지指 16, 63, 68, 70, 88, 101~3, 108, 115, 116, 118~20, 141, 166, 184, 218, 219, 231, 242, 260

지각[知] 20, 35, 45, 46, 50, 54, 59

〈지물론指物論〉 6, 10, 16, 29, 62, 63, 68, 86, 88, 100~2, 107, 108, 115, 116, 118, 119, 121, 124, 132, 142, 155, 164, 172, 218, 242, 281, 285, 288

[ㅊ]

처세술 10, 12, 35, 60, 62, 126, 175, 233, 234, 249, 278, 288

층위[位] 18, 83, 155, 162~6, 170, 174, 199, 200, 201, 245~7, 266, 269, 270, 283, 284, 288

[ㅌ]

〈통변론通變論〉 6, 10, 16, 18, 29, 33, 62, 63, 74, 86, 88, 95, 99, 103, 104, 106~8, 111, 114, 121, 124, 125, 141~3, 145, 146, 151, 154, 155, 161, 169, 171, 182~4, 277, 281, 284

[ㅍ]

풍우란馮友蘭 6, 7, 28, 29
플라톤 6, 8, 28, 100
피차彼此 163, 231

[ㅎ]

한비자韓非子 9, 16, 20, 21, 26, 27, 44, 185, 247~51, 256, 257~9, 261~9, 273~8, 285~7
한센Hansen 7, 29, 105, 106, 218
한정 19, 52, 62, 68, 73, 101, 108, 110, 112, 113, 116, 121, 124, 126, 132, 135, 142, 144, 145, 148, 152, 155, 156, 163, 165, 166, 172, 181, 182, 191, 193, 200, 213, 220, 226~8, 230, 232, 236, 237, 243, 245, 246~52, 254, 255, 259, 260, 268~71, 273, 275, 276, 281~3, 287
함께하다[與] 17, 116
혜자惠子 233, 234
후기묵가 10, 20, 21, 26, 27, 32~4, 44~7, 51, 58, 113, 120, 175, 186, 188, 217~21, 229, 230, 231, 282, 283, 285, 286
흰 말 5, 6, 11, 15, 16, 19, 20, 26, 27, 30, 44, 64~8, 86~94, 106~14, 116, 122, 126, 128~3, 145, 148, 151, 156~8, 160, 162, 169, 172, 175~8, 188, 191, 192, 194, 201, 203, 205, 220, 221, 224, 225, 228~30, 236, 242, 270, 282, 283

절대군주를 위한 궤변
공손룡에 대한 정치론적 이해

2020년 11월 16일 초판 1쇄 발행

저자	정단비
발행인	전병수
편집·디자인	배민정
삽화	조은정
발행	도서출판 수류화개
등록	제569-2015002015000018호 (2015.3.4.)
주소	세종시 한누리대로 312 노블비지니스타운 704호
전화	044-905-2248
팩스	02-6280-0258
메일	waterflowerpress@naver.com
홈페이지	http://blog.naver.com/waterflowerpress

ⓒ 도서출판 수류화개, 2020

값 24,000원
ISBN 979-11-971739-1-2 (93150)
CIP 2020045274

사전 동의 없는 무단 전재 및 복제를 금합니다.
잘못 만들어진 책은 바꾸어 드립니다.

* 이 도서는 한국출판문화산업진흥원의 '2020년 우수출판콘텐츠 제작 지원' 사업 선정작입니다.

이 도서의 국립중앙도서관 출판예정도서목록(CIP)은 서지정보유통지원시스템 홈페이지(http://seoji.nl.go.kr)와 국가자료종합목록 구축시스템(http://kolis-net.nl.go.kr)에서 이용하실 수 있습니다. (CIP제어번호 : 2020045274)